KB144294

알록달록 빛나는 내 마음 키우기

**부주의하고 산만한 아동을 위한
인지행동치료 프로그램**

마음 행복 연습장 03

알록달록 빛나는 내 마음 키우기

부주의하고 산만한 아동을 위한 인지행동치료 프로그램 [지침서]

2023년 5월 31일 초판 1쇄 찍음
2023년 6월 13일 초판 1쇄 펴냄

지은이 강지현·도례미·어유경

책임편집 정용준
편집 임현규·한소영
디자인 김진운
본문조판 민들레
마케팅 김현주

펴낸이 권현준
펴낸곳 ㈜사회평론아카데미
등록번호 2013-000247(2013년 8월 23일)
전화 02-326-1545
팩스 02-326-1626
주소 03993 서울특별시 마포구 월드컵북로6길 56
이메일 academy@sapyoung.com
홈페이지 www.sapyoung.com

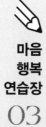

마음
행복
연습장
03

알록달록 빛나는 내 마음 키우기

부주의하고 산만한 아동을 위한 인지행동치료 프로그램

지침서

강지현 · 도례미 · 어유경 지음

사회평론아카데미

차례

서문

　다채롭고 활력 넘치며 창의적이라 적절히 조절되기만 한다면, 예상치 못한 위기와 변화가 일어나는 세상을 그 누구보다 신나게 통과할 아이들. 임상심리전문가로서 병원과 센터에서 만났던 부주의하고 산만한 아이들의 문제 뒤에 숨겨진 참모습이 바로 이렇다 말하고 싶습니다. 그러나 이 아이들은 자신의 행동을 조절하지 못하여 좌충우돌하며, 이로 인해 부모들 역시 힘겨운 시간을 보내고 있습니다. 또한 최근에는 학교 현장에서도 부쩍 도움이 절실해졌습니다. 상담(교)사들은 물론, 담임교사들도 부주의하고 산만한 아동들을 어떻게 도와주어야 할지, 또 이들의 부모와 어떻게 소통해야 할지 매우 난감해합니다.

　서구에서는 주의력결핍/과잉행동장애(Attention Deficit/Hyper-Activity Disorder: ADHD)와 관련한 문제를 보이는 아동을 돕기 위해 근거 기반 개입이 광범위하게 사용되고 있으며, 이러한 개입 중 대부분은 인지행동적 접근에 기반하고 있습니다. 반면 한국의 상황은 상이합니다. 일반인에게도 잘 알려진 ADHD라는 진단명과는 달리, 그 원인이나 양상, 효과적인 치료 원리에 대해서는 편견과 오해가 만연합니다. 이에 이 책의 저자들은 ADHD 치료에 대한 효과가 입증된 개입 방법을 한국의 상황에 맞게, 그리고 상담자들이 보다 편리하게 사용할 수 있도록 개발할 필요를 느꼈습니다.

　이 책에서는 특히 일반 상담자뿐 아니라 학교 현장에서 부주의하고 산만한 아이들을 만나는 상담(교)사에게도 도움이 되는 내용을 다루고자 하였습니다. 따라서 아동에 대한 직접적인 개입 방법 외에도, 아동의 부모와 소통하고 도움이 필요한 부모를 격려하는 방법, 교실의 담임교사와 한 팀을 이뤄 협력하는 방법을 담았습니다.

이 책의 저자들이 효과가 입증된 치료적 개입을 실시하고 보급하는 데 마음을 쓰게 된 데는 저자들 모두의 은사이신 오경자 교수님의 영향이 큽니다. 치료적 개입의 효과성을 보는 안목뿐 아니라 삶의 다양한 면에서 저자들 모두 오경자 교수님께 큰 빚을 졌습니다. 또한 저자들은 이 책을 준비하는 과정에서 서로 격려하고 부족한 부분을 채워 준다면, 혼자 할 수 있는 일보다 훨씬 많은 일을, 보다 즐겁게 할 수 있다는 사실을 배웠고, 서로를 더 깊이 신뢰하게 되었습니다. 부주의하고 산만한 아동을 효과적으로 도울 수 있는 책을 출판해 주신 사회평론아카데미의 권현준 대표님과, 때로는 저자들보다 더 예리한 아이디어로 책의 구석구석을 살펴 주신 편집자 정용준 선생님에게도 감사의 마음을 전합니다.

안 그래도 걷기 힘든 백사장을 모래주머니를 단 채 힘겹게 걷고 있는 듯한 ADHD 아동들이 자신의 핸디캡을 딛고 저마다의 빛깔로 제 속도를 찾아 인생을 달려가는 데 이 책이 유용하게 사용되길 바라는 마음이 간절합니다. 이 아이들 옆에서 이들의 회복과 성장을 바라며 오늘도 애쓰고 있는 상담자, 상담(교)사 및 담임교사, 그리고 부모님들의 건승을 두 손 모아 기원합니다.

2023년 5월

강지현, 도례미, 어유경

지침서 소개

- 이 책은 주의력결핍/과잉행동장애(Attention Deficit/Hyper-activity Disorder: ADHD)와 관련한 문제를 보이는 아동을 더 깊이 이해하고 도울 수 있는 인지행동치료 프로그램을 정리한 지침서입니다.

- ADHD 진단 여부와 상관없이 또래에 비해 주의력 유지 수준이 낮고 충동성 조절을 어려워하는 8~13세 아동에게 이 책의 프로그램을 적용할 수 있습니다. 중·고등학생을 대상으로도 이를 활용할 수 있으나, 이 경우 청소년의 연령과 특성을 고려하여 프로그램을 운영 및 예시 활용 방법을 조정해야 합니다.

- 인지행동치료와 심리상담 전반에 걸쳐 숙련된 상담자라면 이 책을 편하게 사용할 수 있습니다. 다소 경험이 많지 않은 상담자 역시 책의 내용을 꼼꼼히 읽어 본다면, 어렵지 않게 상담 현장에 적용할 수 있습니다.

- 이 프로그램은 상담자용 지침서와 아동용 워크북으로 구성되어 있습니다. 지침서의 1부와 2부에서는 ADHD 아동에 대한 이론 및 개입 방법, 학교 상담(교)사를 위한 개입 안내를 살펴봅니다. 3부에서는 ADHD 아동의 문제를 개선하기 위해 활용할 수 있는 여러 가지 활동을 다룹니다.

- 상담자와 상담(교)사가 활동을 사용하기 용이하도록 각각의 활동을 소개하며 활동 내용, 준비물, 진행 순서, 상담자를 위한 팁, '두 배로 효과 보기'를

제시하는 한편, 활동을 변용할 수 있는 아이디어를 제공하였습니다.

- 주요 목표에 따라 활동을 분류하였으나, 상담자는 아동의 특성, 상담자의 역량, 현실적 조건 등을 고려하여 유연하게 활동을 변형할 수 있습니다. 또한 각 회기나 전체 프로그램 역시 고정된 것이 아니므로, 필요에 따라 융통성 있게 구성하는 것이 좋습니다. 따라서 인지행동적 개입에 흔히 수반되는 연습 과제가 별도로 제시되어 있지 않습니다. 상담자가 회기를 운영하며 필요한 활동을 아동에게 연습 과제로 부과할 수 있습니다.

- 이 책에 수록된 활동들은 대부분 개인 상담 및 집단 상담에서 활용이 가능합니다. 다만 일부 활동의 경우 활용하고자 하는 장면의 상황에 맞게 적절히 변형할 필요가 있습니다.

- 이 책에 제시된 활동을 실시하여 인지행동치료 기법의 효과를 발휘하기 위해서는 아동-상담자/상담(교)사 간 서로 신뢰할 수 있는 관계를 형성하는 것이 매우 중요합니다. 이를 위해 공감적 태도를 보이고, 아동의 말에 경청하고, 아동을 인정해 주는 한편, 필요시 아동의 부모님 및 다른 치료진과 협력해야 합니다. 또한 토큰, 점수, 칭찬, 격려 등 적절한 보상을 가능한 한 즉각적으로 지급할 경우, 아동의 동기 수준을 더욱 높일 수 있습니다.

- 초기 회기에서는 라포 형성을 위해 아동과 편안한 시간을 보내야 할 수 있으나, 상담 회기가 놀이나 게임 등의 요소만으로 이뤄진 시간이 되지 않도록 주의해야 합니다. 각 상담 회기의 주요 활동을 일찍 마무리할 수 있다면, 회기 마무리 시 보상으로 아동이 좋아하는 보드게임 등의 활동을 함께하는 방식을 추천합니다.

- 일부 활동의 경우 부주의하고 산만한 아동의 부모나 담임교사의 도움이 필요합니다. '부록'이나 '상담자를 위한 팁' 부분에 이를 위한 교육 지침을 수록하였으니, 이를 적절히 활용하길 바랍니다. 부모나 교사가 상담자/상담(교)사와 같은 목표를 가지고 아동을 대한다면, 개입 효과가 극대화될 것입니다.

부주의하고 산만한
아동에 대한 이해

1 | 아동의 재발견

부주의하고 산만한 아동은 자신의 특성으로 인해 반항적이라는 오해를 자주 받으며, 학습이나 대인관계에서 어려움을 겪을 수 있습니다. 이는 친구, 부모, 교사 등 주변 사람들로부터 부정적인 피드백을 받는 원인이 되기도 합니다. 이러한 경험이 반복되면 아동은 더욱 위축되어 마음에 상처를 입을 수 있습니다.

이 책에서는 부주의하고 산만한 아동이 주의력을 비롯한 정서와 행동 전반에 걸쳐 자기조절의 전략을 익히고, 이를 일상에 적용해 성공을 경험하여 주변 사람들로부터 긍정적 피드백을 얻고 자신감을 회복하는 일련의 과정을 '마음 키우기'로 부르고자 합니다.

마음 키우기 과정을 원활하게 진행하기 위해서는 먼저 아동의 장점을 발견하고 이를 칭찬하는 한편, 아동의 어려움에 공감해 줌으로써 아동과 긍정적인 관계를 형성해야 합니다. 또한 적절한 보상을 이용하여 아동이 자신에게 필요한 기술을 습득하고 연습하고자 하는 마음을 잃지 않게 해야 합니다.

이 장에서는 이러한 단계를 살펴보고, 관계 형성과 보상 이용을 위해 고려해야 할 점에 대해 알아보겠습니다.

핵심 내용 미리 보기

❶ 아동의 어려움 이해
❷ 아동에게 필요한 기술에 대한 교육 및 연습
❸ 아동의 장점을 인정하고 수용하면서 맺어지는 관계 형성
❹ 쉬운 목표와 구체적인 보상을 통한 성공 경험

1 부주의하고 산만한 아동 만나기

하도 왔다 갔다 해서 가만히 앉아 있으라고 말하면 앉은 채로 계속 꼼지락댑니다. 몇 번을 알려 줘도 좀처럼 자기 물건을 챙기지 못합니다. 뭘 하라고 말하면 대답도 잘 안 하고, 대답을 해도 확인해 보면 안 해 놓기 일쑤입니다. 이러한 이유로 인해 주의력에 문제가 있는 아동과 있을 때 우리는 쉽게 지치곤 합니다. 상담자로서, 교사로서, 부모로서 잘하고 있는지 의문이 들고, 급기야 말을 듣지 않는 아동이 미워지기 시작합니다. 그래서 화를 내면 아동은 잠시 동안은 말을 잘 듣는 것 같다가도, 얼마 지나지 않아 다시 부주의하고 산만한 태도를 보입니다. 그 결과 더 크게 소리를 지르게 됩니다. 어디서부터 어떻게 해야 할지 모르겠습니다. 길을 잃은 듯한 느낌입니다.

부주의하고 산만한 아동의 이해

부주의하고 산만한 아동을 어떻게 이해해야 할까요? 아동은 일부러 충동적인 행동을 하거나 산만한 것이 아닙니다. 반항을 하는 것도 아닙니다. 그런데도 화가 나는 것은 이 아동이 분명히 할 수 있는 행동을 일부러 안 한다는 생각이 들어서일 수 있습니다. 하지만 다시 강조하자면, 부주의하고 산만한 아동은 의도적으로 이러한 행동을 하는 것이 아닙니다. 부모나 교사의 말을 무시하거나 따르지 않고자 하는 마음도 아닙니다. 부주의하고 산만한 아동들이 이렇게 행동하는 이유는 주의력을 집중하고 행동을 조절하는 능력이 부족해서입니다. 즉 안 하는 게 아니라 못하는 것입니다.

2 아동의 주의력: 뇌의 문제

주의를 집중하고 행동을 조절하는 데 어려움을 보이는 것은 일차적으로 뇌의 문제입니다. 뇌는 매우 복잡하기 때문에 여전히 많은 연구가 필요한 신체 기관입니다. 그러나 기존의 연구에 따르면 전두엽, 즉 정보를 조직화하고 행동을 계획하고 정서를 관리하는 대뇌 앞쪽 부분이 주의력 문제와 깊이 관련된 것으로 보입니다. 주의력 문제는 주의력결핍 과잉행동장애(Attention Deficit/Hyperactivity Disorder: ADHD)로 진단된 아동이 쉽게 보이는 문제입니다. ADHD 아동들은 부주의한 모습과 과잉행동, 충동적인 모습을 보입니다. 그러나 이 아동들은 의도적으로 충동적인 산만한 모습을 보이는 것도, 부모나 교사의 말을 무시하는 것도 아닙니다. 앞에서 언급했듯, 이것은 뇌 기능상의 문제입니다.

ADHD 진단기준

미국정신의학회(American Psychiatric Association: APA)에서 발간한 『정신질환의 진단 및 통계 편람』(Diagnostic and Statistical Manual of Mental Disorder; DSM)에는 정신장애의 진단, 치료, 경과, 예후가 잘 정리되어 있습니다. 따라서 아동의 주의력 문제가 장애 수준인지 간편하게 살펴보고자 한다면, DSM의 ADHD 진단기준을 짚어 볼 수 있습니다. DSM의 최신판인 DSM-5에 따르면 ADHD의 진단기준은 다음과 같습니다.

ADHD 진단기준

A. 기능 또는 발달을 저해하는 지속적인 부주의 및 과잉행동-충동성이 (1) 그리고/또는 (2)의 특징을 갖는다.

1. **부주의**: 다음 9개 증상 가운데 6개 이상이 적어도 6개월 동안 발달 수준에 적합하지 않고 사회적·학업적/직업적 활동에 직접적으로 부정적인 영향을 미칠 정도로 지속됨

   주의점: 이러한 증상은 단지 반항적 행동, 적대감 또는 과제나 지시 이해의 실패로 인한 양상이 아니어야 한다. 후기 청소년이나 성인(17세 이상)의 경우에는 적어도 5가지의 증상을 만족해야 한다.

   a. 종종 세부적인 면에 대해 면밀한 주의를 기울이지 못하거나, 학업, 작업 또는 다른 활동에서 부주의한 실수를 저지름(예, 세부적인 것을 못 보고 넘어가거나 놓침, 작업이 부정확함)

   b. 종종 과제를 하거나 놀이를 할 때 지속적으로 주의집중을 할 수 없음(예, 강의, 대화

또는 긴 글을 읽을 때 계속해서 집중하기가 어려움)

c. 종종 다른 사람이 직접 말을 할 때 경청하지 않는 것처럼 보임(예, 명백하게 주의집중을 방해하는 것이 없는데도 마음이 다른 곳에 있는 것처럼 보임)

d. 종종 지시를 완수하지 못하고, 학업, 잡일 또는 작업장에서의 임무를 수행하지 못함(예, 과제를 시작하지만 빨리 주의를 잃고 쉽게 곁길로 샘)

e. 종종 과제와 활동을 체계화하는 데 어려움이 있음(예, 순차적인 과제를 처리하는 데 어려움, 물건이나 소지품을 정리하는 데 어려움, 지저분하고 체계적이지 못한 작업, 시간 관리를 잘 하지 못함, 마감 시간을 맞추지 못함)

f. 종종 지속적인 정신적 노력을 요구하는 과제에 참여하기를 기피하고, 싫어하거나 저항함(예, 학업 또는 숙제, 후기 청소년이나 성인의 경우에는 보고서 준비하기, 서류 작성하기, 긴 서류 검토하기)

g. 과제나 활동에 꼭 필요한 물건들(예, 학습 과제, 연필, 책, 도구, 지갑, 열쇠, 서류 작업, 안경, 휴대폰)을 자주 잃어버림

h. 종종 외부 자극(후기 청소년과 성인의 경우에는 관련이 없는 생각들이 포함될 수 있음)에 의해 쉽게 산만해짐

i. 종종 일상적인 활동을 잊어버림(예, 잡일하기, 심부름하기, 후기 청소년과 성인의 경우에는 전화 회답하기, 청구서 지불하기, 약속 지키기)

2. **과잉행동-충동성**: 다음 9개 증상 가운데 6개 이상이 적어도 6개월 동안 발달 수준에 적합하지 않고 사회적, 학업적/직업적 활동에 직접적으로 부정적인 영향을 미칠 정도로 지속됨

주의점: 이러한 증상은 단지 반항적 행동, 적대감 또는 과제나 지시 이해의 실패로 인한 양상이 아니어야 한다. 후기 청소년이나 성인(17세 이상)의 경우, 적어도 5가지의 증상을 만족해야 한다.

a. 종종 손발을 만지작거리며 가만두지 못하거나 의자에 앉아서도 몸을 꿈틀거림

b. 종종 앉아 있도록 요구되는 교실이나 다른 상황에서 자리를 떠남(예, 교실이나 사무실 또는 다른 업무 현장, 또는 자리를 지키는 게 요구되는 상황에서 자리를 이탈)

c. 종종 부적절하게 지나치게 뛰어다니거나 기어오름(**주의점**: 청소년 또는 성인에서는 주관적으로 좌불안석을 경험하는 것에 국한될 수 있다)

d. 종종 조용히 여가 활동에 참여하거나 놀지 못함

e. 종종 "끊임없이 활동하거나" 마치 "태엽 풀린 자동차처럼" 행동함(예, 음식점이나 회의실에 장시간 동안 가만히 있을 수 없거나 불편해함, 다른 사람에게 가만히 있지 못하는 것처럼 보이거나 가만히 있기가 어려워 보일 수 있음)

f. 종종 지나치게 수다스럽게 말함

g. 종종 질문이 끝나기 전에 성급하게 대답함(예, 다른 사람의 말을 가로챔, 대화 시 자신의 차례를 기다리지 못함)

h. 종종 자신의 차례를 기다리지 못함(예, 줄 서 있는 동안)

i. 종종 다른 사람의 활동을 방해하거나 침해함(예, 대화나 게임, 활동에 참견함, 다른 사람에게 묻거나 허락을 받지 않고 다른 사람의 물건을 사용하기도 함, 청소년이나

성인의 경우 다른 사람이 하는 일을 침해하거나 꿰찰 수 있음)

B. 몇 가지의 부주의 또는 과잉행동-충동성 증상이 12세 이전에 나타난다.

C. 몇 가지의 부주의 또는 과잉행동-충동성 증상이 2가지 또는 그 이상의 환경에서 존재한다 (예, 가정, 학교나 직장, 친구들 또는 친척들과의 관계, 다른 활동에서).

D. 증상이 사회적·학업적 또는 직업적 기능의 질을 방해하거나 감소시킨다는 명확한 증거가 있다.

E. 증상이 조현병 또는 기타 정신병적 장애의 경과 중에만 발생되지는 않으며, 다른 정신질환 (예, 기분장애, 불안장애, 해리장애, 성격장애, 물질 중독 또는 금단)으로 더 잘 설명되지 않는다.

출처: DSM-5 정신질환의 진단 및 통계 편람(제5판), (주)학지사, 2015

ADHD 진단기준 확인 시 유의점

아동이 ADHD 진단기준을 충족하는지 확인할 때는 다음과 같은 사항들을 고려해야 합니다.

- 아동이 ADHD 진단기준을 충족한다고 해서 곧바로 ADHD 진단을 받을 수 있는 것은 아닙니다. 진단을 위해서는 전문적으로 훈련받은 전문의나 임상심리 전문가 같은 전문가에 의한 종합적·통합적 심리검사와 임상면접이 필요합니다.

- 상담자는 아동을 파악하는 과정에서 부모와 담임교사에게 질문할 때, ADHD 진단기준을 참조할 수 있습니다. 예를 들어 '아동이 지속적으로 주의집중하는 것을 어려워하나요?'라고 묻기보다는, '아동이 숙제나 공부를 할 때 계속 산만해지나요?'라고 구체적으로 질문함으로써, 더 자세한 답변을 들을 수 있습니다.

- DSM 진단기준은 같은 연령의 또래에 비해 특정 행동 혹은 경향을 자주 보이는지 묻는 것입니다. 그러나 자녀를 객관적으로 파악하는 것이 부모에게는 어려울 수 있습니다. 그러므로 부모의 특성 및 성격, 가족 고유의 분위기를 참고하여 DSM 진단기준 충족 여부를 확인하고, 담임교사에게도 동일한 질문을 하는 것이 좋습니다. 이후 부모와 담임교사의 답변을 비교하여 아동이 최종적으로 몇 개 이상의 진단기준을 충족하는지 확인합니다.

- 불안해하거나 우울해하는 아동의 경우, 집중력이 저하되어 ADHD 진단기준을 충족할 수 있습니다. 따라서 부모에게 아동이 취학 전과 유아기에도 이러한 주의력 문제를 계속 보였는지 물어봐야 합니다. 주의력에 문제를 보이는 아동은 전형적으로 영유아기부터 아동기까지 줄곧 주의집중을 어려워하기 때문입니다.

- '우리 아이는 TV 볼 때는 누구보다 집중을 잘 해요' 또는 '게임할 때 얼마나 집중을 잘 하는데요'라고 보고하는 부모들이 있습니다. 주의집중에 어려움이 클지라도 게임 등 자신이 좋아하는 활동에는 집중할 수 있습니다. 따라서 ADHD 부주의 문항은 아동이 좋아하거나 흥미를 느끼는 활동에 얼마나 집중할 수 있는지보다는, 숙제나 공부같이 다소 지루하고 단조로운 활동에 얼마나 집중할 수 있는지, 이를 마무리할 수 있는지 확인하는 데 목적을 두고 있습니다.

주의력: 학습과 또래 관계의 첫 단추

주의력에 문제가 있는 아동은 학습과 또래 관계 등 일상생활에서 어려움을 겪게 됩니다. 아동이 공부할 때 어떤 과정을 거칠까요? 일단 책이나 영상에서 정보를 찾습니다. 이때 중요한 정보는 여러 번 읽거나 시청하여 머릿속에 저장합니다. 만약 시험을 본다면, 이렇게 저장된 정보를 꺼내 답을 작성하게 됩니다.

이러한 일련의 과정을 통해 학습이 이루어집니다. 이 모든 과정에서 가장 중요한 것은 정보를 입력하는 것입니다. 예를 들어 학교 수업의 경우, 우선 책을 보며 교사의 설명을 들어야 합니다. 입력이 안 된다면 저장도, 처리도, 인출도 불가능합니다. 따라서 기억력이나 처리 능력이 아무리 뛰어나도, 입력을 못하면 공부를 잘할 수 없습니다. 그런데 이 입력 단계에서 주의력이 필요합니다. 주의력이 부족하면 정보를 적절히 입력할 수 없기 때문입니다.

주의력은 아동의 학습뿐 아니라 대인 관계에서도 매우 중요합니다. 대인 관계에서 적절히 행동하기 위해서는, 첫째, 상황을 관찰하고 상대방의 상태를 살펴봐야 합니다. 그러나 주의력이 부족한 아동은 특정 상황에 걸맞은 말이나 행동이 무엇인지 파악하는 데 어려움을 보입니다. 다음으로, 자신의 행동을 조절해야 합니다. 아동이 시험 문제를 풀 때 왜 실수를 할까요? 일반적으로 단지 느낌이나 충동에 따라 답할 때 실수가 발생합니다. 따라서 실수를 줄이기 위해서는 충동이 들더라도, 상황을 찬찬히 살펴본 후 정답을 고를 수 있어야 합니다. 예를 들어, 아동이 친구에게 머릿속에 떠오르는 대로 충동에 따라 아무 말이나 해 버릴 경우 친구의 마음이 상할 수 있습니다. 이처럼 공부를 할 때는 물론 친구와 교류할 때도 신중히 정보를 살피고 주의를 집중하며 자신의 느낌, 욕구, 행동을 조절해야 합니다. 그런데 주의력에 문제가 있는 아동의 경우 학습과 대인 관계를 비롯한 일상 전반에서 어려움을 겪게 될 것입니다.

주의력 문제의 의미

주의력에 문제가 있다는 말은 주의를 기울이고 행동을 조절하는 능력이 부족하다는 것이지, 학습이나 대인 관계에서 좀 더 본질적인 부분에 결함이 있다는 의미가 아닙니다. 주의력에 문제가 있음에도 학습하는 데 필요한 보다 고차적인 능력, 예를 들어 기억력이나 추상적 사고력은 우수할 수 있습니다. 또는 친구를 사귀고 싶은 마음이 크고 공감하는 능력이 뛰어날 수도 있습니다. 이는 자동차에 비유하면, 엔진 성능은 매우 우수한데 타이어에 구멍이 나서 빨리 달리지 못하는 상태라 말할 수 있습니다. 그렇다면 어떻게 하면 될까요? 타이어 구멍을 메꾸면 됩니다. 나아가 이후에도 구멍이 났을 때 이를 알아차리고 스스로 구멍을 메꾸거나 타이어를 새 것으로 교체할 수 있도록 연습해야 합니다.

구조와 규칙의 필요성

주의가 산만한 아동을 대할 때는 일관된 구조나 규칙을 정하여 이를 적용해야 합니다. 단순히 선한 마음으로 따뜻하게 대하는 것만으로는 충분하지 않습니다. 아동이 상황을 예상할 수 있도록 구조와 규칙을 함께 정하고, 이를 보이는 곳에 적어 놓는 것이 좋습니다. 또한 한번 정한 구조나 규칙은 합의를 통해 수정되기 전까지 일관되게 지켜져야 합니다.

3 부주의하고 산만한 아동의 마음 키우기 과정

주의를 집중하기 어려워하는 아동에게는 전문적인 도움이 필요합니다. 전문적인 도움이란 아동이 주의를 집중하고 행동을 조절하는 전략을 배워 익힐 수 있게 지원해 주는 것으로, 크게 약물치료와 상담 프로그램으로 나눌 수 있습니다. 먼저 약물치료의 목적은 아동이 자신에게 필요한 전략을 좀 더 쉽게 익히고 배울 수 있게 뇌의 작용을 돕는 것입니다. 약물치료적 도움은 정신건강의학과에서 받을 수 있습니다. 다음으로, 상담 프로그램의 목적은 아동이 교실이나 가정, 또래 관계에서 주의력과 행동을 조절하는 활동을 연습하여 이를 실생활에 적용할 수 있게 돕는 것입니다.

이 책에서는 심리학의 이론과 연구 결과에 기반한 인지행동치료 프로그램을 통해, 주의력 문제가 있는 아동이 스스로 주의력과 행동을 조절할 수 있게 도와주는 방법을 살펴보겠습니다.

마음 키우기 시작을 위한 세 가지 단계

자신의 주의력과 행동을 조절하는 활동을 연습함으로써, 마음 키우기를 시작할 수 있습니다. 이를 위해 '배우기', '함께 연습하기', '혼자 적용하기'라는 세 가지 단계가 필요합니다. 마음 키우기 과정의 핵심은 아동이 자신에게 필요한 기술(전략)을 배우고, 이를 상담자나 담임교사, 부모 등과 함께 연습하여 마침내 실생활에 적용할 수 있게 도와주는 것입니다.

마음 키우기의 시작을 위한 세 가지 단계

배우기 단계

배우기 단계에서는 먼저 아동에게 필요한 기술이 무엇인지 파악해야 합니다. 그래야만 아동의 문제를 해결하는 데 가장 적절한 기술을 가르쳐 줄 수 있기 때문입니다. 예를 들어 아동이 무엇을 어떻게 공부해야 할지 모르겠다고 말한다면, 우선 공부 계획을 세우는 방법을 가르칠 수 있습니다. 혹은 화를 참지 못하거나 공격적인 행동을 하는 문제가 있다면, 순간의 화를 참는 기술을 배우고 연습하도록 지도해 줄 수 있습니다.

그러나 어떤 경우에는 필요한 기술을 바로 가르치는 것보다는, 쉽게 습득하고 반복 연습할 수 있는 기술을 먼저 가르치는 것이 더 효과적일 수 있습니다. 이 경우 아동이 습득한 기술을 더욱 적극적으로 일상에 적용할 수 있기 때문입니다. 이후에는 기술의 난도를 높여 아동에게 필요한 기술에 점진적으로 접근합니다. 예를 들어 정리를 못하는 아동의 경우, 정리 기술을 먼저 가르쳐 주기보다는, 우선 아주 단순하게 가방을 책상 옆에 거는 것부터 연습하게 함으로써 배우기 단계를 시작할 수 있습니다.

연습의 중요성

주의력 문제를 보이는 아동의 경우, 일상생활에서 요구되는 일을 연습하게 하고, 연습의 결과에 적절한 보상을 제공하는 것이 중요합니다. 이는 장거리 달리기를 한 번도 해 본 적이 없는 사람에게 단번에 장거리를 뛰지 못한다고 꾸지람하거나 장거리를 전력으로 뛰라고 요구하기 전에, 먼저 기초 체력 훈련과 단거리 달리기 연습을 시키면서 격려해 주는 것과 같습니다.

함께 연습하기 단계

함께 연습하기 단계에서는 먼저 상담자나 담임교사, 부모 같은 어른들이 특정 기술을 시범 보인 후, 아동이 이를 따라하게 합니다. 그런 다음 해당 기술을 함께 연습해 보고, 점차 아동이 배운 기술을 혼자 시도할 수 있도록 지원해 줍니다. 이 단계에서는 아동이 스스로 조금씩 노력하여 성공을 경험하는 것을 지지해 주는 것이 중요합니다. 또한 이에 대해 보상을 제공하여 아동의 의욕을 높일 수 있습니다.

혼자 적용하기 단계

단순히 기술을 가르쳐 주거나 함께 연습해 보는 것만으로는 충분하지 않습니다. 마음 키우기 과정의 최종 목표는 아동이 연습한 기술을 자신의 일상생활에 혼자 적용할 수 있게 하는 것입니다. 이를 위해 아동에게 작은 과제를 내주어 스스로 해결하게 하거나, 배운 기술을 집에서 시도하게 한 다음, 그 결과를 확인할 수 있습니다. 물론 처음에는 부모의 도움이 필요하겠지만, 점진적인 시도를 통해 궁극적으로 아동이 혼자 기술을 적용할 수 있게 하는 데 초점을 둬야 합니다.

☺️ **TIP** _____

어느 세월에?

'아동이 어느 세월에 자기 일을 혼자 할 수 있을까, 그런 날이 오기는 할까' 라는 회의감이 들 수도 있습니다. 혼자 적용하기 단계까지 한 번에, 몇 회기 만에, 한 학기 만에, 일 년 만에 도달하지는 못할 수도 있습니다. 그러나 목표를 분명하게, 구체적으로 생각하고, 목표한 방향으로 지치지 않고 조금씩 시도하고 연습한다면 가능합니다. 목표를 잘게 나누고 각각의 작은 목표를 달성할 때마다 아동에게 보상을 주세요. 이렇게 작은 목표를 달성해 나가다 보면, 어느새 최종 목표 지점에 도달하게 될 것입니다.

_____

4 마음 키우기 과정의 선행 조건 1: 관계 형성

부주의하고 산만한 아동의 마음 키우기를 위해서는 두 가지 선행 조건이 필요합니다. 첫 번째 선행 조건은 '관계 형성'이고, 두 번째 선행 조건은 '보상'입니다. 이 절에서는 우선 관계 형성을 살펴보겠습니다. 관계 형성은 상담자와 아동이 서로를 이해하고 믿게 되어 마음의 문을 여는 과정입니다. 즉 관계 형성이란 아동이 자신에게 필요한 기술을 배우고 익히고 연습하게 하기 위해 거쳐야 할 첫 번째 관문이라고 말할 수 있습니다.

관계 형성의 중요성

아동과의 관계는 매우 초반에 결정될 수 있습니다. 특히 아동이나 청소년은 어른과의 관계를 형성할 때, 그 사람이 어떤 사람인지 빠르게 판단해 버리는 경향이 있습니다. 그러므로 아동과 만난 직후에는 아동과의 관계 형성에 집중적으로 초점을 맞춰야 합니다. ADHD 치료의 신이 아동 앞에 온다고 해도, 관계 형성이 되지 않으면 치료가 불가능합니다. ADHD 아동 치료법을 백 개, 천 개를 알아도, 아동이 마음의 문을 열고 상담자와 협력해서 무언가를 시도해 보겠다고 생각하지 않는다면 아무 소용이 없습니다. 아동과 상담이 원활히 진행되기 위해서는 아동과 치료 동맹이 맺어져야 합니다. 아동과 상담자 모두 서로가 같은 목표를 향해 함께 노력한다는 사실을 인식하고, 이에 대해 약속하고, 서로를 신뢰해야 합니다. 또한 문제가 해결될 수 있을 것이라는 희망이 있어야 합니다. 아동이 상담자와 함께라면 할 수 있다고, 또 결국에는 자신이 해낼 수 있을 것이라고 믿는다면, 진퇴를 반복하는 문제 해결 과정(상담 과정)을 성공적으로 끝마칠 수 있을 것입니다.

관계 형성의 첫 번째 단추: 장점 발견

관계 형성 시에는 우선 아동의 장점을 발견하고 인정해 주는 과정이 필요합니다. 이를 위해서는 아동과 함께 아동의 강점과 자원을 찾아봐야 합니다. 부주의하고 산만한 아동은 주의력 문제나 행동 문제 때문에 주변 사람들에게 지적을 받은 경험이 많을 가능성이 높습니다. 이러한 부정적인 경험 때문에 이들은 정작 자신의 장점을 잘 모르고 지내기도 합니다. 부주의하고 산만한 아동은 주의를 집중하거나 시간에 맞춰 과제를 수행하거나 가만히 앉아 있는 것을 또래에 비해 어려워할 수 있지만, 반짝이는 호기심, 번뜩이는 상상력, 다정다감함, 문제 해결을 위한 아이디어 등의 측면에서는 또래에 비해 뛰어날 수 있습니다. 실제로 유명한 사람 중에는 주의력을 유지하는 시간이 짧다는 평가를 받으며 학교 생활에는 실패한 듯했지만, 인류에 크게 기여한 사람들이 여럿 있습니다. 토머스 에디슨(Thomas Edison)이 그중 한 명입니다. 따라서 아동의 주의력에만 초점을 맞추는 것이 아니라, 아동의 여러 특성을 두루 살핀 후 상담자가 먼저 아동이 가진 장점(강점)이나 자원을 발견하여, 이를 자주 언급하고 격려해 주는 것이 중요합니다. 이 과정에서 아동과의 관계 형성의 첫 번째 문이 열릴 것입니다.

관계 형성의 두 번째 단추: 인정과 수용

ADHD 아동과의 관계 형성을 위해서는 ADHD를 이해하고 ADHD 아동이 가진 문제를 공유해야 합니다. 부주의하고 산만한 아동은 일상의 친구 관계나 학습에서 좌절감을 느끼고 실수를 하거나 실패를 경험하기 쉽습니다. 그래서 이들은 초등학교 2학년이나 3학년쯤부터 자존감이 낮아지거나 우울감을 경험하는 경우가 매우 많습니다. 아동의 이러한 상황을 이해하고 공감하는 데서, 즉 아동이 겪는 어려움과 그로 인한 아동의 정서를 있는 그대로 인정하고 수용하는 데서 관계 형성이 시작됩니다. 이와 관련하여, 25년 넘게 마음 키우기 전문가로 활동하고 있는 미국의 심리치료사 데브라 버딕(Debra Burdick)은 관계 형성에 대해 다음과 같이 말했습니다.

> "내담자가 상담에 적극적으로 참여하게 하기 위해서는 내담자로 하여금 자신이 안전한 상황에 있으며, 이해받고 있다고 느끼게 해야 합니다. 특히 상담자가 자신에게 중요한 문제를 제대로 이해하고 도와줄 수 있다고 느끼는 것이 중요합니다. ADHD 학생들은 죄책감을 느끼고 자신의 증상에 대해 부끄러워하고 누구도 전적으로 자신을 이해하고 있다고 느끼지 못하는 경우가 많습니다. 상담자가 자신이 얼마나 힘든지, 자신의 문제가 자신의 삶에 어떻게 영향을 주는지 이해한다고 느낄 때, 학생은 상담에 적극적으로 참여하게 됩니다"(Burdick. 2014).

아동의 기분을 있는 그대로 수용하기

아동이 자신의 기분을 있는 그대로 수용하고 이를 적절하게 표현할 수 있도록 격려하고 연습시키는 것이 좋습니다. 그러나 이때 "괜찮아" 혹은 "아니야"와 같이 인정과 수용을 표현하는 말에 주의해야 합니다. "괜찮아"라는 말은 자칫 아동의 기분을 서둘러 축소시키는 느낌을 줄 수 있으며, "아니야"라는 말은 아동이 자신의 기분을 성급하게 진정시켜야 한다고 생각하게 할 수 있습니다. 이는 아동이 자신의 기분을 인정하지 않고 부인하는 습관을 가져 올 수 있으므로, 이런 말보다는 다른 말을 사용하여 아동이 느끼고 표현하는 기분을 있는 그대로 수용해 주는 것이 중요합니다. 예를 들어 "갑자기 발표를 해야 했다니, 당황했겠구나", "속상했지. 선생님이라도 그랬겠다", "기다렸던 약속인데 취소되다니… 실망했겠다" 등과 같이 더 구체적인 표현을 통해 아동이 처한 상황과 그에 따른 기분에 공감해 주어야 합니다. 아동이 이러한 기분을 느껴도 괜찮다고 인정 받는다면 명확하지 않았던 기분을 더 잘 인식할 수 있게 되어, 자신의 기분에 보다 정확한 이름을 붙여 나갈 수 있습니다. 이렇게 아동이 자신의 상황과 기분을 인식하고 여기에 이름도 붙였다면, 상담자는 아동에게 자신의 기분을 적절하게 표현하는 기술을 알려 주고 이를 반복해서 연습하게 합니다.

부주의하고 산만한 아동 상담의 다섯 단계

정리해 보자면 부주의하고 산만한 아동 상담은 다음과 같은 다섯 단계로 이루어져 있습니다. 그 시작은 관계 형성이며 마지막은 아동이 자신이 배운 기술을 일상생활에서 스스로 적용할 수 있게 하는 것입니다.

부주의하고 산만한 아동 상담의 다섯 단계

1단계	2단계	3단계	4단계	5단계
학생/학부모와 관계 형성	개별 아동 파악하기	필요 기술 알려 주기	함께 연습하기	실생활에 적용하게 하기

5 　마음 키우기 과정의 선행 조건 2: 보상

마음 키우기 과정의 두 번째 선행 조건은 보상입니다. 보상은 부주의하고 산만한 아동이 새롭게 변화하기 위해 반드시 필요합니다. 보상이 없다면 아동이 마음 키우기 기술을 연습하게 하기는 어려울 것입니다. 보상이 효과가 있으려면 보상의 내용을 아동과 함께 결정하고, 명확하고 단계적인 보상의 체계를 만들어야 합니다. 또한 아동이 목표 행동을 한 경우 보상을 즉시 지급하는 한편, 주기적으로 보상을 바꿔야 합니다. 목표 달성 여부를 시각적으로 확인할 수 있도록 목표 달성 현황을 차트나 그림, 표로 만들어 제시하는 것도 도움이 됩니다.

보상의 중요성

앞에서 살펴보았듯 부주의하고 산만한 아동의 마음 키우기에 있어 관계 형성이 중요하지만, 이것만으로는 충분하지 않습니다. 아동이 상담자를 정말로 좋아하고 마음 키우기 기술을 배우고 싶어 하더라도 마찬가지입니다. 부주의하고 산만한 아동이 무언가를 계속하려면 '사탕', 즉 보상이 반드시 필요합니다. 보상은 아동이 연습을 성실히 하거나 목표를 달성했을 때 지급해야 합니다. 또한 쉬운 과제에서 점진적으로 과제의 난도를 높일 때도 보상을 함께 제공해야만 효과가 있습니다.

보상의 원칙 1: 함께, 구체적으로 정하기

흔히 아동이 목표에 도달했을 경우 과자 등 간식을 주는 식으로 상담자가 일방적으로 보상 내용을 정하는 경우가 많습니다. 그러나 보상을 결정할 때는 아동의 연령과 흥미를 고려해야 합니다. 또한 아동마다 개인적 흥미가 다르기 때문에 아동과 합의하여 보상을 결정하는 것이 좋습니다. 이뿐만 아니라 어떤 상황에서 어떤 보상을 줄지 구체적으로 정해야 합니다. 애매모호하게 '무엇을 할 수 있을 때'가 아니라, '무엇을 몇 번 할 때' 또는 '무엇을 어떻게 할 때' 등으로 목표를 구체화합니다.

보상의 원칙 2: 체계 만들기

아동의 동기 수준을 높이기 위해서는 단순한 보상 체계보다 단계적인 보상 체계가 유용합니다. 예를 들어 매일 하는 작은 과제를 달성하면 작은 보상을, 훌륭한 수행이 일주일 동안 이어지면 중간 단계의 보상을, 한 달 동안 이어지면 더큰 보상을 제공하는 식으로 보상 체계를 구성할 수 있습니다.

보상의 원칙 3: 바로바로 지급하기

어떤 행동에 대해 어떤 보상을 제공할지 명확한 기준이 있어야 하며, 아동이 정확히 그 행동을 한 경우, 즉시 보상을 제공해야 효과가 있습니다. 보상의 내용도 중요하지만, 구체적인 행동에 대해 바로바로 피드백을 주는 것은 특히 부주의하고 산만한 아동의 행동 강화에 매우 중요하게 작용합니다.

보상의 원칙 4: 주기적으로 새로운 보상 지급하기

많은 부모나 담임교사가 스티커 등의 보상이 효과가 없다고 말하곤 합니다. 그러나 보상이 효과가 없는 것이 아니라, 보상으로 정한 보상물의 힘이 없어졌다는 말이 좀 더 정확한 표현입니다. 보상물의 효과는 영원하지 않습니다. 그러므로 아동의 반응을 참고하여 주기적으로 보상물을 바꾸는 것이 좋습니다. 보상이 효과가 있으려면 보상물을 2~3주 혹은 한 달 주기로 바꿔야 합니다.

최고의 보상: 성공 경험

최고의 보상은 결국 이 모든 과정을 통해 아동 스스로가 경험하게 되는 '성공 경험'입니다. 처음에는 아동이 오직 보상을 받기 위해 행동할 수 있습니다. 그러나 행동을 지속하며 자신이 할 수 있다는 자신감을 느끼게 되고, 그 결과 행동에 대한 흥미만으로도 해당 행동을 반복하게 되는 일련의 과정 자체가 보상이 되어야 하는 것입니다. 이렇듯 성공이라는 보상은 아동이 스스로 행동할 수 있게 하는 마중물이라고 할 수 있습니다.

성공 전략

아동이 성공을 경험하게 하기 위해서는, 아동이 해결할 수 있을 만한 수준의 과제를 부여하고, 성공할 수 있는 환경을 조성해야 합니다. 또한 보상을 명확하게 제시하여 아동에게 성취 동기를 부여해야 합니다. 이러한 과정에는 시간과 노력이 필요하므로, 긴 안목으로 조금씩 노력하는 것이 중요합니다.

⌣̈⁺ TIP

지치지 않으려면?

아동의 행동을 변화시키는 과정이 쉽지는 않습니다. 그렇기 때문에 큰 그림이 필요합니다. 예를 들어 여행할 때 지도가 있다면 자신이 어디까지 왔는지 확인하여 길을 잃지 않을 수 있습니다. 이처럼 전체 그림, 즉 궁극적인 목표가 무엇인지 명확하게 알아야 합니다.

또한 육체적으로 지치지 않기 위해 식량과 에너지가 필요하듯이, 상담자에게도 자기돌봄이 필요합니다. 지속적인 실천과 상담을 통해 아동과 함께 노력하려면 자신에게도 칭찬을 해 줘야 합니다. 아동의 위치뿐만 아니라 상담자로서 '나'의 위치, 즉 '나'의 노력에도 지도가 필요합니다. 자신이 어떨 때 지치지 않는지, 이를 위해 무엇이 필요한지 살펴보길 바랍니다.

마지막으로, 담임교사나 부모가 지치지 않게 도와주는 것 역시 중요합니다. 이들이 더 이상의 노력은 소용이 없다고 여기지는 않는지 유심히 살펴보고, 포기하지 않도록 용기를 북돋우며 쉬운 것부터 시도해 보도록 도와주세요.

2 심리검사 활용

아동의 문제를 보다 정확하게 파악하기 위해 심리검사를 활용할 수 있습니다. 이때 가급적 객관적이고, 아동의 문제가 또래에 비해 얼마나 심각한 수준인지 파악할 수 있게 해 주는 도구를 선택해야 합니다. 그러나 단 하나의 검사 결과에만 의존해서 아동의 문제를 판단해서는 안 됩니다.

교사의 관찰과 평가, 부모 면담, 기타 질문지 응답 등을 고려하여 심리검사 결과를 통합적으로 비교·분석해야 합니다. 문제가 어느 정도 이상이라면, 전문가가 실시하는 추가적인 심층검사가 필요할 수 있습니다. 필요한 경우 종합적인 검사 결과에 기반하여 적절한 심리치료를 가능한 한 빠르게 찾아, 아동에게 제공하는 것이 중요합니다.

이 장에서는 무료로 활용할 수 있는 검사지와 아동의 문제를 폭넓게 과학적으로 선별할 수 있는 유료 선별 검사 도구를 소개하고자 합니다. 무료 선별 검사 도구로는 한국어판 코너스 단축형 평정 척도와 주의력 평정 척도, 아동 문제 행동 선별 검사를, 유료 선별 검사 도구로는 한국어판 아동 행동 평가 척도를 제시하였습니다. 적절한 선별 검사를 통해 아동의 문제 해결을 향한 첫걸음을 잘 뗄 수 있게 되기를 바랍니다.

핵심 내용 미리 보기

❶ 아동 문제의 원인 파악을 위한 설문지와 선별 검사 도구 활용법
❷ 설문지와 선별 검사 도구 외 다른 자료의 통합적 검토의 중요성

1 심리검사 유형

문제 행동이 두드러지는 아동을 돕기 위해서는, 우선 해당 행동이 발생하는 원인을 정확하게 확인해야 합니다. 또한 아동의 문제가 어떤 상황에서 어떻게 나타나는지, 얼마나 심각한지 파악해야 합니다. 이를 위해 다양한 심리검사를 활용하여 구체적인 상황과 사례를 분석하는 것이 도움이 됩니다. 따라서 이 장에서는 아동, 특히 부주의하고 산만한 아동의 문제를 살펴보는 데 사용되는 검사들을 알아보겠습니다.

주의력 관련 검사

주의력 관련 검사는 검사에 반응하는 주체에 따라 아동이 직접 수행하는 심리검사와 부모나 교사가 수행하는 질문지로 나뉩니다. 이 장에서는 질문지를 위주로 소개하고 있으나, 질문지에서 기준 이상 점수가 나왔다면, 정확한 진단을 위해 전문가를 찾아가야 합니다. 이 경우 일반적으로 전문의나 임상심리전문가가 있는 병원이나 상담센터에서 주의력 관련 검사를 포함한 종합심리검사와 임상평가를 실시하게 됩니다.

심층적인 검사에는 컴퓨터에 기반하여 일정 시간 동안 주의력을 얼마나 잘 유지할 수 있는지 알아보는 컴퓨터 기반 주의력 검사와 지능 검사가 있습니다. 컴퓨터 기반 주의력 검사는 지속적인 주의력을 측정하기 위한 검사로, 이를 실시하는 아동은 대략 15~30분 동안 컴퓨터 화면에 제시되는 과제에 반응합니다. 지능 검사에서는 아동의 인지적 잠재능력과 주의력 관련 능력을 측정한 후, 연령 규준과 비교하여 그 수준을 평가합니다. 컴퓨터 기반 주의력 검사와 지능 검사에서는 아동의 지능, 인지능력, 동기 수준 및 정서 상태에 따라 주의력 점수가 실제보다 높게 나올 수도, 낮게 나올 수도 있습니다. 이는 주의력 외 다른 요인이 검사 결과에 영향을 끼칠 수 있다는 의미입니다. 따라서 단일한 검사 결과만으로 아동을 평가하거나 진단해서는 안 됩니다. 아동의 ADHD 여부를 진단하는 전문가는 아동이 수행한 모든 검사 결과를 비롯하여, 검사 과정에서 아동의 반응, 발달력, 부모 면담 및 교사 면담 내용 등을 종합적으로 고려합니다. 부모는 아동의 발달에 대해 가장 잘 알고 있는 사람이기 때문에 아동의 산만함과 주의력 문제가 어느 정도인지 파악하고 있을 것입니다. 그러나 부모의 평가는 비교 대상이 없어 지나치게 주관적일 수 있으므로, 진단 시 담임교사의 평가를 함께 검토해야 합니다. 따라서 보다 객관적인 평가를 위해 부모가 아닌 교사가 질문지를 작성하게 할 수 있습니다.

투사 검사: 장점과 한계

집-나무-사람 검사(House-Tree-Person: HTP)나 문장 완성 검사(Sentence Completion Test: SCT) 같은 투사 검사는 아동의 주관적인 내면세계를 풍부하게 이해하고 아동의 독특성을 파악하는 데 도움이 되기 때문에 학교 현장에서 흔히 사용되는 검사 도구입니다. 그러나 아동이 처한 일시적인 상황이나 당시 아동의 기분에 따라 그림이나 문장은 얼마든지 달라질 수 있습니다. 또한 투사 검사 결과에 대한 상담자의 해석 역시 매우 주관적일 수 있기 때문에 그림이나 문장에서 보이는 특성은 하나의 가설로만 고려해야 합니다. 이 외에도 아동의 문제와 아동이 처한 상태를 정확히 파악하기 위해 투사 검사 결과를 다른 자료, 즉 면담이나 행동 관찰, 객관적 검사 결과와 비교하여 상호 교차 검증을 할 필요가 있습니다. 예를 들어 아동이 HTP에서 손을 작게 그렸다고 해서, 아동에게 대처능력이 부족하다고, 정해진 해석 방법에 따라 기계적으로 해석해서는 안 됩니다. 또래 관계에 대한 아동의 보고와 아동이 보이는 모습에 대한 담임교사의 이야기 등을 파악하고, 사회적 능력에 대한 한국어판 아동 행동 평가 척도 결과 등을 고려하여 종합적으로 아동의 사회적 능력을 검증해야 실수나 오판을 줄일 수 있습니다. 물론 HTP는 아동의 독특성을 파악할 수 있는 훌륭한 도구이므로, 아동이 거부감을 갖지 않도록 라포를 형성하면서 그림에 대해 물어 본다면, 아동의 내면에 대해 매우 풍성한 자료를 얻을 수 있을 것입니다. HTP든 SCT든, 문제와 관련된 특정 검사 하나에만 의존하여 아동의 성향과 문제에 대해 결론 내리지 않는 것이 중요하다는 사실을 반드시 기억하길 바랍니다.

객관적 검사: 통계적 기준점

문제를 파악하기 위해서는 어떤 문제가 얼마나 심각한지 객관적 기준을 가지고 판단해야 할 때가 있습니다. 객관적 기준이란 통계에 근거하여 판단할 때, 문제가 어느 정도에 해당하는지 알 수 있는 기준을 의미합니다. 일반적으로 아동의 문제가 또래의 다른 아동에 비해 얼마나 자주(혹은 드물게) 나타나는 것인지 수치화하여 확인하기 위해 표준화된 점수나 백분위 점수 등을 사용합니다. 예를 들어 백분위 점수를 통해 또래 아동 100명과 비교하여 해당 아동이 어느 정도 (몇 등 정도)에 해당하는지 알 수 있습니다.

이러한 통계적 수치를 통해 아동이 보이는 문제가 어느 정도인지 파악이 된다면 기준점이나 임상기준이 정해집니다. '주의력 검사 총합이 몇 점 이상이면 심각한 것입니다'와 같은 기준은 이러한 통계적 연구에 기반한 결과입니다. 이렇게 상대적인 비교가 가능하도록 환산 점수를 부여하거나, 의미 있는 상승을 파악할 수 있도록 절단점을 제공하는 심리검사가 객관성을 확보한 믿을 만한 검사라고 할 수 있습니다. 따라서 아동의 문제가 어느 정도인지 정확하게 판단하기 위해서는 원점수만 제공하는 심리검사보다, 환산 점수나 절단점을 제공하는 심리검사를 선택하는 것이 좋습니다.

2 주의력 문제 파악을 위한 선별 검사 도구

아동의 주의력 문제를 선별하기 위해 일반적으로 코너스 단축형 평정 척도와 주의력 평정 척도를 사용합니다. 두 도구는 아동의 주의력 문제가 심각한지 선별하는 것을 목적으로 사용할 수 있는 무료 검사 도구입니다.

코너스 단축형 평정 척도-부모/교사용

코너스 단축형 평정 척도-부모/교사용(Conners Abbreviated Parent/Teacher Rating Scale; 조수철, 신민섭, 2007)은 동일 문항을 교사와 부모에게 사용할 수 있으며, 비교적 짧고, 총점 계산도 단순하다는 장점이 있습니다. 총 10문항으로 구성된 코너스 단축형 평정 척도는 ADHD 아동의 부주의하고 산만한 행동과 개입 효과에 따른 변화를 확인하는 데 유용합니다.

개입 전후 코너스 단축형 평정 척도를 실시하여 총점을 비교해 봄으로써 개입 효과를 확인할 수 있으며, 문항별 변화를 살펴 어떤 행동이 좋아졌는지도 알 수 있습니다.

코너스 단축형 평정척도-부모/교사용

아이의 행동을 가장 잘 기술한 번호에 동그라미 표시해 주세요.

문항	문항 내용	정도			
		전혀 없음	약간	상당히	아주 심함
1	차분하지 못하고 너무 활동적이다.	0	1	2	3
2	쉽사리 흥분하고 충동적이다.	0	1	2	3
3	다른 아이들에게 방해가 된다.	0	1	2	3
4	한번 시작한 일을 끝내지 못한다: 주의집중 시간이 짧다.	0	1	2	3
5	늘 안절부절못한다.	0	1	2	3
6	주의력이 없고 쉽게 주의분산이 된다.	0	1	2	3
7	요구하는 것이 있으면 금방 들어주어야 한다: 쉽게 좌절한다.	0	1	2	3
8	자주, 또 쉽게 울어 버린다.	0	1	2	3
9	금방 기분이 확 변한다.	0	1	2	3
10	화를 터뜨리거나 쉽게 감정이 격해지고 행동을 예측하기 어렵다.	0	1	2	3

출처: 소아정신병리의 진단과 평가, (주)학지사, 2006

코너스 단축형 평정 척도-부모/교사용 해석 방법

코너스 단축형 평정 척도 해석은 다음과 같이 이루어집니다(조수철, 신민섭, 2007).

- **총점 계산법**: 각 문항당 0~3점으로 평가되며, 모든 점수를 더해 총점을 구합니다.
- **부모용 기준**: 부모가 채점하는 부모용의 경우, 미국에서는 총점 15점 이상을 ADHD 진단기준으로 삼고 있지만, 국내에서는 16점을 기준으로 봅니다.
- **교사용 기준**: 담임교사나 아동에 대해 잘 알고 있는 교사가 채점하는 교사용의 경우, 17점을 ADHD 진단기준으로 삼고 있습니다.

주의력 평정 척도

주의력 검사를 위해서는 일반적으로 주의력 평정 척도(Korean ADHD Rating Scale: K-ARS; 김영신 등, 2003)를 사용합니다. 문항이 적고 무료로 사용할 수 있으며, 계산 방법도 간단해서 널리 쓰입니다. 코너스 단축형 평정 척도와 마찬가지로, K-ARS는 부주의하고 산만한 아동의 부모와 담임교사 모두가 사용할 수 있습니다. 부모/담임교사에게 K-ARS의 채점을 요청한 뒤, 부모/담임교사와 함께 평정 척도 문항에 대해 구체적으로 이야기 나누며, 아동이 교실/가정에서 보이는 양상을 파악할 수 있습니다.

주의력 평정 척도-부모/교사용

지난 6개월 동안 아이의 행동을 가장 잘 기술한 번호에 동그라미 표시해 주세요.

문항	문항 내용	매우 드물다	약간 혹은 가끔 그렇다	상당히 혹은 자주 그렇다	매우 자주 그렇다
1	학교 수업이나 일, 혹은 다른 활동을 할 때 주의집중을 하지 않고 부주의해서 실수를 많이 한다.	0	1	2	3

2	과제나 놀이를 할 때 지속적으로 주의집중하는 데 어려움이 있다.	0	1	2	3
3	다른 사람이 직접 이야기하는데도 잘 귀 기울여 듣지 않는 것처럼 보인다.	0	1	2	3
4	지시에 따라서 학업이나 집안일이나 자신이 해야 할 일을 끝마치지 못한다.	0	1	2	3
5	과제나 활동을 체계적으로 하는 데 어려움이 있다.	0	1	2	3
6	공부나 숙제 등, 지속적으로 정신적 노력이 필요한 일이나 활동을 피하거나 싫어하거나 또는 하기를 꺼려한다.	0	1	2	3
7	과제나 활동을 하는 데 필요한 것들(장난감, 숙제, 연필 등)을 잃어버린다.	0	1	2	3
8	외부 자극에 의해 쉽게 산만해진다.	0	1	2	3
9	일상적인 활동을 잊어버린다(예: 숙제를 잊어버리거나 도시락을 두고 학교에 간다).	0	1	2	3
10	가만히 앉아있지를 못하고 손발을 계속 움직이거나 몸을 꿈틀거린다.	0	1	2	3
11	수업 시간이나 가만히 앉아있어야 하는 상황에서 자리에서 일어나 돌아다닌다.	0	1	2	3
12	상황에 맞지 않게 과도하게 뛰어다니거나 기어오른다.	0	1	2	3
13	조용히 하는 놀이나 오락 활동에 참여하는 데 어려움이 있다.	0	1	2	3
14	항상 끊임없이 움직이거나 마치 모터가 달려서 움직이는 것처럼 행동한다.	0	1	2	3
15	말을 너무 많이 한다.	0	1	2	3
16	질문을 끝까지 듣지 않고 대답한다.	0	1	2	3
17	자기 순서를 기다리지 못한다.	0	1	2	3
18	다른 사람을 방해하고 간섭한다(대화나 게임에서).	0	1	2	3

주의력 평정 척도-부모/교사용 실시 및 해석 방법

주의력 문제는 두 가지 유형, 즉 부주의 유형과 과잉행동-충동성 유형으로 구분할 수 있습니다.

- 부주의 유형은 수업 시간에 집중하지 못하여 실수를 하는 것, 긴 글을 읽을 때 집중해서 끝까지 읽지 못하는 것, 바로 앞에서 이야기하는데 멍하니 다른 사람의 말을 듣지 않는 것처럼 보이는 것, 해야 할 일을 정리해서 기간 안에 제출하지 못하는 것, 소지품을 잃어버리는 것, 지시 사항을 한 번에 이해하지 못하는 것 등 주의가 산만하여 나타나는 행동과 관련됩니다.
- 과잉행동-충동성 유형은 손발을 가만히 두지 못하고, 앉아 있어야 하는 시간에 자리에서 일어나 돌아다니는 것, 쉴 새 없이 말하고 움직이는 것, 질문이 끝나기 전에 대답하거나 자신의 차례를 기다리지 못하고 끼어드는 것 등 자기조절 능력이 부족하여 나타나는 행동 등과 관련됩니다.

K-ARS는 이러한 부주의 및 과잉행동-충동성을 부모나 교사 같은 관찰자가 체크해 보는 선별 검사 도구로, 만 5~17세 아동을 대상으로 합니다.

이 도구를 통해 산만하고 통제가 어렵다고 생각되는 아동의 행동이 구체적으로 어떤 유형의 어려움으로 인한 것인지 파악할 수 있습니다. 더불어 일정 점수 이상의 점수를 받는, 즉 전문적인 치료 등 임상적 도움이 필요한 아동도 선별할 수 있습니다. K-ARS 해석은 다음과 같이 이루어집니다.

- 다음과 같은 규칙에 따라 모든 문항의 총점을 산출합니다. '전혀 그렇지 않다(매우 드물다)'=0점, '약간 혹은 가끔 그렇다'=1점, '상당히 혹은 자주 그렇다'=2점, '매우 자주 그렇다'=3점
- 각 하위 척도에 해당하는 문항의 점수를 합산하여 각각의 점수와 총점을 구합니다.
- 절단점 이상의 점수가 보고된다면, 아동이 해당 문제를 가지고 있다고 볼 수 있습니다.
- 총점이 17점을 초과하는 경우 심층적인 평가를 기반으로 적절한 치료 도움 및 연계가 필요합니다.

K-ARS의 하위 척도 및 절단점

하위 척도	문항	점수범위	절단점
부주의 문제	홀수 문항	0~27	8점 이상
과잉행동-충동성 문제	짝수 문항	0~27	8점 이상
총점	전체 문항	0~54	17점 이상

점수가 높을수록 해당 문제 행동이 심각함을 의미하며, 절단점을 초과할 경우 가까운 지역센터나 전문기관을 방문하여 상세한 평가와 도움을 받아야 할 수준이라고 볼 수 있습니다. 특히 타당하고 신뢰할 만한 ADHD 진단을 위해서는 면담 평가뿐만 아니라 임상심리전문가가 시행한 신경인지기능 검사 및 주의력 검사가 필요합니다.

3 전반적인 문제 파악을 위한 선별 검사 도구

경우에 따라 아동에게 주의력 문제 외에 다른 문제가 있는지 파악해야 할 때도 있습니다. 따라서 이 절에서는 주의력 문제를 포함하여 아동의 전반적인 문제를 간단하게 파악하기 위해 무료로 사용 가능한 아동 문제 행동 선별 검사를 살펴보겠습니다.

아동 문제 행동 선별 검사

아동 문제 행동 선별 검사(Child Problem-Behavior Screening Test: CPST; 허윤석 등, 2003)는 별도 문항을 포함하여 총 29문항으로 구성되어 있으며, 이를 통해 아동의 주의력 문제뿐 아니라 우울이나 불안 같은 내재화 문제도 파악할 수 있습니다. 그러나 문항이 적을수록 정확도는 떨어지기 때문에 본 검사는 대략적인 선별 검사 도구로만 참조하길 바랍니다.

선별 검사란?

선별 검사에서 말하는 선별(screening)이란 특정 문제를 걸러 낸다는 의미입니다. 정교하게 분석하여 진단을 내리는 과정이라기보다는, 대략적으로 특정 문제가 있을 여지를 판단하여 보다 정교한 검사가 필요할지 가리는 과정이라고 볼 수 있습니다. 예를 들어 병원의 경우, 처음부터 조직 검사를 실시하지는 않습니다. 먼저 소변 검사나 피 검사 등 간단한 검사를 통해 보다 정교하고 복잡한 검사를 시행할 필요가 있을지 살펴봅니다. 선별 검사는 바로 이 '간단한' 검사에 해당한다고 말할 수 있습니다. 선별 검사에서 특정 영역의 문제가 도드라진다면, 해당 문제와 관련해 보다 종합적이고 정교한 검사를 수행한 뒤, 이를 토대로 진단을 내리게 될 것입니다.

아동 문제 행동 선별 검사

아동을 가장 잘 설명하는 문항에 동그라미로 표시해 주세요. 모든 문항에 빠짐없이 응답해 주세요.

문항	문항 내용	전혀 없음	약간 있음	상당히 있음	아주 심함
1	너무 말랐거나 혹은 너무 뚱뚱하다.	0	1	2	3
2	꼼지락거리거나 가만히 앉아있지 못한다.	0	1	2	3
3	도벽이 있거나 거짓말을 자주 한다.	0	1	2	3
4	우울한 기분으로 생활하는 일이 많다.	0	1	2	3
5	정신을 잃고 쓰러진 적이 있다.	0	1	2	3
6	성질이 급하고 참을성이 부족하다.	0	1	2	3
7	지능이 낮다.	0	1	2	3
8	무단결석 혹은 가출을 한 적이 있다.	0	1	2	3
9	매사에 의욕이 없어 보인다.	0	1	2	3
10	다른 아이들과 주먹질을 하며 싸운다.	0	1	2	3
11	술 혹은 담배로 인해 문제를 일으킨 적이 있다.	0	1	2	3
12	어른(부모 혹은 교사)에게 반항적이거나 도전적이다.	0	1	2	3
13	대소변 가리기에 문제가 있다.	0	1	2	3
14	불만이 많고 쉽게 화를 낸다.	0	1	2	3
15	양보심이 부족하다.	0	1	2	3
16	불안하거나 긴장된 표정을 보인다.	0	1	2	3
17	여기저기 자주 아프다. (예; 두통, 복통 등)	0	1	2	3
18	또래에 비해 읽기, 쓰기, 셈하기를 잘 못한다.	0	1	2	3

19	언어발달이 늦어 대화에 지장이 있다.	0	1	2	3
20	자신감이 부족하다.	0	1	2	3
21	잘 먹지 않는다.	0	1	2	3
22	컴퓨터(혹은 인터넷)를 너무 사용하여 생활에 문제가 있다.	0	1	2	3
23	집중력이 짧고 주의가 산만하다.	0	1	2	3
24	다른 아이들과 잘 어울리지 못한다.	0	1	2	3
25	신경이 날카롭고 신경질적이다.	0	1	2	3
26	틱(눈 깜빡거림, 킁킁 소리내기, 어깨 으쓱거리기 등)이 있다.	0	1	2	3
별도 문항	누군가로부터 신체적 언어적 폭력을 당한 적이 있다.	0	1	2	3
	친구들이 괴롭히거나 따돌림을 당한 적이 있다.	0	1	2	3
	나를 괴롭히는 친구가 있다.	0	1	2	3

아동 문제 행동 선별 검사 실시 및 해석 방법

아동 문제 행동은 크게 내재화 문제, 외현화 문제, 인지적 문제, 오남용 문제, 신체화 문제, 폭력 문제 등으로 구분할 수 있습니다.

- 내재화 문제란 충동이나 정서를 지나치게 억제하여 생기는 문제로, 우울, 불안, 긴장, 정서 표현의 지나친 억제, 소극적이고 사회적으로 위축된 행동 등 주로 개인의 내면적·정서적 증상으로 나타납니다.

- 외현화 문제란 충동이나 정서를 억제하거나 통제하지 못해 생기는 문제로, 공격성, 싸움, 비행 등 주로 타인을 대상으로 하는 행동적 증상으로 나타납니다. 외현화 문제는 ADHD, 적대적 반항장애(Oppositional Defiant Disorder: ODD), 품행장애(Cunduct Disorder: CD) 등과 관련되어 있습니다.

- 인지적 문제란 언어·학습 장애, 자폐성 장애, 정신지체 등 아동의 인지 및 발달 관련 장애를 뜻하며, 오남용 문제란 술이나 담배 등 약물 사용으로 인해 장해나 고통을 받는 문제를 의미합니다. 신체화 문제란 의학적 원인이나 소견 없이 신체적 고통을 호소하는 것으로, 스트레스나 정서 표현의 어려움이 신체적 증상

(두통, 복통, 비만, 섭식장애 등)으로 나타나는 문제를 일컫는 말입니다. 마지막으로, **폭력 문제**란 신체적·정서적 폭력, 따돌림과 괴롭힘 등을 당한 경험과 관련되어 있습니다.

CPST는 아동에게 나타날 수 있는 위의 문제들을 부모나 교사 같은 관찰자가 체크해 보는 선별 검사 도구로, 초등학생을 대상으로 합니다.

이 도구를 통해 아동에게 어떤 유형의 어려움이 있는지 구체적으로 파악할 수 있습니다. 아동이 CPST에서 일정 점수 이상을 받는다면, 해당 아동에게 치료와 같은 전문적인 도움이 필요하다고 볼 수 있습니다. CPST의 하위 척도 및 절단점은 다음과 같습니다. 절단점을 초과하고 점수가 높을수록 해당 문제 행동이 심각함을 의미합니다.

CPST의 하위 척도 및 절단점

하위 척도		문항	절단점
내재화 문제		4, 9, 20, 24, 26번 문항	3점 이상
외현화 문제	ADHD	2, 6, 23번 문항	8점 이상
	ODD	12, 14, 16, 25번 문항	
	CD	3, 8, 10, 15번 문항	
인지적 문제		7, 18, 19번 문항	1점 이상
오남용 문제		11, 22번 문항	1점 이상
신체화 문제		1, 5, 13, 17, 21번 문항	2점 이상
총점		전체 문항	13점 이상
(별도) 폭력피해 징후		하단 별도 문항	3점 이상

4 유료 선별 검사 도구

이 장의 앞부분에서 무료로 사용 가능한 선별 검사 도구를 소개하였으나, 이는 아동의 문제 행동의 심각성을 정확히 파악하는 데 한계가 있습니다. 이 절에서는 보다 정확한 평가를 위한 선별 검사 도구를 살펴보겠습니다.

선별 검사계의 교과서

아세바(ASEBA) 아동 행동 평가 시스템(이하 ASEBA)은 아동을 파악하고 정신건강 및 발달 문제를 선별하는데 전 세계에서 가장 널리 쓰이는 검사 도구 중 하나로, 학교 현장에서 사용하기에 가장 적절하고 과학적인 심리검사 도구라 할 수 있습니다. 실제로 아동·청소년과 관련하여 새로운 설문지가 개발되면, 해당 설문지가 제대로 잘 만들어졌는지 확인하기 위해 ASEBA와 비교하는 연구가 진행되곤 합니다. 이렇듯 ASEBA는 아동·청소년 선별 검사 도구의 교과서라 볼 수 있습니다.

 TIP

ASEBA 아동 행동 평가 시스템이란?

아헨바흐(Achenbach) 연구 팀이 개발한 ASEBA는 Achenbach System of Empirically Based Assessment의 약자로, 영유아기부터 노인기까지 전 연령대의 개인을 대상으로 행동 문제를 평가하는 시스템입니다. 이 절에서 살펴볼 부모용 아동·청소년 행동 평가 척도와 교사용 아동·청소년 행동 평가 척도는 ASEBA 행동 평가 시스템 중 아동기 행동 문제를 다루는 척도입니다.

ASEBA는 도움이 필요한 아동·청소년의 문제 행동, 개인의 적응 상태, 사회적 능력, 강점 등을 종합적으로 평가하는 선별 검사 도구로, 부모용 아동·청소년 행동 평가 척도(Child Behavior Checklist: CBCL)와 교사용 아동·청소년 행동 평가 척도(Teachers Report Form: TRF)가 있습니다. CBCL과 TRF는 거의 동일한 문항에 대해 평가하지만, 응답하는 사람이 다릅니다. 부모용 척도와 교사용 척도 외에도 자기보고식 검사인 청소년 자기 행동 평가 척도(Youth Self Rating: YSR)가 있습니다. YSR은 초등학교 5학년부터 사용할 수 있습니다. ASEBA는 부모와 교사의 보고를 비교할 수 있고 연령에 따라 아동·청소년 당사자의 보고를 받아 그 점수를 부모 또는 교사 보고 결과와도 비교할 수 있기 때문에,

아동의 문제 행동에 대해 보다 종합적인 파악이 가능하다는 장점이 있습니다. CBCL과 TRF 모두 120문항으로 구성되어 있으며, 평가에는 15~20분이 소요됩니다. 시간비용 대비 매우 효율적인 감별 도구입니다. 검사지는 1부에 3,000원으로 ASEBA 홈페이지(https://aseba.co.kr/default.aspx)에서 회원가입 후 구매 가능합니다.

아동·청소년 행동 평가 척도 교사용 vs. 부모용

	아동·청소년 행동 평가 척도-교사용	아동·청소년 행동 평가 척도-부모용
실시대상	아동·청소년을 담당하거나 잘 알고 있는 교사	아동·청소년 주 양육자
문항 수	120문항	120문항
소요시간	15~20분	15~20분
척도내용	1. 문제 행동 척도 　1) 증후군 척도: 내재화(불안/우울, 위축/우울, 신체 증상), 외현화(규칙 위반, 공격 행동), 사회적 미성숙, 사고 문제, 주의력 문제, 기타 문제 　2) DSM 진단 척도: DSM 정서 문제, DSM 불안 문제, DSM 신체화 문제, DSM ADHD, DSM 반항 문제, DSM 품행 문제 　3) 문제 행동 특수 척도: 강박 증상, 외상후 스트레스 문제, 인지 속도 부진 2. 적응 척도: 성적, 학교 적응	1. 문제 행동 척도 　1) 증후군 척도: 내재화(불안/우울, 위축/우울, 신체 증상), 외현화(규칙 위반, 공격 행동), 사회적 미성숙, 사고 문제, 주의력 문제, 기타 문제 　2) DSM 진단 척도: DSM 정서 문제, DSM 불안 문제, DSM 신체화 문제, DSM ADHD, DSM 반항 문제, DSM 품행 문제 　3) 문제 행동 특수 척도: 강박 증상, 외상후 스트레스 문제, 인지 속도 부진 2. 적응 척도: 사회성, 학업 수행

아동·청소년 행동 평가 척도-교사용 활용

담임교사가 아동의 특정 문제를 호소한다면, 문제를 보다 정확히 파악하기 위해 담임교사에게 TRF 작성을 요청할 수 있습니다. 교사에게는 솔직하게 응답해 달라고, 비교적 간단히 안내합니다. 검사 결과를 통해 아동이 보이는 문제의 유형과 심각성을 파악할 수 있습니다. 이 외에도 정서 행동 평가 후 아동을 더욱 객관적으로 알고자 할 때, 혹은 작년이나 재작년 정서 행동 평가에서 관심군으로 나온 아동의 현 상태가 우려될 때에도 TRF를 활용할 수 있습니다.

아동·청소년 행동 평가 척도-부모용 활용

CBCL 결과와 TRF 결과를 비교하여 아동의 어떤 문제가 어떤 장면에서 발현되는지 파악할 수 있습니다. 부모에게 CBCL 작성을 권유할 때는 검사지만 보내 작성을 요청하기보다, 검사의 목적과 유용성 등에 대해 자세히 설명하며 작성을 요청하는 것이 좋습니다. CBCL이 어떤 검사이고 이 검사를 통해 무엇을 알 수 있으며, 아동이 어떤 도움을 받을 수 있는 충분히 알린 후 검사를 권유하면, 부모의 협조를 받기가 수월합니다. 부모에게 아동의 문제로 인해 검사한다고 말하기에 앞서 아동의 장점을 언급하고, 그러한 아동의 장점이 발휘되는 데 방해되는 요소를 설명한 후, 심리검사를 통해 아동이 좀 더 적응하고 발전하는 데 도움이 되는 요소를 찾고자 한다고 강조하길 바랍니다. 부모가 CBCL을 작성하도록 안내해야 할 경우, 이 장의 부록에 제시된 '부모용 아동·청소년 행동 평가 척도 안내문'을 활용할 수 있습니다. 또한 검사를 실시하는 데 그치지 않고 검사 결과를 부모에게 설명하는 피드백 회기를 가진다면, 향후 아동에게 전문적인 도움을 제공하는 데 부모의 협조를 얻기 수월해질 것입니다.

교사용과 부모용 평가 결과가 다를 경우

CBCL과 TRF 결과는 일치할 수도 있고 다를 수도 있습니다. 어쩌면 차이 나는 부분이 있는 게 더 자연스러울지도 모릅니다. 아동이 학교와 가정에서 보이는 모습이 서로 다를 수도 있고, 부모나 교사의 특성이 평가에 반영되었을 수도 있기 때문입니다. 응답하는 주체에 따라 응답 결과에 차이가 있다면, 그 차이를 어떻게 이해할 수 있을지 고민해야 합니다. 이를 통해 아동을 보다 입체적으로 이해할 수 있습니다. 예를 들어 학교에서는 매우 주의산만하나 가정 분위기가 엄하여 가정 내에서는 얌전한 아동의 경우, TRF 결과에서는 주의력이 임상 수준으로 나오지만, CBCL 결과에서는 정상 수준으로 나타날 수 있습니다. 이 경우 어느 영역에서 차이가 나는지, 무엇 때문에 이런 차이가 나타났을지 가설을 세우고 여러 정보를 수집해 나갈 수 있습니다. 이러한 과정은 아동을 정확하게 이해하고 아동에게 적합한 도움 방식을 계획하는 데 중요합니다. 지나치게 관대한 부모의 경우 아동의 산만한 행동에 대한 문제의식이 없는 경우도 있습니다. 이런 경우에는 우선 부모의 이야기를 충분히 경청한 후, 학교에서 생기는 아동의 행동 문제를 설명하고 가정에서 어떻게 도와주어야 하는지 이야기할 수 있습니다.

> ## 두 배로 효과 보기
>
> ASEBA 아동·청소년 행동 평가 시스템은 전 세계적으로 널리 쓰이는 좋은 도구이나, 아직 사용해 본 적이 없거나 이에 익숙하지 않을 수 있습니다. 이 경우 ASEBA 소개 워크샵을 수강하거나 매뉴얼을 통해 기본적인 내용을 숙지하는 것도 좋은 방법입니다. 물론 가장 중요한 점은 꾸준히 사용해 보는 것입니다. 아무리 훌륭한 칼도 자주 사용하고 손에 익어야 유용한 요리 도구가 될 수 있는 것이지요. 심리검사는 하나의 도구입니다. 장점도 있고 한계도 있습니다. 아동을 이해하고 도와주는 과정에서 ASEBA를 계속 사용하다 보면, 좀 더 잘 활용할 수 있게 되고, 결국 ASEBA에 익숙해질 것입니다. 또한 검사 결과를 활용하여 궁극적으로 아동에게 적절한 개입을 제공하는 데에도 도움이 될 것입니다.

ASEBA 아동·청소년행동평가시스템의 한계

ASEBA 검사 도구는 선별 검사 도구 중 가장 널리 쓰이는, 가장 과학적인 검사 도구이나, 이 검사 결과만으로 아동을 진단할 수는 없습니다. ASEBA 검사 결과는 부모나 교사의 보고에 기반하므로 부모나 교사의 개인적 특성이나 주관적인 관점이 검사 결과에 반영될 수 있기 때문입니다. 예를 들어 엄격하고 조용한 부모의 경우 아동이 또래에 비해 적절하게 활동하는 모습도 과하다고 생각하여 관련된 면을 심각하게 보고할 수 있습니다. 이는 CBCL 결과에서 임상 수준이라는 상승된 결과로 나타납니다. 따라서 아동을 객관적으로 파악하기 위해서는 ASEBA 검사 도구 외에도 여러 평가자 및 검사 도구, 직접 관찰 등을 종합적으로 고려하여 판단해야 합니다. 이 과정에서 함께 논의할 동료 상담자나 전문가가 있다면, 보다 정확히 아동의 문제를 파악할 수 있을 것입니다.

부록　부모용 아동·청소년 행동 평가 척도 안내문

심리검사는 왜 하나요?

아동을 돕기 위해서는 무엇보다 아동에게 어떤 장점과 단점이 있는지, 단점은 구체적으로 어떤 행동으로 드러나는지 객관적 기준을 가지고 판단해야 합니다. 문제 행동의 빈도와 심각도를 파악하여 아동을 정확하게 이해함으로써, 아동이 자신의 장점을 제대로 발휘하고, 학교에서 원활하게 생활하도록 도울 수 있습니다.

심리검사는 무엇인가요?

심리검사는 일반적으로 아동이 직접 수행하는 심리검사와 부모와 교사의 평가에 기반한 질문지로 나뉩니다. 이러한 검사 결과 기준 점수 이상의 점수가 나온다면, 전문기관에서 적절한 자격을 갖춘 전문가가 시행하는 종합심리검사와 임상 평가가 필요할 수 있습니다. 이 경우 전문의나 임상심리전문가가 있는 소아정신과 병원이나 상담센터에서 종합적인 심리평가를 실시하게 됩니다.

객관적 기준을 가지고 문제를 판단한다는 게 무슨 의미인가요?

객관적 기준이란 통계에 근거하여 판단할 때, 문제가 어느 정도에 해당하는지 알 수 있는 기준을 말합니다. 일반적으로 아동의 문제가 또래의 다른 아동에 비해 얼마나 자주(혹은 드물게) 나타나는 것인지 수치화하여 확인하기 위해 표준화된 점수나 백분위 점수 등을 사용합니다. 예를 들어 백분위 점수를 통해 또래 아동 100명과 비교하여 해당 아동이 어느 정도(몇 등 정도)에 해당하는지 알 수 있습니다. '주의력 검사 총점이 몇 점 이상이면 심각한 것입니다'와 같은 기준은 이런 통계적 연구 결과, 즉 비슷한 또래의 다른 아동들의 심리검사 결과와 비교해서 나온 결과입니다.

아동·청소년 행동 평가 척도는 어떤 검사인가요?

아동·청소년 행동 평가 척도는 아동 청소년의 정신건강 및 발달 문제를 선별하는 데 전 세계에서 가장 널리 쓰이는 심리검사 도구입니다. 이를 통해 전문적인 도움이 필요한 문제 행동 부분, 개인의 적응 상태, 사회적 능력, 강점 등을 종합적으로 평가할 수 있습니다. 아동·청소년 행동 평가 척도는 부모용(CBCL)과 교사용(TRF)이 있습니다.

부모용과 교사용 모두 실시해야 하나요?

둘 다 실시할 수도 있고 하나만 실시할 수 있습니다. 둘 다 실시한다면 부모용과 교사용 결과를 비교해 보고 아동을 좀 더 다양한 시각에서 파악할 수 있으므로, 훨씬 더 도움이 됩니다. 부모용과 교사용의 결과가 같다면 아동이 학교와 가정에서 동일한 문제를 비슷한 수준으로 보이고 있다는 것을 알 수 있습니다. 만약 부모용과 교사용 결과가 서로 다르다면, 이는 아동이 학교와 가정에서 보이는 모습이 다르기 때문일 수도 있고, 부모님이나 선생님의 특성이 평가에 반영되었기 때문일 수도 있습니다.

부모용은 어떻게 실시하면 되나요?

부모님께서는 솔직하고 빠르게, 떠오르는 대로 답변하시면 됩니다. 검사는 총 113문항으로 구성되어 있으며, 일반적으로 15분 정도가 소요됩니다. 마지막에는 아동의 실생활이나 적응이 어떤지 간단하게 답변해 주세요. 모든 문항에 빠짐없이 답변하신 다음, 상담자에게 검사지를 제출하시면 됩니다.

3 약물치료

약물치료는 ADHD 치료에 가장 효과가 좋은 것으로 알려진 치료법으로, 일반적으로 아동이 주의력 문제가 심각할 경우 우선 고려됩니다. 그러나 어떤 부모들은 약물치료를 오해하거나 부작용을 우려하여, 이를 아예 거부합니다. 반면 어떤 부모들은 아동에게 다양한 부작용이 나타남에도, 약물을 조정하지 않고 약물치료에만 의존하기도 합니다.

하지만 약물치료를 시행할 때에는 아동의 증상을 관찰하여 아동에게 적합한, 즉 심각한 부작용 없이 최적의 효과를 발휘하는 약물의 용량과 용법을 찾는 과정이 중요합니다.

따라서 이 장에서는 ADHD 약물치료에 대해 알아야 할 기본적인 지식과 주의 사항(특히 약물의 효과를 관찰하고 소아정신과 전문의와 상담하는 방법 등)을 살펴보고, 이를 현명하게 활용하여 아동의 주의력 문제를 개선하는 데 도움을 줄 수 있는 방법들을 짚어 보겠습니다.

핵심 내용 미리 보기

❶ 약물치료에 대한 오해
❷ 개인별 약물치료
❸ 약물치료에서 교사의 역할
❹ 약물치료에 대한 아동의 이해와 참여

1 　약물치료의 안전성

약물치료 시 많은 부모가 아동에게 약을 꼭 먹여야 하는지, 약물치료가 안전한지, 부작용이 심하지 않을지, 도대체 언제까지 약을 먹여야 하는지 등에 대한 걱정을 호소합니다. 그러나 이러한 걱정은 대개 약물치료에 대한 잘못된 정보에서 비롯된 것입니다. 주의력 문제에 대한 약물치료의 안정성은 오랫동안 입증되어 왔습니다. 주의력 문제 자체는 완치하기 어렵지만, 약물은 ADHD 증상을 조절하고 완화시킴으로써, 아동이 학업이나 대인 관계에서 겪는 어려움을 줄이는 데 분명 도움을 줄 수 있습니다. 실제로 약물치료는 주의력 문제에 있어 가장 널리 사용되는 치료법이기도 합니다. 일반적으로 약물치료에는 각성제(stimulant) 종류가 사용됩니다. 각성제가 뇌 신경세포를 활성화시키는 신경전달물질과 교감신경계를 자극하여 집중력을 증가시키는 역할을 하기 때문입니다.

그런데 카페나 블로그 등 인터넷에는 주의력에 어려움이 있는 아동들의 각성제 사용에 대한 검증되지 않은 정보들이 난무하고 있기도 합니다. 이런 정보들이 오해와 편견을 낳고, 이로 인해 바른 약물치료가 어려워지는 실정입니다. 따라서 부모나 교사 등 아동을 보살피는 성인이 주치의와 약물치료 관련 문제, 질문, 걱정 등을 잘 상의하고, 아동이 올바른 복용법을 준수하여 약물치료를 받게 하는 것이 중요합니다.

약물치료의 부작용

의사가 ADHD 증상 완화를 위한 약물을 권하더라도, 부모가 이를 거부하는 경우가 종종 있습니다. 향정신성 약물의 경우, 감기약과는 다르게 많은 부모가 부작용 등에 대한 우려로 사용을 꺼리곤 합니다. 물론 향정신성 약물 사용 시 식욕 감퇴 등 부작용이 발생할 수 있습니다. 그러나 심한 부작용 없이 최적의 효과에 이를 때까지 어떤 약물을 써야 할지 고민할 사람은 주치의입니다. 부모의 역할은 약물에 따른 부작용과 효과를 관찰하여 주치의에게 전달하는 것입니다. 실제로 약물치료 시 나타날 수 있는 부작용에 대해 부모와 주치의가 면밀히 의사소통한다면, 부작용이 최소화되도록 용량과 용법, 약의 종류를 조절하기 용이합니다. 이 경우 부작용으로 인해 아동이 고통받을 가능성은 약물치료의 긍정적 효과에 비해 그리 크지 않습니다.

약물치료의 중독성과 의존성

많은 부모가 자녀가 정신과 약물에 중독되거나 의존하게 될까 걱정합니다. 그러나 ADHD 치료로 허가받은 약물들은 치료 범위 내에서 사용되는 한, 마약과 같은 중독성을 보이지 않습니다. 복용량이나 복용 기간에 따라 의존성이 발생할 수도 있으나, 전문의와 상의해서 신중하게 사용한다면, 이러한 부작용에 충분히 대처할 수 있을 것입니다. 또한 어떤 부모들은 자녀의 약물 복용량이 점점 늘어 간다고 걱정하기도 합니다. 그러나 약물치료 초반부터 아동의 연령과 체중에 맞는 양을 사용할 수는 없기 때문에, 대개 처음에는 적정량보다 적은 양으로 시작하고, 이를 점차 증량해 나갑니다. 그러므로 초반에 복용 약물의 양이 늘어나는 것에 대해 걱정할 필요는 없습니다.

약물치료의 긍정적 효과

약물치료를 통해 ADHD 증상이 완화된 상태에서 주의집중 기술이나 자기조절 기술을 익힐 경우, 치료효과가 극대화됩니다.

아동의 주의력은 발달 단계가 진행됨에 따라 나아집니다. ADHD 아동의 주의력도 마찬가지입니다. 다만 나아지는 속도가 또래에 비해 느릴 뿐입니다. 그러나 성인의 6개월, 1년과 아동의 6개월, 1년은 의미가 다릅니다. 주의력 문제로 인해 학습이나 사회적 관계에서 배우고 익혀야할 것을 배우지 못하면, 아동이 입는 손해는 매우 클 수 있습니다. 정신과 치료에 대한 부모의 거부감으로 치료 시기를 놓칠 경우, 주의력 문제가 심화되거나 이로 인해 학습 결함, 자존감 저하, 또래 관계 어려움이 심화될 수 있기 때문입니다. 따라서 다소 부작용이 있더라도 약물치료를 통해 주의력 문제를 완화시켜, 해당 기간 동안 인지 능력과 사회적 능력 등 아동이 가진 여러 능력이 발달할 수 있게 도와줄 경우 얻게 되는 이익이 더 크다고 말할 수 있습니다.

약물치료 시 고려 사항

많은 아동의 경우 약물치료만으로도 주의력이 향상되고 학교생활이 좋아질 수 있습니다. 반면 일부 아동의 경우 부작용이 심하거나 약물치료의 효과가 없을 수도 있습니다. 이 경우 어떤 약물이 아동에게 적합할지 주치의와 신중하게 상의하며 검토해야 합니다. 검토 결과에 따라 약물치료를 포기할 수도 있습니다. 그러므로 부모의 걱정과 거부감으로 인해 아예 시도 자체를 안 하기보다, 검증된 약물이 아동에게 효과가 있는지 사용해 보고, 주치의와 함께 결과를 검토할 수 있도록, 부모에게 약물치료를 권유하는 과정이 필요합니다.

따라서 아동의 부모가 약물치료를 걱정하고 꺼리는 경우, 이에 대해 의논하며 부모에게 정확한 정보를 제공함으로써 아동이 필요한 치료를 적기에 받을 수 있게 도와야 합니다.

2 개인별 약물치료

약물치료의 종류

앞에서 살펴본 바와 같이 각성제는 가장 흔하게 처방되며, 1960년대 이후로 널리 사용되고 있는 약물입니다. 각성제에는 크게 두 가지 종류가 있습니다. 하나는 메틸페니데이트(methylphenidate) 계열로, 리탈린이나 콘서타 등의 이름으로 처방·판매되고 있습니다. 또 다른 종류는 암페타민(amphetamine) 계열로, 애더럴, 덱세드린 등의 약이 있습니다. 이 약물들은 식약처의 정식 승인을 받아 널리 처방되고 있으며, 정신건강의학과 약물 중 가장 오랜 기간 연구되고 사용

된 약입니다. 주의력에 어려움이 있는 사람 중 상당수가 약물치료의 효과를 경험하고 있습니다.

개인맞춤 약

감기약은 병원에서 증상만 말하면 약을 처방받을 수 있습니다. 목감기면 목감기약을, 열이 나면 해열제를 복용합니다. 그러나 향정신성 약물의 경우, 개인의 체중과 증상에 따라 적절한 약을 사용하고, 약의 효과와 부작용을 면밀히 관찰하여 약의 종류를 조정해야 합니다. 안경을 맞추듯 섬세하게 주치의와 함께 개인맞춤 약을 찾아가는 과정이 중요합니다.

약물치료 시 주의 사항

약물치료 시 명심해야 할 사항들이 있습니다. 첫째, 아동의 주의력 문제에 대해 잘 알고 있을 뿐만 아니라, 아동의 문제에 관심을 가지고 다양한 약을 처방해 줄 수 있는 믿을 만한 정신건강의학 전문의와 신뢰 관계를 맺는 것이 중요합니다. 약을 처방해 주는 의사와의 신뢰 관계는 약물에 대한 아동과 부모의 태도에도 영향을 미치게 됩니다. 둘째, 아동마다 치료 약물에 대한 반응이 다를 수 있으므로, 아동이 약에 적응하는 데 시간이 걸릴 수 있다는 점을 알아 두어야 합니다. 셋째, 모든 약물은 부작용을 동반할 수 있습니다. 그러므로 아동의 부모는 약물의 순기능과 역기능에 대해 정확히 알고 있어야 합니다. 아동이 부작용으로 인해 지나치게 불편해한다면 언제라도 주치의와 상의하여, 필요시 약의 종류과 용량을 조절해야 합니다.

약물치료의 시기는 전문의와 상의하여 결정하게 됩니다. 이때 아동의 부모는 약물치료의 시기를 결정하는 중요한 주체입니다. 약물치료 시기를 정할 때는 신뢰할 만한 전문가에게 정확한 평가를 받아야 합니다. 또한 앞에서도 언급했듯 아동이 약물의 효과를 충분히 볼 수 있는지 고려해야 하며, 부작용에 대해서도 충분히 숙지한 뒤, 약물치료 시기를 결정해야 합니다.

3   약물치료에서 교사의 역할

주의력 문제로 인해 약물치료를 받는 아동을 지도하는 학교 교사에게도 유념해야 할 사항이 있습니다. 주의력에 문제가 있는 아동의 부모를 만나 보면, 정작 부모는 아동의 주의력 문제를 크게 지각하지 못하고 있는 경우가 많습니다. 때로는 부모가 문제를 인식하고 있음에도, 아동에게 미칠 약물의 장기적 영향에 대한 걱정으로 인해 약물치료를 결정하지 못하고 있을 수도 있습니다. 이러한 경우 교사는 부모에게 같은 연령의 아동과 비교하여 자녀의 주의력 문제와 적응 수준이 어느 정도인지, 보다 객관적인 정보를 제공할 수 있습니다. 이와 같이 객관적으로 관찰된 정보는 아동의 주치의가 약물을 처방하는 데도 유용하게 활용될 수 있습니다. 따라서 필요시 교사와 주치의가 직접 소통하게 한다면, 아동의 문제를 더 원활히 해결할 수 있을 것입니다.

학교생활 중 약효 관찰 및 보고

아동의 약 복용량이 변하거나 약의 종류를 바꾼 다음에는 학교 교사의 보고가 더욱 중요해질 수 있습니다. 또한 약물이 대사되는 과정과 속도가 아동마다 다를 수 있다는 점도 교사들이 염두에 두어야 합니다. 아동들은 주로 등교 전에 투약하는데, 아동에 따라 학교 일과 중 행동의 변화가 관찰되는 경우가 있습니다. 예를 들어 아동이 특정한 시간에 주의력이나 행동 문제를 반복해서 보이거나, 늘어지거나, 유난히 졸려한다면, 교사는 이 사실을 부모에게 즉시 알려야 합니다. 그래야만 아동의 학교생활 중 약이 최대한 효과적으로 기능할 수 있도록 대책을 마련할 수 있습니다.

이뿐만 아니라 각성제는 아동의 식욕에도 영향을 줄 수 있습니다. 일반적으로 식욕을 떨어뜨리므로, 교사는 학교 급식 시간에 아동이 식사를 얼마나 하는지, 식사량에 변화가 있는지 살펴보는 것이 좋습니다. 또한 각성제로 인해 식욕 패턴이 또래와 달라져, 점심시간이 되지도 않았는데 갑자기 배고파할 수도 있습니다. 이 경우 가정에서 간식을 준비해 와서 먹을 수 있게 하는 것도 도움이 됩니다.

안전하고 효과적인 약물치료를 위한 부모와 교사의 역할은?
개인맞춤 ADHD 약물치료 시, 심한 부작용 없이 최적의 효과에 이를 때까지 약물 복용량을 증량합니다. 따라서 부모는 가정에서, 교사는 학교에서 약물의 효과 및 부작용을 면밀하게 관찰하여 주치의에게 전달해야 합니다. 그래야만 주치의가 효과와 부작용에 따라 약물의 용량과 종류를 섬세하게 조절할 수 있습니다.

두 배로 효과 보기

주의력이 약물치료만으로 크게 개선되는 경우도 있습니다. 그러나 약물치료와 함께 주의집중 기술이나 자기조절 기술을 가르쳐 준다면, 아동은 장기적으로 일상생활과 학습에서 자신감을 갖고 자신을 조절하며 잠재능력을 발휘할 수 있습니다. 약물이 주의집중 문제를 완화시켜 주기는 하지만, 어떻게 집중해야 하는지 가르쳐 주지는 않습니다. 따라서 약물치료와 심리치료를 병행하여 아동이 자기를 더 쉽게 조절하고 통제할 수 있도록 도와주는 것이 좋습니다.

4   약물치료에 대한 아동의 이해와 참여

약물치료 시 아동에게 약물을 복용하는 이유와 약물 복용으로 기대할 수 있는 효과를 아동의 수준에 맞게 설명해 주어야 합니다. 예를 들어 시력이 안 좋은 사람이 안경을 쓰는 것에 비유해서 ADHD 약물을 설명할 수 있습니다. 안경을 쓰면 불편하긴 하지만 좀 더 잘 볼 수 있는 것처럼, ADHD 약물은 집중을 잘 할 수 있게 도와줍니다. 안경을 벗으면 잘 안보이게 되는 것처럼, 약물의 효과가 떨어지면 집중력도 다시 떨어질 수 있습니다. 또한 안경을 쓰고 잘 보이는지 안 보이는지 확인해 봐야 자신에게 맞는 안경을 고를 수 있는 것처럼, 약물 복용 후 주의집중은 어느 정도 잘 되는지, 식욕이 떨어지거나 어지럽지는 않은지 등을 확인해 봐야 합니다. 이렇게 예를 들어 아동에게 설명한 다음, 특히 약물의 효능과 부작용을 잘 기억하고 적어 두었다가 부모나 치료자에게 말해 달라고 하면 좋습니다.

아동이 어려 자신의 경험을 관찰하고 전달하기 힘들어할 경우, 교사 등 주변 사람들의 관찰이 더 중요해집니다. 반면 아동이 자신의 상태를 스스로 설명할 수 있다면, 약 복용 전후 자신의 경험을 기록하게 할 수 있습니다. 이는 약물치료 과정에 도움이 될 뿐 아니라, 주의집중 향상에도 좋은 훈련이 될 것입니다.

아동에 따른 치료 방향

약물치료는 정해진 용량의 약물을 정해진 시간에 복용하기만 하면 효과가 있으나, 심리치료는 치료 회기에 참석하기만 한다고 효과가 있는 것이 아닙니다. 심리치료를 통해 배운 기술은 평소에 꾸준히 연습하여 자신의 것으로 만들어야만 효과가 있습니다. 따라서 아동의 동기나 능력 수준 등을 종합적으로 고려해서 전문가와 상의하여 치료 방향을 결정해야 합니다.

4 부모 교육

ADHD 증상은 분명 치료나 상담을 통해 개선될 수 있습니다. 그러나 치료나 상담의 효과를 극대화하기 위해서는 아동의 부모 역시 ADHD 인지행동치료 원리에 기반하여 아동을 양육해야 합니다.

이 장에서는 ADHD 아동의 부모에게 가정에서 활용할 수 있는 양육 기술을 전수하여, 아동의 효과적인 양육을 돕는 방법을 살펴보고자 합니다. 이를 위해 ADHD 아동 양육으로 인해 힘들어하는 부모에게 도움을 줄 수 있는 방법을 알아보고, ADHD 아동 양육의 핵심 기술 중 하나인 '효과적으로 지시하기'를 어떻게 적용할 수 있을지 짚어 보겠습니다.

핵심 내용 미리 보기

❶ 부모의 자기돌봄 지원
❷ '효과적으로 지시하기'
❸ 지속적인 점검의 중요성
❹ 단계적인 아동 교육의 필요성

1 양육 기술 전수와 적용 원칙

ADHD 아동의 행동 문제 개선에는 부모의 역할이 큽니다. 따라서 부모에게 ADHD 아동을 양육하는 데 유용한 기술을 전수하는 것이 좋습니다. 그러나 이를 위해서는 먼저 아동의 가정 환경과 부모가 처한 상황을 파악하여, 부모에게 새로운 양육 기술을 배우고 익혀 적용하는 데 필요한 능력과 에너지가 있는지 확인해야 합니다. 부모가 양육 기술을 습득하기 망설인다면, 이 기술을 적용할 때 아동을 보다 수월하게 양육할 수 있고, 이것이 아동에게도 도움이 된다는 점을 강조합니다. 부모의 의욕이 충분하고 상담자-부모 간 신뢰 관계가 잘 형성되었다면, 양육 기술을 전수하고, 부모가 이를 가정에서 실천할 수 있도록 도와줍니다. 가정에서 부모가 상담자로 기능할 수 있다면, 이는 어떤 치료법보다 효과적일 것입니다.

양육 기술 적용의 선행 조건: 부모의 자기돌봄 지원

새로운 것을 시도함으로써 시작된 변화를 지속적으로 유지하려면 우선 내면에 충분한 힘이 있어야 합니다. 그러나 ADHD 아동을 양육하는 부모의 경우 지속적인 양육 스트레스로 인해 이러한 힘이 고갈되어, 자신을 돌보지 못하고 있는 경우가 많습니다. 따라서 상담자에게 배운 양육 기술을 지치지 않고 적용할 수 있도록 부모의 자기돌봄 방식을 점검할 필요가 있습니다.

부모가 자신을 돌보는 방법을 모르고 있다면, 자기돌봄을 실천하기 위해 어떤 일을 할 수 있을지 함께 알아보는 것도 좋습니다. 예를 들어 스트레스 해소를 위해 현재 무엇을 하고 있는지, 앞으로 어떤 방법을 시도해 볼 수 있을지 의논한 뒤, 필요시 운동이나 취미 활동, 봉사 활동, 친구 및 가족과의 수다, 명상 등을 권유할 수 있습니다.

명상과 같은 마음 챙김 기반 육아를 실천하기 위해서는 자신의 마음을 있는 그대로 들여다볼 수 있어야 합니다. 이때 책이나 인터넷 영상 등의 자료(예: 『카밧진 박사의 부모 마음공부』, 유튜브의 '임팩트풀' 채널)를 활용한다면 혼자서 명상을 할 때보다 더 큰 효과를 볼 수 있을 것입니다.

양육 기술 적용 원칙 1: 기본 원칙 숙지 및 지속적인 점검

본격적으로 양육 기술 전수 시, 먼저 아동의 고유한 특성과 기질을 있는 그대로 수용하고 이해하는 것이 중요합니다. 아동의 특성과 기질이 현재는 아동에게 어려움을 주는 면이 있지만, 동시에 이것들이 장점으로 발휘될 수도 있음을 부모가 깨닫게 도와야 합니다. 즉 아동은 현재 주의력 부족으로 인해 잠재능력을 발휘하는 데 어려움을 겪는 것이므로, 주의집중 전략을 배운다면 충분히 자신의 능력을 발휘할 수 있다는 점을 강조합니다.

아동이 활동에 참여하면서 익힌 전략은 한 번 배워서 곧바로 활용할 수 있는 것이 아닙니다. 먼저 부모와 함께 자신에게 필요한 전략을 배우고 연습한 뒤, 어느 정도 익힌 후에는 혼자 연습하고, 마침내 아동이 스스로 전략을 사용할 수 있게 되어야 합니다. 이 점을 부모가 이해해야 하며, 상담자는 이 과정이 성공하기 위해 부모의 도움이 필요하다는 사실을 강조합니다.

그러나 이러한 과정을 부모가 혼자 지속적으로 진행해 나가기는 어렵기 때문에 전문가의 도움이 필요합니다. 따라서 부모가 꾸준히 아동을 지도·양육하기 위해 무엇이 필요한지 파악한 후, 그 방법을 찾아보는 것도 도움이 될 것입니다. 예를 들어 부모가 아동에게 어떤 시도를 했고 이에 대해 아동이 어떻게 반응했는지 일지를 쓰게 할 수도 있고, 비슷한 경험을 가진 다른 부모와 경험을 공유하며 함께 의논하고 실천하게 할 수도 있습니다.

양육 기술 적용 원칙 2: 단계적 적용

모든 양육 기술을 한꺼번에 적용할 수는 없습니다. 양육 기술은 한 번에 한 가지씩, 단계적으로 적용해야 합니다. 그러므로 가장 간단한(아동이 쉽게 성공할 만한) 기술을 먼저 시도하는 것이 좋습니다. 예를 들어 처음부터 '자기 방 혼자 치우기'를 목표로 할 것이 아니라, 일단은 작은 것, 즉 '자기 방에서 책가방은 책상 옆에 두기'를 목표로 하는 것이 효과적입니다. 그 후 아동이 이러한 작은 목표를 달성할 때마다 칭찬하거나 스티커를 주어 아동의 행동을 강화할 수 있습니다.

기본적으로 새로운 행동을 배우려면, 우선 구체적인 방법을 배우고, 이를 꾸준히, 단계적으로 연습해야 합니다. 따라서 처음부터 '방법을 알았으니 혼자 반복하거라' 라고 말하기보다는, 함께 연습하고(예: 부모와 함께 책가방을 책상 옆에 두기), 작은 도움을 주며 아동이 혼자 행동해 보게 한 뒤(예: 부모의 언어적 지시나 힌트를 통해 아동이 책가방을 책상 옆에 두게 하기), 마침내 처음부터 끝까지 온전히 자신만의 힘으로 수행할 수 있도록(예: 별다른 지시 없이도 책가방을 책상 옆에 두기) 단계적으로 지도해야 합니다.

양육 기술 적용 원칙 3: 보상! 보상! 보상!

아동의 행동에 이어 만족스러운 결과, 즉 보상이 뒤따른다면, 아동이 그 행동을 지속하거나 더 자주 할 확률이 높아집니다. 특히 아동에게 주의력 문제가 있다면 즉각적인 보상은 더욱 중요합니다. 보상을 적절히 활용하기 위해 부모가 아동과 함께 보상받을 만한 행동(목표 행동)을 정하게 합니다. 처음에는 달성하기 어려운 행동보다는 조금 노력하면 쉽게 달성할 수 있는 행동을 목표 행동으로 정하는 게 좋습니다. 그런 다음 목표 행동에 대한 보상을 구체적으로 정하고, 이를 아동에게 명확히 설명합니다. 아동이 실제로 목표 행동을 수행할 경우 즉시 약속된 보상을 제공합니다. 또한 동일한 보상의 효과는 시간이 지남에 따라 감소하므로 2~3주 간격으로 보상을 바꿔야 합니다. 보상의 선정과 사용 기술에 대한 자세한 내용은 1부 1장에서 살펴봤으므로, 필요시 이를 참고할 수 있습니다. 단 한 번 보상을 활용하여 즉시 효과를 보지는 못할 수 있습니다. 따라서 부모에게 실수하거나 실패하더라도 장기적인 안목으로 조금씩, 지속적으로 노력하고 포기하지 않는 것이 중요하다는 사실을 계속 일깨워 줘야 합니다.

2 핵심 양육 기술: 효과적으로 지시하기

부모 교육에 반드시 포함되어야 하는 내용 중 하나는 '효과적으로 지시하기'입니다. 특히 주의력에 어려움이 있는 아동을 양육할 때는 소리 지르거나 화를 내기 쉬운데, 이는 단기적으로도, 장기적으로도 효과가 미미합니다. 그러므로 부모가 감정적으로 대처하기보다는, 효과적인 지시 방법을 숙지한 후 이를 사용해 보게 합니다. '효과적으로 지시하기'의 핵심은 제대로 지시하는 것이 아니라, 지시에 따르거나 따르지 않은 행동과 특정 결과를 연결시키는 것입니다. 지시를 따랐다면 보상을 받아야 하고, 지시를 따르지 않았다면 보상을 뺏기거나 아동이 싫어할 결과가 뒤따라야 합니다. 효과적인 지시는 부모가 양육할 때만 효과적인 것이 아니므로 상담자도 상담 과정에서 이를 적극적으로 활용하는 것이 좋습니다. 효과적인 지시 단계는 다음과 같습니다(CDC, 2019 참조).

지시에 집중하게 하기

'효과적으로 지시하기'의 첫 번째 단계에서는 지시를 내릴 때 아동이 주의를 기울일 수 있는 상태인지 확인하는 것이 중요합니다. 아동이 부모의 지시에 집중하지 않고 있다면, 다음과 같은 방법을 통해 아동의 주의를 돌릴 수 있습니다.

- 아동이 스마트 기기를 사용하는 등 다른 행동을 하고 있다면, 잠시 이를 중단시키고 부모의 지시에 주의를 기울이게 하기
- 아동의 옆에서 눈을 맞추고 지시하기

지시하기

두 번째 단계인 '지시하기' 단계에서는 하지 말아야 할 것이 아니라, 해야 할 것을 알려 주어야 합니다. 이때 효과적으로 지시하기 위해서 다음과 같은 사항을 고려합니다.

- 자녀의 연령과 능력에 맞게 지시하기
- 질문이나 권유, 요청이 아니라 평서문으로 명확하게 지시하기('~할래?'(×), '~해 주렴'(×), '~해라'(○))
- 구체적으로 지시하기
- 한 번에 하나씩 지시하기
- 부드럽고 따뜻한 태도로 지시하기
- 간단하고 쉬운 것부터 차근차근 지시하기
- 자녀가 이해했는지 확인하기 위해 지시 내용을 이야기하게 하기

지시 수행 여부 확인하기

지시를 한 뒤에는 아동이 지시를 수행하는지 확인할 필요가 있습니다. 아동이 다음과 같은 행동을 보인다면 지시를 따르지 않고 있는 상태라고 볼 수 있으므로, 다시, 구체적으로 지시해야 합니다.

- 슬쩍슬쩍 다른 행동을 하기
- 시간을 끌면서 꾸물거리기
- 부모의 말을 못 들은 척하기
- 지시의 일부만 수행하기
- 나쁜 태도로 지시 따르기
- 지시대로 수행한 뒤, 다시 수행 전 상태로 돌려놓기

'효과적으로 지시하기'의 마지막 단계에서는 아동이 지시를 수행한 결과에 대해 피드백을 제공합니다. 이를 통해 아동이 잘한 점을 인정하고, 잘못한 점이 있다면 어떤 부분을 개선해야 할지 알려 줄 수 있습니다. 수행에 대한 피드백은 다음과 같습니다.

- 어떤 행동이 좋았는지 구체적으로 이야기해 주기
- 지시에 따르지 않는다고 소리 지르거나 격하게 말하지 않기
- 지시에 따르지 않을 경우 차분하게 아동이 지시에 집중할 수 있게 한 뒤, 다시 지시하기
- 지시를 이해했는지 확인하고, 지시를 안 따랐을 경우 어떤 결과가 있는지 경고하기
- 기다렸는데도 지시를 따르지 않을 경우 경고했던 결과 차분하게 수행하기

3 양육 기술 적용

본격적으로 양육 기술을 적용할 때는 우선 적용하기 쉽고 빠르게 효과를 볼 수 있을 듯한 양육 기술 목록을 만들고, 이를 어떻게 적용할지 구체적인 계획을 수립해야 합니다. 이때 상담자는 부모가 스스로 활동 계획을 수립하도록 도와줄 수 있습니다. 예를 들어 '칭찬하기'를 적용하기로 했다면 칭찬을 몇 번, 어떻게 할지, 칭찬한 내용과 빈도를 어디에, 어떻게 적어 놓을지 이야기해 봅니다. 부모가 계획대로 양육 기술을 수행할 경우 부모 자신에게도 보상을 주는 것이 좋으므로, 이에 대해서도 함께 논의합니다.

양육 기술 적용 여부 확인 및 도움 주기

부모와 만나 기본적인 양육 방법 및 아동을 대하는 방법 등을 교육했다면, 1~2주 후에 부모와 면담하거나 통화하며 부모를 격려할 필요가 있습니다. 면담/통화는 5분이라도 좋습니다. 부모가 적용한 방법에 대해 들어보고, 부모의 노력을 칭찬하고 격려하는 한편, 어떤 점이 힘들었는지 들으며 공감을 표현합니다. 그런 다음 이러한 어려움을 어떻게 해결할 수 있을지 함께 방법을 찾아봅니다. 이후로는 무엇에 대해 어떻게 노력할지 구체적으로 계획을 세우고, 다음에 연락할 날짜와 시간을 정합니다. 대략 2주 후에 다시 연락하여 이전과 같은 방식으로 부모가 잘한 점에 대해 칭찬하고 격려하는 한편, 부모가 겪은 어려움에 공감하며 해결 방법을 찾아봅니다. 만약 부모가 처음 배웠던 양육 기술을 잘 적용하여 그 효과가 나타나고 있는 상황이라면, 이전에는 조금 적용하기 어려워서 시도를 미뤄 두었던 양육 기술도 사용해 보라고 제안합니다.

부모와의 상호작용 내용은 모두 메모하여 적절히 정리해 두어야 합니다. 이를 통해 다음 면담 전, 부모에게 지난번에 다룬 내용을 상기시킬 수 있습니다.

⊙⁺ TIP

부모가 좌절감에 힘들어 한다면?
부모의 좌절감을 수용하고 타당화해 주세요. 부모가 방법을 알면서도 좌절감 때문에 시도하기 두려워하고 있을 수 있습니다. 부모가 이런 상태라면 양육 기술은 잠시 내려놓아야 합니다. 우선 부모의 자기돌봄에 초점을 맞추어 스트레스 관리 기법과 자기돌봄에 대해 충분히 이야기 나눕니다. 필요하다면 전문 상담 기관을 권유할 수도 있습니다.

두 배로 효과 보기

시중에 출간된 ADHD 아동 부모 교육 도서를 부모와 함께 찾아보고, 적절한 것을 선정해, 책에 제시된 방법을 가정 내에서 적용·실천해 보게 합니다. 예를 들어『천천히 행동하고 주의집중하는 것을 배워보자』에서 62장 '아침에 학교 갈 준비하기'나 '64장 방을 정리하는 쉬운 방법'을 자녀와 함께 읽고 연습해 볼 수 있습니다.

상담(교)사를 위한
교실 개입 안내

1 담임교사와 소통하기

ADHD 아동의 행동은 학교 장면에서도 문제가 되기 때문에, 학교에서 근무하는 상담(교)사의 역할이 강조됩니다. 2부에서는 행동치료 기법에 기반한 교실 개입에 있어 상담(교)사가 알아 두어야 할 내용을 살펴보겠습니다.

행동치료 기법에 기반한 교실 개입은 ADHD 치료에 효과가 있다고 과학적으로 검증된 방법입니다. 이 방법을 활용하기 위해서는 담임교사의 역할이 중요합니다. 따라서 상담교사는 담임교사와 소통하여 담임교사가 행동치료 기법을 이해하고 이를 교실에서 학습지도나 생활지도에 활용할 수 있도록 도와야 합니다.

이 장에서는 교실장면에서 활용할 수 있는 행동치료 기법에는 어떤 것이 있는지 알아보고, 이 기법을 적용할 때 고려해야 할 점들에 대해 살펴보겠습니다. 또한 부록에는 담임교사에게 전달할 수 있는 안내문을 수록하여 담임교사가 좀 더 수월하게 행동치료 기법을 이해하고, 이를 적용할 수 있도록 하였습니다.

핵심 내용 미리 보기

❶ 행동치료 기법의 정의
❷ 차별적 강화와 즉각적인 피드백
❸ 교실 내 태도와 분위기의 중요성
❹ 행동치료 기법 기반 교실 개입 방법
❺ '교실 개입-아동 상담-부모 상담' 연합의 필요성

1 행동치료 기법에 기반한 교실 개입

주의력에 어려움이 있는 아동을 맡고 있는 교사는 이러한 아동을 대할 때 효과가 검증된, 과학적인 개입 방법을 사용하는 것이 좋습니다. 미국 질병통제예방센터(Centers for Disease Control and Prevention, CDC)는 ADHD 치료에 대한 효과가 과학적인 방법으로 검증된 대표적인 치료법으로 '약물치료'와 '행동치료 기법에 기반한 교실 개입'을 꼽은 바 있습니다. 그러나 한국의 경우 치료자가 아동과 치료실에서 일대일로 대면하여 치료하는 것만이 치료로 여겨지는 실정입니다. 그래서 교사가 교실에서 ADHD 아동에게 개입하는 것을 치료로 생각하는 것이 생소할 것입니다. 또한 행동치료 기법을 교실에서 적용하는 것이 어떻게 가능할까 의아해할 수 있습니다. 그러나 어렵게 생각할 필요는 없습니다. 전체 학생 지도 시, 부주의하고 산만한 아동에게 해당 아동이 해야 할 행동이나 배워야 할 것을 미리 구체적으로 이야기하고, 아동이 이를 적절하게 수행했을 경우 칭찬하거나 상을 주는 것. 바로 이것이 행동치료 기법에 기반한 교실 개입 방법입니다. 행동에 뒤따르는 결과에 따라 이후 해당 행동이 발생할 확률이 달라지므로, 바람직한 행동에 대해 보상을 줌으로써 이를 강화하는 행동치료의 핵심 원리를 교실에 적용하면 되는 것입니다. 부주의하고 산만한 아동을 지도할 때에는, 벌을 주기보다 구체적인 목표를 설정하고, 목표 도달 시 보상을 제공하는 방법을 일관되게 적용하는 것이 가장 효과적입니다.

2 행동치료 기법

행동치료란 구체적인 목표 행동을 설정하고, 아동이 목표 행동을 수행했을 경우 즉각적인 보상을 제공하는 방법을 말합니다. 이를 통해 부주의하고 산만한 아동이 교실 상황에 적절한 행동을 배울 수 있습니다. 이 절에서는 행동치료 기법을 교실에서 어떻게 활용할 수 있을지 구체적으로 알아보고, 이때 담임교사가 교실에서 할 수 있는 일과 주의해야 할 사항을 살펴보겠습니다.

처벌의 부정적 효과

처벌은 당장 어떤 행동이 발생하지 않게 하는 데 일시적으로는 도움이 될 수 있습니다. 즉 처벌을 통해 행동을 금방 교정할 수 있는 아동들도 있기는 합니다. 그러나 대부분의 아동에게 처벌은 장기적인 효과를 가져오지 못합니다. 특히 부주의하고 산만한 아동에게는 더욱 그러한데, 여기에는 크게 두 가지 이유가 있습니다. 첫째, 처벌을 통해서는 어떤 행동이 적절한 행동인지 배울 수 없기 때문입니다. 따라서 특정 행동을 못하게 하는 것이 능사가 아니라, 어떤 행동을 해야 하는지 구체적으로 알려 주고 아동이 연습할 기회를 주어야 합니다. 예를 들어 '수업 시간에 딴짓 하지 않기'가 아니라, '선생님이 설명할 때 선생님을 보기'와 같이 적응적인 행동을 선정해 이를 구체적인 목표 행동으로 세워야 합니다. 둘째, 가뜩이나 저하되어 있는 아동의 자존감을 처벌이 더 떨어뜨릴 수 있기 때문입니다. ADHD 아동은 초등학교 3학년 정도만 되어도 이미 학습이나 또래 관계에서 좌절감을 많이 느껴서 자존감이 낮은 경우가 많습니다. 처벌로 인해 아동의 자존감은 더 추락하고, 이것이 장차 아동의 반항적이거나 공격적인 행동을 심화시킬 수도 있습니다.

차별적 강화: 무시, 칭찬, 허용

아동이 상황에 맞지 않는 부적절한 행동을 보일 때, 그것이 가벼운 수준이라면 무시하시는 게 좋습니다. 아동의 부적절한 행동에 주의를 주었던 것이 오히려 아동의 행동을 강화할 수 있기 때문입니다. 많은 아동이 주의를 끌거나 관심을 받기 위해 떠들거나 규칙을 어기곤 합니다. 어떤 의미에서 아동에게 최고의 벌은 '관심을 주지 않는 것'입니다. 관심을 주지 않을 경우 그 행동이 일시적으로 늘어날 수도 있지만, 이는 아동이 관심을 끌기 위해 해당 행동을 했다는 증거이기도 합니다. 자신과 타인의 안전을 위협하지 않는 한, 이런 행동은 무시하시는 것이 부주의하고 산만한 행동을 줄이는 데 효과적이라는 점을 유념해야 합니다. 그러나 문제 행동이 나타날 법한 맥락에서 아동이 해당 문제 행동이 아니라 바람직한 행동을 수행할 경우, 이를 주목하고 칭찬하여 강화해 주는 것이 중요합니다. 이러한 강화를 '차별적 강화'라 부릅니다. 대부분의 아동이 그러하지만, 특히 부주의하고 산만한 아동은 완전하게 조용히, 가만히 있을 수 없습니다. 따라서 어느 정도의 실수나 미숙함은 허용해야 합니다. 예를 들어 아동에게 숙제를 완벽하게 하는 것을 목표로 줄 경우, 오히려 숙제를 더 안 하거나 교사-아동 간 관계가 나빠질 수 있습니다.

이처럼 부주의하고 산만한 아동을 지도할 때, 무시와 칭찬, 허용을 잘 활용한다면 학생 지도에 분명 도움이 된다는 점을 담임교사에게 알려 주는 것이 좋습니다.

즉각적인 피드백

아동이 무시할 수 없는 큰 잘못을 하거나 규칙을 어겼을 경우에는 어떻게 해야 할까요? 강력한 벌을 내려야 할까요? 부주의하고 산만한 아동에게는 강력한 처벌보다 즉각적인 피드백이 더욱 중요합니다. 우선은 상황에 맞는 행동이 무엇인지 미리 알려 주고, 지켜야 하는 규칙을 구체적으로 여러 번 알려 주는 것이 필요합니다. 그럼에도 수업 시간에 충동적으로 떠들거나 친구를 짓궂게 놀리는 등 부적절한 행동을 한다면, 교사는 이에 대해 즉각적인 피드백을 줘야 합니다. 다만 교실 내 모든 아동을 교육하고 지도하는 담임교사가 특정 아동을 주목하여 바로바로 피드백을 주는 것이 어려울 수는 있습니다.

형평성 문제 대처 방안: 일대일 비밀 신호

담임교사가 가장 많이 호소하는 어려움은 어떻게 학급 내에서 한 아동에게만 칭찬과 보상을 주면서 피드백을 하느냐는 것입니다. 다른 아동들이 소외감을 느낄 수 있고, 한 아동만 다른 방식으로 대하면 형평성 문제가 생길 수 있으므로, 부주의하고 산만한 아동에게만 다른 규칙을 부여하거나 허용적인 태도를 보이기 어려울 수 있습니다.

이러한 경우에는 아동과 교사 사이에 둘만의 비밀 신호를 만들어 피드백을 줄 수 있습니다. 비밀 신호는 언어적 표현이든 비언어적 표현이든 상관없습니다. 예를 들어 아동이 규칙을 잘 지키거나 상황에 적절한 행동을 할 때 그 아동의 책상을 쓰다듬을 수도 있고, 반대로 규칙을 어기거나 부적절할 행동을 시작할 때 아동이 바로 알아차릴 수 있게 아동의 책상을 살짝 두드려 소리를 낼 수도 있습니다.

아동의 상황에 맞게 비밀 신호를 만들기 위해서는 풍부한 상상력이 필요합니다. 예를 들어 아동이 적절한 행동을 했을 경우에는 손뼉을 치거나 윙크를 하고, 부적절한 행동을 했을 경우에는 칠판을 치거나 핑거스냅을 하는 식으로 비밀 신호를 정할 수 있습니다. 또한 하루 혹은 특정 수업 시간에 각각의 피드백을 몇 개까지 받을지 목표를 세우고(예: 긍정적인 피드백은 세 번 이상, 부정적인 피드백은 두 번 이하), 목표 달성 여부에 따라 수업 후에 칩이나 스티커 등의 보상을 줄 수 있습니다.

아동의 자기관찰

고학년 중 담임교사와 라포 형성이 잘 되어 있는 아동의 경우, 스스로 자신의 행동을 돌아보고 평가하는 법을 가르쳐 주는 것이 도움이 됩니다. 예를 들어 특정 수업 시간이나 하루 일과를 놓고 아동이 어느 정도 집중했는지 아동과 교사가 각각 평가한 후, 이를 서로 비교하여, 아동의 평가와 교사의 평가가 일치할 때 보상을 줄 수 있습니다. 이 기법의 핵심은 아동이 자신이 일정 기간 동안 얼마나 집중했는지 관찰하게 함으로써 아동의 자기관찰 능력, 즉 모니터링 능력을 키워 주는 것입니다. 그러면서 아동의 집중력 향상을 위해 목표를 점진적으로 제시하고, 이를 달성할 수 있도록 아동을 강화할 수 있습니다.

교실 내 태도와 분위기의 중요성

수업에서 문제를 일으키거나 수업 내용을 따라가기 어려워하는 아동이 있을 수 있습니다. 이런 아동을 담임교사가 어떤 태도로, 어떻게 대하는지가 중요합니다. 교실은 지식을 전달하고 습득하기만 하는 공간이 아닙니다. 교실은 아동이 어려운 상황을 어떻게 이해하고 해결해 나갈 수 있는지 생활 속에서 배우는 공간입니다. 부족하거나 문제를 일으키는 아동에 대해 관용적인 태도를 가지고 모두가 함께 도와주는 분위기를 만들어, 이를 아동들이 경험하게 하는 것이 학습보다 중요할 수 있습니다.

3 교실 개입

담임교사가 부주의하고 산만한 아동의 문제를 언급하면서 학교 상담교사에게 도움을 요청할 경우, 상담자는 우선 담임교사의 이야기를 경청한 뒤, 아동을 객관적으로 파악해야 합니다. 이를 위해 담임교사의 이야기를 듣고, 아동의 교실 행동을 관찰하거나, 관련된 심리검사 활용을 계획할 수 있습니다(1부 2장 '심리검사 활용' 참조).

담임교사 면담: 담임교사가 처한 상황 파악

담임교사 면담 시 담임교사가 처한 상황도 함께 파악해야 합니다. 우선 담임교사가 아동을 어느 정도까지 도와줄 수 있는지, 아동을 얼마나 이해하고 있는지 등을 알아보기 위해 이야기를 나눠 봅니다. 그런 다음 담임교사의 열정, 성격, 동기를 확인한 뒤에야, 이를 참고하여 함께 행동치료 기법에 기반한 교실 개입 계획을 세울 수 있습니다.

또한 담임교사가 해당 아동을 도우면서 겪게 되는 다른 애로 사항이 있는지, 즉 담임교사가 지쳐 가고 있지는 않은지, 교사로서 효능감은 어떻게 변화하고 있는지 등을 잘 살펴서 도움이 될 수 있는 정보나 자원을 공유하는 것도 중요합니다. 교사의 어려움이 크지 않아야, 도움이 필요한 아동에게 적절한 도움을 줄 수 있습니다.

아동이 보이는 문제 행동의 기능과 맥락 파악

교실에서 혹은 친구 관계에서 아동이 보이는 문제 행동을 다루기 위해서는 해당 행동이 발생하는 맥락을 이해해야 합니다. 어떤 행동이 반복되는 이유는 그 행동의 결과로 아동이 원하는 것을 얻을 수 있기 때문일 수 있습니다. 따라서 행동이 어떤 상황에서 어떻게 나타나는지 살펴보고 행동의 기능을 이해하면, 어떻게 개입할지 계획할 수 있습니다. 예를 들어 아동이 수업 시간에 반복해서 소란을 피운 이유가 관심을 끌기 위해서였다는 사실을 알게 되었다면, 이러한 문제를 해결하기 위해 수업 시간에 얌전히 있거나, 수업 시간에 적극적으로 참여할 경우에만 관심을 주는 것입니다. 그러나 같은 행동도 맥락과 상황에 따라 기능이 다를 수 있습니다. 그러므로 우선 담임교사의 관찰 결과를 토대로 1~2주 정도 상담자와 담임교사가 함께 논의하면서, 아동의 행동이 가진 기능을 이해하고 개입 방법을 계획하는 과정이 필요합니다.

목표 행동 수립

담임교사와 협의하여 교실에서 목표 행동을 정할 때의 규칙은 '~안 하기'가 아니라 '~하기'의 방향으로, 구체적인 행동을 선정하는 것입니다. 예를 들어 '지각 안 하기'가 아니라 '제 시간에 오기'로 목표를 세우고, '책상 주변 어지르지 않기'가 아니라 '책가방을 책상 옆에 걸기'와 같이 무엇을 해야 하는가에 맞춰 구체적인 행동 지침을 정해야 합니다. 이러한 목표를 아동과 함께 정한 후, 아동이 잘 볼 수 있는 곳에 목표 달성 확인 용지를 배치하여 필요한 것들을 적거나 표시해 나갈 수 있습니다.

담임교사에게 교실 개입의 중요성 설명

어떤 담임교사들은 아동의 문제가 상담자만의 몫이라고 생각할 수 있습니다. 이 경우 담임교사의 상황, 입장, 어려움을 파악하여, 담임교사 역시 준상담자로서 아동의 문제 개선을 위해 새로운 시도를 할 수 있게 돕는 것이 중요합니다. 담임교사가 쉽게 적용해 볼 수 있는 방법을 시도하여, 학생 지도에서 성공을 경험하게 도와준다면, 담임교사의 의욕을 북돋을 수 있을 것입니다. 그러나 담임교사가 부주의하고 산만한 학생에게는 어떤 방법도 효과가 없다고 생각하고 있는 경우, 아동에 대해 사례개념화한(혹은 아동에 대해 파악한) 내용을 토대로 아동에게 효과가 있을 법한 방법을 찾아봅니다. 그 후 해당 방법을 담임교사에게 설명하며, 이를 함께 시도해 보자고 제안할 수 있습니다.

담임교사와 교실 개입 시도하기

담임교사가 어떤 전략을 시도할지 함께 의논한 뒤, 이를 지속할 수 있도록 담임교사를 지지하고 필요할 때마다 자문하는 것이 중요합니다. 부모와 마찬가지로 담임교사 역시 아동을 잘 이해해야 합니다. 그래야만 아동의 문제 행동 개선에 필요한 전략을 파악하여 구체적인 목표와 보상 계획을 수립할 수 있기 때문입니다. 또한 상담자와 의논하여 수립한 전략은 일관적으로, 꾸준히 실행해야 하며, 아동의 반응에 따라 목표 행동이나 보상을 수정할 수도 있습니다. 의논만으로 전략을 고르기 힘들다면, 이 책에 소개된 전략 중 하나를 시도해 볼 수도 있습니다. 여유가 있다면 ADHD 아동 행동수정 기법을 소개하는 책(예:『초등교사를 위한 행동수정 길잡이』)을 찾아 읽어 보는 것도 도움이 될 것입니다.

교실 개입과 아동 상담 병행하기

교실 개입에서 놓쳤거나, 다루기 어려운 부분은 개인 상담에서 다뤄볼 수 있습니다. 상담을 통해 아동이 학교에서 담임교사와의 관계나 목표 행동에 대해 느끼는 기분이나 생각을 파악할 수 있습니다.

상담 시에는 담임교사를 통해 알게 된 정보를 아동에게 확인하거나 질문하지 않도록 주의해야 합니다. 중요한 주제라면 상담자와의 라포가 형성된 후, 아동이 직접 해당 주제를 언급할 것입니다.

> **두 배로 효과 보기**
>
> 교실이나 위클래스 상담에서 담임교사나 상담자가 아동에게 제공할 수 있는 보상은 한정되어 있기 마련입니다. 이때 교실 개입과 아동 상담, 부모 상담을 연합함으로써 더 큰 효과를 기대할 수 있습니다. 예를 들어 아동의 부모가 협조적인 경우, 아동이 교실에서 받은 스티커나 칩을 부모가 준비한 선물과 교환하도록 중재할 수 있습니다.

담임교사를 위한 안내문

'부주의하고 산만한 아동 학습 지도' 안내문을 담임교사에게 전달한 뒤, 지도 방법을 어떻게 활용할 수 있을지 함께 의논합니다(부록 참조). 이때 담임교사가 행동수정 전략을 적용할 수 있도록 지지해 주는 것이 중요합니다. 특히 최근 연구에서는 아동끼리 짝을 지어서 서로 알려 주는 방법이 ADHD 아동 학습 지도에 효과적이라고 보고된 바 있으므로, 이러한 방식을 활용할 수도 있을 것입니다.

부록 부주의하고 산만한 아동 학습 지도

부주의하고 산만한 아동에 대한 교실 지도의 기본 원칙

부주의하고 산만한 아동을 지도할 때는 먼저 구체적으로 학급 내 규칙을 정하고, 아동이 규칙을 잘 지킬 때 이에 대해 칭찬하거나 보상을 주는 것을 반복해야 합니다. 많은 경우, 아동은 어른의 관심을 받기 위해 부정적인 행동을 하기도 합니다. 이때 반응을 보이면 오히려 부정적인 행동을 계속 할 수 있으므로, 다소 부정적이거나 산만한 행동도 어느 정도는 허용할 필요가 있습니다. 그러나 무시할 수 없을 만큼 부정적인 행동이라면 즉시 개입하여 대안 행동을 알려줘야 합니다. 교사의 즉각적인 개입이 처벌보다 효과가 크기 때문입니다. 마지막으로, 주의력이나 학습 등과 관련하여 아동에게 어려움이 있어 보일 경우, 주변에 도움을 구하거나 전문가에게 자문을 요청하는 것이 좋습니다. 이를 정리하면 아래와 같습니다.

1. 학급 내 규칙 정하기
2. 아동이 규칙을 잘 지킬 때 칭찬(보상)하기
3. 아동의 사소하게 부정적인 행동 무시하기
4. 아동이 부정적인 행동을 보일 경우 즉시 개입하기
5. 아동의 어려움에는 즉시 개입하여 함께 의논하기

ADHD 증상 중 부주의한 면이 두드러지는 아동의 지도

부주의한 증상이 두드러지는 아동은 쉽게 산만해지고 지시를 잘 따르지 못하며, 과제나 문제를 해결하기 위해 스스로 계획을 세우고 실행해 나가기 어려워합니다. 따라서 이런 아동들은 교사 책상 바로 앞이나 창문 혹은 복도에서 떨어진 자리처럼 방해 요소가 적고 집중하기 좋은 자리로 배치하는 게 좋습니다. 덜 산만하고 과제 집중에 도움을 줄 수 있는 친구 옆에 앉히는 것도 좋은 전략입니다.

1. 교사 책상 앞에 앉히기
2. 집중 잘 하는 친구 옆에 앉히기
3. 창문이나 복도에서 떨어진 자리에 앉히기

ADHD 증상 중 과잉행동이 두드러지는 아동의 지도

과잉행동이 두드러지는 아동은 가만히 앉아 있기 힘들어해서 계속 꼼지락거립니다. 끊임없이 말하고, 자기 차례를 기다리기 힘들어하는 한편, 수업 중 갑자기 질문하며 불쑥 끼어들곤 합니다. 따라서 이런 아동들에게는 과제를 할 때 어느 정도 움직이는 것을 허용할 필요가 있습니다. 아동과 이야기한 뒤, 다른 아동들에게 방해가 덜 되게 꼼지락거리는 방법(예: 주머니에 손을 넣고 작은 슬라임 만지기)이 무엇인지 함께 고민하는 것이 도움이 될 수 있습니다.

다만, 이것이 다른 아동들의 눈에 띈다면 전반적인 수업에 방해될 것이므로, 아동과 교사만의 비밀 약속을 해 둘 필요가 있겠습니다.

아동의 다소 충동적이거나 상황에 맞지 않는 행동이 위험하지 않다면 무시하는 것도 도움이 됩니다. 단, 아동이 집중을 잘 하거나 자기 차례가 될 때까지 잘 참았다면, 이때 다소 과장되게 칭찬함으로써 바람직한 행동을 강화해야 합니다.

1. 꼼지락 거리는 것 허용하기: 아동에 맞는 꼼지락 행동 찾아 약속하기
2. 위험하지 않은 과잉행동 무시하기
3. 집중할 때, 이를 포착하여 칭찬하기(차별적 강화)

부주의함과 과잉행동을 모두 보이는 아동에게 도움이 되는 수업 지도

ADHD 아동 중에는 부주의함과 과잉행동 증상을 모두 보이는 아동도 있습니다. 이 경우 아동의 특성을 이해하여, 아동이 수행할 수 있는 형태로 수업 과제를 내주고 교실의 규칙을 숙지시켜야 합니다. 이러한 아동에게 효과적인 전략의 특징은 다음과 같습니다.

미리, 구체적으로

- ADHD 아동은 과제나 수업이 바뀌는 변화에 적응하기 어려워할 수 있습니다. 그러니 수업 내용, 필요한 준비물, 바뀌는 규칙 등을 미리 알려 주세요.
- 오늘 배워야 할 것이 무엇인지, 내일 배울 것이 무엇인지 구체적으로 알려 주세요.
- ADHD 아동은 아예 주의를 기울이지 못하는 게 아니라, 자신이 좋아하는 활동에 과중하게 몰입하거나 상황에 맞게 주의를 적절하게 바꾸는 데 어려움이 있는 것입니다. 예상하고 준비한다면 보다 잘 집중할 수 있습니다.

쉽게, 짧게

- 복잡하거나 긴 과제/숙제를 어려워할 수 있습니다. 해야 할 일을 쉽고 단순하게 나누어 제시하는 것이 좋습니다.
- 과제를 할 때 자주 쉬는 시간을 주세요.

허용하기

- 과제를 할 때 충분한 시간을 주는 것이 더 효과적입니다.
- 학습할 때 어느 정도 움직이거나 꼼지락거리는 것은 다른 아동에게 방해가 되지 않는 선에서 허용할 필요가 있습니다.
- 과제나 연습을 할 때 타이머나 시계를 앞에 두어, 아동이 일정 시간 집중할 수 있도록 도와줄 수 있습니다. 남은 시간을 시각화하여 볼 수 있다면 집중에 도움이 됩니다.

확인하기

- 자신이 지금 무엇을 해야 하는지 아동이 알고 있는지 확인하는 것이 좋습니다.

해야 하는 일이 무엇인지 아동에게 물어보고, 아동이 대답하게 하세요.

정리하기

- 교실에서 아동의 주의를 분산시키는 것은 치우거나 정리해 둡니다.
- 과제나 해야 할 일을 체계적으로 정리하고 분류할 수 있는 도구(예: 색깔별 파일, 나눠져 있는 공책 등)가 필요합니다.

친구와 서로서로

- 친구와 짝을 이뤄 서로 알려 주거나 확인해 주는 방식이 ADHD 아동에게 도움이 됩니다. 학습이나 과제를 효과적으로 할 수 있을 뿐만 아니라 또래 관계도 좋아질 수 있으니 일석이조라 할 수 있습니다.

생활 지도 시 기억해야 할 사항

아동은 학교에서 학업뿐 아니라 다양한 활동을 하며 많은 시간을 보냅니다. 따라서 아동의 전반적인 생활 지도에도 교사의 역할이 필요합니다. 특히 저학년의 경우, 교사의 생활 지도에 따라 아동의 전반적인 일상생활, 나아가 또래 관계까지 긍정적으로 변화할 수 있습니다. 생활 지도 시 기억하면 좋을 원칙은 다음과 같습니다.

피드백은 바로바로

- 부정적인 행동에 대해 야단치는 것보단, 아동이 친구 관계/교실 상황에 적절한 행동을 보일 때 즉시, 자주, 짧게 칭찬해 주는 것이 효과적입니다. 이를 통해 아동은 자신이 상황에 맞게 행동했다는 것을 배울 수 있습니다.

칭찬받을 기회를 주기

■ 아동이 스스로 자신감을 가질 수 있도록 기회를 주세요. 수업 중에 교사를 도와주는 역할이나 하루 동안 반장 같은 역할을 부여하는 것도 좋습니다. 처음에는 아동이 너무 많이 애쓰지 않아도 충분히 쉽게 해낼 수 있는 쉬운 역할을 주는 게 좋습니다. 아동의 특성대로 행동하면 칭찬받을 수 있도록 말이지요.

비밀 신호로 즉시

■ 아동과 둘만의 비밀 신호(언어적 혹은 비언어적 표현)를 만들어, 아동이 상황에 맞지 않는 행동을 시작할 때, 아동이 즉시 알아차리게 해 주세요. 이런 신호의 목적은 야단치는 것이 아니라, 아동이 적절하게 행동할 수 있게 도와주는 것임을 잊지 마세요.

부모와 소통하기

학교 장면의 상담(교)사와 부모 간의 소통은 아동의 정신건강과 발달에 매우 중요합니다. 그러나 학교 상담(교)사가 부모에게 심리치료를 권유하는 것은 어렵고 민감한 문제이며, 부모는 자신의 선입견이나 아동의 미래에 대한 염려 등 다양한 이유로 이를 거부할수 있습니다.

이 장에서는 학교 상담(교)사가 부모와 면담할 때 어떻게 준비하면 좋을지 알아보고, 부모에게 치료나 상담을 권유할 때 유의해야 할 사항을 확인하겠습니다. 또한 부모가 외부 정신건강서비스 기관 방문을 꺼릴 경우, 어떻게 대처하면 좋을지 상황별로 부록에 정리하였습니다. 이를 통해 아동의 건강한 발달과 성장을 위해 학교 상담(교)사와부모 간의 원활한 소통과 협력을 이끌어 낼 수 있을 것입니다.

핵심 내용 미리 보기

❶ ADHD 아동의 부모 면담 시 주의 사항

❷ ADHD 아동의 특성 및 치료 원리에 대한 부모 교육

❸ 치료 원리에 기반한 아동 양육을 위한 도움 방안

❹ 부모의 치료 거부에 대한 적절한 개입 방법

1 부모 면담 전 준비 사항

부모는 아동의 발달적 사건과 현재 모습을 가장 잘 알고 있는 사람입니다. 이러한 이유로 아동을 정확히 이해하고 지원하기 위해서는 부모 면담이 필수적입니다. 부모 면담에 앞서 아동에 대해 자세히 알아볼 필요가 있습니다. 특히 아동의 주의력 문제를 정확히 살펴보기 위해서는 아동이 학교 장면에서 어떤 행동을 보이는지 확인해야 합니다. 이를 위해 먼저 담임교사 면담과 직접 관찰을 통해 아동의 학교생활을 파악합니다.

아동의 학교생활 파악: 담임교사 면담과 직접 관찰

담임교사 면담 시에는 아동이 수업 시간에 교실에서 혹은 친구들 사이에서 어떻게 행동하는지, 학습 능력이나 학업 수준, 수업 태도(예: 주의집중 정도, 산만한 행동을 하는 빈도 등)는 어떤지 질문합니다. 또한 아동의 특성이나 행동이 잘 드러나는 일화가 있다면, 이에 대해 이야기해 달라고 요청합니다. 이를 통해 아동에 대해 더욱 구체적인 정보를 얻을 수 있을 것입니다.

수업 시간에 직접 아동의 반 복도로 가서 창문을 통해 아동의 행동을 관찰하는 방법도 매우 유용합니다. 그러나 이 경우에는 우선 담임교사에게 직접 관찰에 대해 설명하고, 어떤 시간에, 얼마나 오래 관찰할지 계획을 알리는 등 담임교사와 미리 세부 사항을 합의할 필요가 있습니다. 특히 직접 관찰 시 해당 아동 및 주변의 다른 아동들이 이를 지나치게 신경 쓸 수도 있다는 점을 고려해야 합니다. 또한 쉬는 시간이나 점심시간에 아동의 반으로 가서 아동이 친구들 사이에서 어떻게 행동하는지 관찰하는 것도 큰 도움이 됩니다. 이렇게 관찰한 내용 중 인상 깊은 아동의 행동, 말투, 아동과 또래의 상호작용 등을 기록하여 정리합니다.

아동과 이야기하기

다음으로, 아동을 직접 만나 이야기하면서 아동에 대해 알아볼 수 있습니다. 학교생활이 어떤지, 어떤 어려움이 있는지, 친구들과 어떻게 지내는지 아동과 대화해 봅니다. 아동이 교실 혹은 학교에서 무엇을 원하는지 파악할 수 있다면, 향후 학교 내 상담이 이뤄질 때 공동의 목표를 세우고 상담자와 라포를 형성할 때 도움이 될 수 있습니다. 아동이 대화하기 어려울 정도로 산만하거나 어린 경우에는 놀이를 활용할 수 있습니다. 손 인형을 통해 학교생활에 대해 물어볼 수도, 함께 보드게임이나 놀이를 하면서 아동을 관찰할 수도 있습니다. 이를 통해 아동이 놀이에 얼마나 집중하는지, 사소한 자극에 얼마나 방해받는지, 규칙을 잘 지키는지, 언제 주의가 산만해지는지 확인합니다.

부모 면담 시 확인 사항 정리

이렇게 얻은 모든 정보, 즉 담임교사와의 면담, 아동과의 면담, 직접 관찰을 통해 파악한 아동의 능력과 기능 수준, 장단점 및 기타 특징 중 유용한 정보를 추린 후, 부모에게 추가로 확인할 점, 부모와 상의하거나 부모에게 부탁하고 싶은 점을 미리 정리합니다.

2 부모 면담

민감한 주제일수록 통화보다는 직접 만나서 이야기를 나누는 것이 효과적입니다. 이렇게 함으로써 불필요한 오해나 부작용을 줄일 수 있습니다. 따라서 일단 부모와 직접 만나는 상황을 가정하고 전략을 계획해 보겠습니다. 만날 약속을 잡기 위해서는 전화 등으로 연락을 해야 하는데, 학교에서 연락이 올 경우 부모는 일단 놀라거나 걱정을 할 수 있습니다. 그러므로 처음 부모와 통화할 때는 따뜻하고 친절한 태도를 취하는 것이 중요합니다.

부모 면담 약속 잡기

부모와의 첫 통화를 통해 부모와 좋은 관계를 만들어 나가기 위해 다음의 조언을 참고할 수 있습니다.

1. 긴장하고 불안해할 부모의 심정을 헤아려 주세요.

2. 담임교사 및 아동과 만나 파악한 아동의 긍정적인 면을 부각하면서 이야기를 시작함으로써 대화를 부드럽게 진행할 수 있습니다.

3. 장점이 많은 아동이 자신의 재능을 잘 발휘하고 즐겁게 학교생활을 하기 위해 상담자가 아동에 대해 더 잘 알아야 한다고 안내합니다.

4. 이를 위해 부모의 도움이 필요한데, 자세한 논의를 위해 직접 만나 이야기할 것을 제안합니다.

5. 부모가 아동을 지도할 때 느끼는 어려움에 대해 듣고 도움을 주고 싶다는 의사를 표현합니다. 또한 부모가 궁금해하거나 걱정하는 것이 있는지 확인합니다.

6. 부모와 구체적인 시간과 장소를 정한 후, 학교 방문 수락에 감사를 표하며 통화를 마무리합니다.

만약 부모가 학교를 방문하여 상담자와 만나는 것이 불가능한 상황이라면, 전화나 '줌(ZOOM)' 등의 매체를 통해 면담을 할 수 있을지, 가능한 시간은 언제일지 논의한 후, 합의한 시간에 합의한 매체를 통해 면담을 시작합니다. 이렇게 비대면으로 면담을 하게 될 경우, 상담자도 부모도 혼자 있을 수 있는 조용한 공간을 반드시 확보해야 합니다.

대화의 시작: 경청과 공감을 통한 신뢰 관계 형성

부모 면담 시에는 일단 부모의 이야기를 충분히 들어야 합니다. 아동의 가정생활이 어떤지, 아동을 양육할 때 어떤 점이 힘들거나 어려운지 등에 대해 질문하고, 부모의 고충에 공감하며 지지해 주는 것이 필요합니다. 따뜻하고 수용받는 상황에서 부모는 아동에 대해 더욱 솔직하게 이야기할 것입니다. 이런 분위기 속에서 형성된 신뢰 관계를 바탕으로 공동의 목표를 세울 수 있으며, 이를 통해 문제가 해결될 수 있다는 기대와 희망도 생겨나게 됩니다.

부주의하고 산만한 부모는 아동의 주의력 문제에 대해 죄책감을 느끼는 경우가 많으며, 양육효능감, 즉 자녀를 효과적으로 양육할 수 있다는 자신감이 낮아 우울감을 경험하곤 합니다. 그래서 사소한 말에도 쉽게 상처받을 수 있습니다. 이 경우 부모가 말하는 어려움에 공감하고 이를 수용해 주는 따뜻한 태도가 더욱 중요합니다. 부모가 더 궁금해하는 점은 없는지 확인하고, 나중에라도 궁금한 점이 생기면 어떻게 연락할 수 있는지 분명히 안내합니다.

그러나 어떤 경우에는 아동이 부주의하거나 산만해서 학교에서 많은 문제를 일으킴에도 불구하고, 부모에게 이에 대한 문제 인식이 전혀 없거나 부모가 문제를 부인할 수도 있습니다. 일반적으로 부모가 너무 바쁘거나, 자녀가 많아 특정 자녀에게 주의를 기울이지 못하거나, 자녀 또래의 전반적인 발달 정도나 특성에 대한 경험과 지식이 부족한 경우, 부모가 자녀의 문제를 정확하게 인식하지 못할 수 있습니다. 또는 부모가 아동의 문제점을 잘 알고 있음에도, 방어적인 태도로 학교에서의 문제를 부인하거나 오히려 상담교사나 담임교사를 비난할 수도 있습니다. 부모가 아동의 부주의와 산만함으로 인한 문제를 부인한다면, 우선 부모의 의견을 듣고, 아동이 학교에서 보이는 행동을 위주로 아동의 문제에 대해 설명한 뒤, 해결 방법을 함께 모색하자고 권유하는 것이 좋습니다. 부모나 아동을 비난하는 것이 아니라 아동의 적응을 돕고자 한다는 것을 다시 한 번 강조한다면, 이야기를 훨씬 수월하게 풀어 갈 수 있을 것입니다.

아동의 발달력 확인

아동의 주의력 문제를 정확히 파악하기 위해서는 아동의 발달력을 확인하는 것이 중요합니다. 이를 위해 부모에게 과거에도 아동이 주의력 문제를 보였는지 질문해야 합니다. 예를 들어 아동이 어린 시절 자주 가만히 있지 못하고 뛰어다니거나 높은 곳에 올라갔는지, 지시 사항을 잊거나 물건을 잃어버린 적이 많은지, 어린이집이나 유치원에서 교사가 아동에 대해 어떻게 이야기했는지 질문합니다. 만약 어렸을 때 아동이 주의 산만한 행동을 한 적이 없고, 이에 대한 어린이집/유치원 교사의 보고도 없었다면, 조용한 ADHD, 즉 주의력결핍 우세형 ADHD일 수 있습니다. 또는 아동이 주의를 집중하지 못하는 모습이 최근 특정 시기나 상황에 갑자기 나타났다면, 이는 아동이 심리적으로 불안정해진 나머지 일시적으로 ADHD 증상을 보이는 것일 수도 있습니다. 이 경우 아동이 주의력에 두드러진 문제를 보이기 시작한 시기에 발생한 사건이나 변화 등에 대해 질문해야 합니다.

 TIP

아동의 ADHD 진단기준 충족 여부를 확인하려면?
DSM-5의 ADHD 진단기준을 하나씩 부모나 담임교사에게 물어보면 됩니다. 1부 1장에 수록된 ADHD 진단기준(16쪽)을 참고할 수 있습니다. 진단기준에는 부모나 담임교사에게 익숙하지 않은 용어가 있을 수 있으므로, 경우에 따라 좀 더 구체적으로 설명해야 합니다.

부모의 성격 특성 파악

부모 면담 시 부모의 성격 특성을 고려해야 합니다. 꼼꼼하고 차분한 성격인지, 실수가 잦고 집중하기 어려워하는 면이 있는지 확인합니다. 부모가 꼼꼼하고 차분한 경우에는 아동의 부주의하고 산만한 모습을 과장되게 받아들이거나, 아동의 특성을 아동 입장에서 이해하기 어려워할 수 있습니다. 이 경우 주의력 문제는 아동의 동기나 의지의 문제가 아니라 뇌와 관련된 조절의 문제라는 것을 강조하고, 이를 개선하기 위해 부모의 관리와 협조가 필요함을 알려야 합니다.

이와 달리 부모에게도 부주의한 면이 있다면, 어쩌면 부모에게도 겉으로 드러나지는 않는 주의력 문제가 있을 가능성이 매우 높다는 점을 고려해야 합니다. ADHD는 유전율이 높은 발달질환이기 때문에 아동이 ADHD로 진단받을 경우 부모도 ADHD로 진단받을 가능성이 높습니다. 설령 부모가 ADHD로 진단받지는 않았다 하더라도, 부모에게 주의력 문제가 있을 수 있습니다. 그러므로 부모에게 이러한 문제가 있는지 부드럽게 물어볼 필요가 있습니다. 주의력 문제가 있는 부모는 아동을 가정 내에서 체계적으로 지도하기 어려워할 수 있기 때문에, 부모를 지지하면서 효율적인 지도방법을 제공해야 합니다. 즉 문제가 되는 아동의 습관이나 특정 행동을 교정하기 위해 부모가 직접 전반적인 계획과 보상 계획을 세워 행동치료 기법을 활용해 볼 수 있도록 상담자가 그 방법을 알려줘야 합니다. 가령, 부모가 이번 주에는 아동에게 '(책상) 정리하기'를 가르치고, 아동이 이를 배우고 연습해 보도록 지도하는 것이 가정 지도의 구체적인 목표가 될 수 있습니다. 아동 지도에 대한 이러한 목표를 잘 달성했을 경우 부모가 자신에게도 스스로 보상을 줄 수 있도록 미리 계획해 볼 수도 있습니다.

부모용 아동 행동 평가척도 실시

아동에 대해 객관적으로 파악하기 위해 부모를 대상으로 아동 행동 평가척도 (CBCL)를 실시할 수 있습니다. CBCL에 대한 자세한 사항은 '심리검사 활용'에 정리되어 있습니다(1부 2장 참조).

치료 권유

면담 및 직접 관찰을 통해 아동에 대해 파악한 정보, 심리검사 채점 결과, 담임교사의 의견을 종합해서 아동에 대한 상담자의 의견을 정리한 뒤, 이를 부모에게 전달합니다. 그다음 어떤 점이 어떻게 문제가 되고 있는지, 어떤 도움이 필요한지 이야기를 나눕니다. 학교에서 상담을 진행하기 어려울 정도로 산만하거나 주의력 문제가 심한 아동의 경우, 혹은 CBCL에서 주의력 관련 문제 영역이 임상 수준일 경우에는 부모에게 병원 및 전문기관 방문을 권유합니다.

부모가 전문 치료기관 방문을 꺼리는 경우

상담자가 부모에게 전문 치료기관 방문을 권유한다 해도, 어떤 부모들은 거부감을 느껴 병원을 방문하지 않을 가능성이 높습니다. 따라서 이때는 먼저 아동이 정신건강 문제로 전문 치료기관을 방문하는 것에 대해 부모가 어떻게 생각하는지, 이를 꺼리는 이유가 무엇인지 이야기를 나눠 봅니다. 과거에 아동과 치료를 받았던 경험이 부정적이라 망설이는 것일 수도 있고, 전문기관 치료 및 상담 기록이 추후 대학 진학이나 취업 등에 불이익을 줄까 염려하는 것일 수도 있습니다. 이러한 경우 상담자는 우선 부모의 망설임과 염려에 공감을 표현함으로써, 일차적으로 부모가 자신이 이해받고 있음을 느끼게 하는 것이 좋습니다.

그런 다음 전문적인 치료가 어떤 점에서 도움이 되는지, 치료를 통해 어떤 효과를 볼 수 있는지 이야기합니다. 또한 전문적인 개입이 늦춰질 경우 초래될 수 있는 부정적인 결과에 대해 설명하는 것도 효과가 있습니다.

그러나 막상 전문 치료기관을 방문하려는 부모들 역시 정작 어떤 기관을 방문해야 할지 모르는 경우가 많습니다. 그러므로 상담자는 ADHD 치료가 가능한 관내 병원과 센터를 사전에 조사해 둬야 합니다. 치료 비용 문제가 치료 시작에 걸림돌이 된다면, 지역사회에서 바우처 등을 사용할 수 있는 채널이 있는지도 알아보는 것이 좋습니다.

이처럼 전문 치료기관 방문을 꺼리는 요인부터 전문 정신건강서비스와 관련한 염려 사항에 이르기까지, 부모가 가진 다양한 걱정에 대해 대화를 나누며 아동의 문제에 어떻게 접근하여 이를 어떻게 해결할 수 있을지 함께 찾아봐야 합니다.

또한 어떤 부모들에게는 정신건강서비스 이용과 관련한 오해가 있을 수 있습니다. 이러한 오해는 전문 정신건강서비스 이용을 방해하는 요인입니다. 그러므로 부모와의 대화를 통해 부모에게 어떤 오해가 있는지 파악하는 것이 중요합니다. 전문 정신건강서비스를 꺼리는 부모와 면담 시 도움이 될 만한 내용을 이 장의 부록에 정리해 두었습니다.

정신건강서비스 기관 함께 찾아보기

우선 지역사회에 있는 정신건강 관련 기관 목록을 제공하고 아이존센터, 정신건강복지센터, 위센터 등 기관별로 어떤 서비스를 받을 수 있는지 설명합니다. 지역사회에 있는 사설 소아정신과나 상담센터 중 개입 효과가 좋은 기관을 미리 알아보고 정보를 전달하는 것도 도움이 됩니다. 또한 사설 전문기관을 선택하는 기준을 알려 줄 수도 있습니다. 예를 들어 기관 홈페이지에 기재된 전문가 이력을 확인하거나, 전화 혹은 방문을 통해 전문가를 만나 보고 적합한 기관을 선정한 뒤 아동을 데려가는 것이 좋습니다. 어떤 기관을 갈지 상담자가 부모와 함께 찾아보고, 이야기 나누는 과정이 필요할 수도 있습니다.

그런 다음 한 달 정도 뒤에 부모에게 연락하여 전문기관을 방문했는지 확인하고, 어떤 치료를 받고 있는지, 개입 후 아동의 변화는 어떤지 등에 대해 이야기 나눠 봅니다. 이런 확인은 일정 간격을 두고 지속되어야 합니다. 부모들 중에는 아동에게 적합하지 않거나 효과가 없는 치료 방법을 계속 유지하는 경우도 있기 때문입니다. 간혹 아동과 치료자가 잘 맞지 않아 효과를 보기 어려운 경우도 있으니, 이런 부분까지 확인하는 것이 좋습니다. 또한 한 달쯤 지나 연락을 해 보면, 치료를 받다가 여러 가지 이유로 치료를 중단하게 된 경우도 있을 것입니다. 이때는 치료를 중단한 이유가 무엇인지 질문하여 부모와 아동의 생각을 들어보고, 도울 수 있는 방법을 모색합니다. 만약 다른 기관을 소개할 필요가 있다면 다시 기관을 찾는 일부터 함께해 볼 수 있습니다. 이때 아동과 가족에게 여러 가지 면에서 딱 맞는 기관을 찾는 일은 한 번에 끝나지 않을 수도 있다는 점을 알립니다. 특히 아동의 부모가 적합한 전문가를 찾는 과정부터가 치료의 시작임을 받아들이고 포기하지 않도록 격려하고 지지해 주는 것이 중요합니다.

치료기관에 보낸 후 상담교사의 역할

치료기관에 아동과 부모를 보내면 상담교사로서 할 일을 끝냈다고 여길 수 있습니다. 그러나 상담교사는 이후에도 계속 아동의 상황을 파악해야 합니다. 이를 위해 대략 네 가지 채널을 가동할 수 있습니다.

첫째, 아동의 부모와 지속적으로 이야기 나누어야 합니다. 아동의 변화를 부모의 관점에서는 어떻게 지각하고 있는지 확인하는 한편, 부모의 어려움에 공감하고 치료를 지속할 수 있도록 격려해야 합니다. 둘째, 아동의 변화에 대해 담임교사와 이야기 나눕니다. 이를 통해 어떻게 아동을 도울 수 있을지, 새로운 개입이 계획되어야 할지 가늠해 봅니다. 셋째, 아동과 만나 이야기 나누거나 아동의 행동을 직접 관찰하여 아동의 변화를 확인하고, 학교 상황에서 문제가 되는 행동에 대해 상담교사로서 어떻게 개입해야 할지 생각합니다. 넷째, 부모 동의하에 아동의 치료 과정과 치료 효과에 대해 전문기관 치료자와 소통할 수 있습니다. 필요하다면 부모, 교사, 전문 치료자, 아동과 필요한 정보를 교환하고 소통하여 아동이 지속적으로 향상될 수 있도록 조력해야 할 것입니다.

부록　치료나 상담을 꺼리시나요?

아동의 정신건강서비스 이용과 관련한 불안이나 걱정이 있을 수 있습니다. 그러나 낙인으로 인한 불이익이나 타인이 알게 되어 겪을 수 있는 불편감보다, 빠른 개입으로 아동이 얻게 될 이익이 더 크며, 일찍 개입할수록 치료 효과도 극대화될 수 있습니다.

만약 다리나 팔을 다쳐 피를 흘리게 되면, 누구나 약을 바르고 얼른 병원에 갑니다. 그러나 정신건강이나 발달상의 어려움/문제가 있는 경우에는 그렇게 하지 않습니다. 또한 발달상의 문제 또는 심리적인 문제는 직접적으로 눈에 보이지 않기 때문에 다양한 오해가 생겨납니다. 아동의 주의력 문제를 반항으로 착각할 수 있고, 언어나 학습 능력에 분명한 결손이 있는데도, 시간이 지나면 이러한 문제가 저절로 해결될 것이라 생각할 수도 있습니다. 그러나 사실은 그렇지 않습니다. 눈에 보이지 않는다고 문제가 없는 것은 아니니까요. 오히려 적절히 개입하여 효과를 볼 수 있는 시기를 놓쳐 더 큰 실패를 겪게 되고, 그로 인해 상처를 받을 수 있습니다.

아동의 정신건강과 관련한 어려움이나 발달 문제의 경우, 조기 발견 및 조기 개입이 가장 중요합니다. 아동이 어릴수록 아동의 뇌가 더 쉽게 새로운 정보를 받아들이고 학습할 수 있기 때문입니다. 아동의 문제를 발견한 이 순간이 가장 빠른 오늘입니다. 너무 늦었다고 자책하기보다, 지금부터라도 적절한 개입이 이뤄지도록 해야 합니다. 다시 한번 강조합니다. 문제를 발견한 순간이 치료를 시작하기에 가장 빠른 순간입니다. 정신건강 문제는 신체질환과 마찬가지로 부끄럽게 여기거나 숨겨야 하는 것이 아닙니다. 정신건강서비스를 받기 주저하게 되는 이유가 있다면 상담자와 의논해 주세요.

보다 원활한 의논을 위해 치료나 상담을 꺼리는 부모님들께서 흔히 갖고 있는 질문과 이에 대한 대답을 정리해 두었습니다.

'치료받는다'는 것에 대한 낙인 효과가 두려우신가요?

처음엔 타인의 평가에 신경이 쓰일 수 있습니다. 그러나 빠른 개입으로 아동이 정서적으로 안정되고 학업 성취 및 또래 관계가 나아지고, 마침내 아동의 자신감이 전반적으로 향상될 수 있다면, 이 둘 중 어느 편이 더 이익이 될지 생각해 보셨으면 합니다.

'비용도 만만찮을 텐데…' 염려하시나요?

주의력 문제의 경우, 고등학교 입학 후 학원에 다니는 것보다 초등학교 때 학습 전략과 주의집중 전략을 배워 익히는 것이 아동의 잠재능력을 펼치는 데 더 효과적일 것입니다. 장기적으로 봤을 때 고등학교 입학 후 사교육 비용으로 많은 돈을 지출하는 것보다 초등학교 때 적절한 개입으로 학습 능력을 증가시키는 것이 비용효율적입니다.

'막상 전문기관을 방문해 보려고 해도 어디가 적당한 곳인지 알 수 없는데…'라고 생각하시나요?

상담자와 함께 관내 적절한 기관을 찾고, 이후에도 경과를 지켜보며 상담자와 의논하실 수 있습니다.

'치료를 받으면 불이익이 있지 않을까' 걱정하시나요?

추후 아동의 취업이나 대학 진학에 불이익이 있을까 걱정하여 치료를 꺼리는 분도 계십니다. 일부 특수 직종의 경우 개인의 치료 기록을 요구하는 경우가 있긴 하지만, 이는 매우 소수에 불과합니다. 치료 기록은 원칙적으로「개인정보 보호법」에 의해 지켜지기 때문에 취업이나 대학 진학 시, 치료 기록이 유출되어 불이익이 생길 가능성은 희박합니다. 무엇보다 분명한 것은, 제대로 된 치료를 빨리 받음으로써 아동이 자신의 잠재력을 발휘했을 경우 얻을 이득이, 막연하고 희박한 불이익 가능성에 비해 훨씬 크다는 점입니다.

정신건강에 문제가 있는 것이 없는 것보다는 생활하는 데 불리한 것이 사실입니다. 그러나 해결 방법이 있습니다. 정신건강 전문가들은 오랫동안 광범위한 연구와 임상 활동을 통해 ADHD, 우울, 불안, 분노 조절 등 다양한 문제들에 대해 효과가 있는 개입 노하우를 구축해 왔으며, 이제는 이러한 방법으로 어려움을 겪는 아동들을 도울 준비가 되어 있습니다. 아동이 자신의 어려움을 잘 극복한다면 아동의 내적인 힘도 성장할 것이고, 이렇게 키워진 역량은 이후의 삶에서 다른 시련을 헤쳐 나가는 데에도 분명 도움이 될 것입니다.

부주의하고 산만한 아동의
마음 키우기

1 부주의하고 산만한 아동의 마음 챙김 증진하기

초등학교 6학년인 소희는 자꾸 멍해지거나 딴생각이 나서 무슨 일에든 좀처럼 집중하지 못합니다. 집에서 공부를 하다가도 문득 친구와의 일이 떠오르거나 책상 주변 물건들이 눈에 띄어 주의를 빼앗깁니다. 이럴 때마다 '이러니 공부를 못하지'라고 자책하고 다시 집중하려 하지만, 잠시 후 다시 딴생각에 사로잡힙니다. 공부를 하다 보면 공부보다는 딴짓하거나 멍하게 있거나 자책하거나 속상해하는 데 더 많은 시간을 쓰는 것 같습니다. 심지어 잠시 물만 마시고 오려고 방에서 나와 주방에 가는 길에도 마찬가지입니다. 식탁에 앉아 핸드폰을 하다가 '왜 내가 주방에 왔지?'라며 의아해하고는, 방으로 가는 길에 '아, 물 마시러 왔었지' 하면서 다시 주방으로 돌아갑니다. 그러나 이번에는 거실에 있는 가방이 눈에 띄어 가방을 만지작거립니다. 이럴 때면 소희는 '아, 난 왜 이러지'라고 생각하곤 합니다.

부주의하고 산만한 아동들은 흥분하거나 딴생각에 빠지기 쉽습니다. 그래서 어떤 일에 집중하는 데 어려움을 겪고, 이런 일이 반복되어 끝내 자신을 비난하게 됩니다. 소희와 같은 아동들에게는 자신에 대한 평가를 내려놓고, 하고 있는 일에 온전히 몰입하며 고요한 마음으로 활동에 임하는 연습이 필요합니다.

'마음 챙김(mindfulness)' 훈련이란 평안한 가운데 집중할 수 있도록 마음을 키우는 과정입니다. 이 장에서는 아동의 마음 챙김이 주의력과 어떤 관련이 있는지 확인하고, 마음 챙김 훈련 방법과 이를 통해 주의력을 높이는 방안을 살펴보겠습니다.

- 스노볼 관찰하기
- 반짝마음 병 만들기
- 숫자 세며 숨쉬기
- 점 집중 명상
- 다양한 호흡놀이

마음 챙김의 정의: 있는 그대로, 지금 이 순간 알아차리기

미국 메사추세츠 대학교 의과대학 명예교수이자 마음 챙김 스트레스 완화 (Mindfulness-Based Stress Reduction, MBSR) 프로그램을 개발한 존 카밧진(Jon Kabat-Zinn)의 정의에 따르면, 마음 챙김이란 지금 이 순간, 의도적·무비판적으로 뭔가에 집중하는 것입니다(Kabat-Zinn, 2003).

다시 말해 마음 챙김은 지금, 이곳에서 일어나는 일을 깨어 있는 상태로 알아차리면서, 그 순간의 느낌이나 감각, 생각을 판단·평가·비판하지 않고, 있는 그대로 바라보는 것을 의미합니다. 예를 들어 배고픔을 느낄 때, 그 느낌이 좋은지 나쁜지 혹은 이로운지 해로운지 판단하거나 평가하지 않고, 자신에게서 발생하는 '배고픔'이라는 느낌을 있는 그대로 알아차리는 것입니다. 나아가 마음 챙김은 내 마음이나 몸에 대한 감각만이 아니라, 내 밖에서 일어나고 있는 것, 즉 보이는 것, 들리는 것, 냄새 맡아지는 것 등 오감을 통해 감지되는 정보들을 있는 그대로 느끼는 것으로 확장될 수 있습니다.

마음 챙김 활동의 핵심

마음 챙김에서 호흡하는 방법을 강조하기 때문에, 마음 챙김이 일종의 호흡법이라고 생각할 수 있습니다. 물론 호흡을 통해 마음이 고요해질 수 있고, 천천히 의식적으로 숨을 들이마시고 내쉬며 호흡에 머무는 것은 중요한 연습입니다. 그러나 마음 챙김이 호흡만을 의미하는 것은 아닙니다. 마음 챙김의 핵심은 무엇을 하든 발생하는 감각, 생각, 감정을 있는 그대로 바라보고 알아차리며 거기에 머무르는 과정입니다. 따라서 어떤 감각이든 있는 그대로 느낀다면, 그것이 곧 마음 챙김 활동이라 할 수 있습니다. 예를 들어 찰흙을 만질 때조차도, 있는 그대로의 느낌과 감각에 주의를 기울인다면, 이를 '마음 챙김 찰흙 활동'이라 부를 수 있습니다.

순간적으로 느껴지는 감정이나 스쳐 지나가는 생각을 있는 그대로 바라보는 연습도 마음 챙김 활동으로 볼 수 있습니다. 예를 들어 어떤 생각을 떠올렸다고 자책하거나 계속 걱정하는 게 아니라, '아, 내게 지금 이런 생각이 머물고 있구나'라는 식으로 떠오르는 생각을 대하는 것입니다. 이와 같은 연습이나 활동은 일반적으로 호흡이나 기분 관찰에서 시작할 수 있으며, 이를 지속함에 따라 삶을 바라보는 태도가 바뀌어 갈 수 있습니다. 따라서 마음 챙김은 삶을 살아가는 태도라 할 수 있습니다.

마음 챙김의 효과

대부분 아동의 경우 짧은 시간 동안이라도 특정 주제나 대상에 마음을 기울여 집중하는 연습이 필요합니다(집중 연습에서 가장 기본적인 대상은 자신의 신체, 감정, 생각입니다). 이러한 연습은 특히 부주의하고 산만한 아동에게 더욱 중요합니다.

일반적으로 주의력은 선택적 주의, 주의의 각성, 지속적 주의라는 세 가지 견지에서 생각해 볼 수 있습니다. 선택적 주의란 적절한 자극에 집중하고 부적절한 자극에 방해받지 않는 것을 의미합니다. 주의의 각성이란 중요한 부분에 즉각적으로 주의를 기울이는 것을 말하며, 지속적 주의란 일정 기간 동안 하나의 자극에 계속해서 주의를 기울이는 것입니다. 이러한 주의력은 마음 챙김의 태도 및 훈련과 관련이 있습니다. 마음 챙김에 익숙해질수록 아동은 원하는 때 방해받지 않고 즉각적으로 집중할 수 있도록 준비될 것입니다.

또한 마음 챙김은 자신이 알아차린 감각, 감정, 생각 등을 온전히 받아들이는 데 도움이 됩니다. 부주의하고 산만한 아동은 자신의 특성으로 인해 은연중에 주변 사람들로부터 부정적인 피드백을 반복해서 받아 왔으며, 이로 인해 자신을 부정적인 시각으로 바라보고 있을 수 있습니다. 그러나 마음 챙김 훈련을 통해 아동은 자신과 주변을 부정적으로 판단하는 것을 멈추고, 보다 편안하게 현재에 머물러 집중할 수 있게 될 것입니다.

마음 챙김 체화하기

마음 챙김을 상담 장면에서 아동에게 효과적으로 전수하기 위해서는 이를 가르치는 상담자가 스스로 이러한 삶의 태도를 연습하고 익히는 것이 중요합니다. 마음 챙김은 단순한 기술이 아니라 삶에 대한 전반적인 태도와 관점이므로, 이를 아동에게 적절히 전달하기 위해 상담자가 마음 챙김을 충분히 소화해야 합니다. 따라서 상담자는 매일 5분, 적어도 1분씩이라도 마음 챙김 호흡 등 다양한 마음 챙김 활동을 연습할 필요가 있습니다.

마음 챙김 개념을 아동에게 전달하기

마음 챙김의 개념을 이해하는 것은 중요합니다. 그러나 이를 아동에게 전달하거나 설명하기는 쉽지 않습니다. 아동의 발달 수준에 따라 이해 가능한 정도가 다르기 때문입니다. 그러나 개념을 정확히 이해해야만 마음 챙김이 가능한 것은 아닙니다. 물론 상담자는 그 개념을 정확히 이해하고, 마음 챙김 연습을 체화해야 합니다. 그러나 마음 챙김 개념을 이해하지 못하는 아동의 경우, 마음 챙김에 기반한 활동을 반복 연습하게 하는 것으로 충분할 수 있습니다.

아동에게 마음 챙김의 개념을 완벽하게 이해시킬 수는 없지만, 아동이 여러 생각과 감정에 휩싸인 상태와, 고요하게 깨어 감각을 있는 그대로 느낄 수 있는 상태를 구별하도록 도와줄 수는 있습니다. 이를 위해 추상적인 개념보다는 구체적인 물건이나 활동을 이용하는 것이 좋습니다. 따라서 이 장에서는 사물을 사용하여 아동에게 혼란스러운 마음 상태와 차분한 마음 상태를 시각적으로 보여주고, 호흡이나 명상 등을 통해 이를 직접 경험하게 함으로써, 아동이 마음 챙김의 개념을 간접적으로 이해할 수 있도록 활동을 구성하였습니다. 이러한 활동은 아동뿐 아니라 청소년에게 마음 챙김 개념을 설명할 때도 큰 효과를 기대할 수 있을 것입니다.

'스노볼 관찰하기'는 아동이 경험하는 긴장이나 스트레스를 해소하고 강렬한 감정을 조절하기 위한 활동입니다. 아동은 이 활동에서 스노볼을 관찰하며 현재의 순간에 머무르고 다른 생각을 멀리하는 연습을 할 수 있습니다. 단순히 스노볼을 흔들고, 스노볼 안의 눈이 가라앉을 때까지 기다리는 것보다는 아동 스스로 이를 관찰하며 스노볼 내부의 상태를 자신의 마음과 연결시켜 생각하도록 지도해 주는 것이 중요합니다.

┃ 준비물: 스노볼, 스노볼 제작 키트(선택)

진행 순서

① 아동에게 스노볼을 보여 줍니다.[활동지 01]

② 스노볼을 흔들고 내려놓습니다. 스노볼을 흔들면 어떻게 되는지 아동과 함께 관찰합니다.

③ 흔들어서 탁해진 스노볼에서 무엇이 보이는지 물어봅니다.

④ 잠시 기다렸다가 잠잠해진 스노볼을 보여 줍니다.

⑤ 스노볼이 잠잠해지는 것처럼 마음을 가라앉힐 수 있는 방법이 있는지 물어봅니다. 스노볼에서 눈이 흩날릴 때나 가라앉을 때와 마찬가지로 마음도 여러 감정이나 생각으로 혼란스러울 때가 있고 차분하게 가라앉을 때가 있다는 것을 아동이 깨달을 수 있도록 이야기 나눕니다.

⑥ 마음에도 혼란스러운 마음과 차분한 마음이라는 두 종류의 마음이 있다는 것을 알려 줍니다. 혼란스러운 마음이란 너무 바쁜 상태일 수도, 화나 불안 등 강렬한 감정에 휩싸여서 스트레스를 받는 상태일 수도 있습니다. 이렇게 불안하고, 속상한 감정에 휩싸일 때는 마음 안에 무엇이 있는지, 어떤 감정

이나 생각이 진짜인지 알기 어렵다는 점을 설명합니다.

⑦ 스노볼이 시간이 지나면 잠잠해지듯이, 마음 챙김을 통해 호흡에 천천히 집중하다 보면 마음이 정리되고 평안해지는 경험을 하게 될 수 있음을 알려줍니다.

⑧ 스노볼처럼 마음에 구름이 낄 때가 언제인지(언제 화가 나거나 스트레스를 받는지) 물어봅니다.

⑨ 그때 어떻게 하면 마음이 평안해질 수 있을지 이야기 나눕니다.

두 배로 효과 보기

■ 인터넷 등에서 스노볼 제작 키트를 구입하여 함께 스노볼을 만들며 대화할 경우, 아동의 참여 의욕을 높일 수 있습니다.

■ 스노볼을 집에 가지고 가게 하여, 아동이 집에서도 직접 스노볼을 흔들고 관찰하면서 마음 챙김 연습을 하게 합니다.

활동 1.2 | 반짝마음 병 만들기

아동도 일상생활에서 긴장감이나 스트레스를 느낍니다. 마음먹은 대로 일이 풀리지 않을 때, 하고 싶은 일과 해야 하는 일이 다를 때, 친구들과의 관계에서 갈등을 겪을 때 등 어른이 보기엔 큰 일이 아니라도, 아동은 심하게 스트레스를 받거나 긴장할 수 있습니다.

'반짝마음 병 만들기'는 마음과 신체를 진정·이완하여 긴장이나 스트레스를 해소하기 위한 활동입니다. 이 활동에서 아동은 자신의 신체와 마음을 진정시킬 수 있는 도구를 만들어 보며, 마음이 가라앉고 스트레스로 인한 긴장이 풀어지는 경험을 하게 될 것입니다. 또한 병을 흔들면 내부가 복잡해지고 불투명해지지만, 시간이 지나면 내용물이 가라앉고 투명해진다는 사실을 마음의 상태와 연결하여 생각해 봄으로써, 스트레스가 자신에게 미치는 영향을 이해하게 될 것입니다.

> 준비물: 글루건/강력 접착제, 뜨거운 물, 반짝이가루/반짝이풀, 작은 플라스틱 보석/구슬, 투명한 유리병/패트병

진행 순서

① 아동에게 투병한 빈 병을 줍니다. 안전을 위해 유리병 대신 패트병을 사용해도 좋습니다.

② 아동에게 활동의 제목과 목표를 간단히 소개합니다.

> "짜증이 나거나 슬프거나 걱정이 들 때, 우리 마음을 진정시켜 줄 수 있는 도구를 만들어 볼까요?"
>
> "우리는 이걸 '반짝마음 병'이라고 부를 거예요."

③ 아동이 빈 병의 3/4 정도를 물로 채우게 한 후, 물을 채운 병 뒤에 무엇이 보이는지 물어봅니다. 물이 담긴 병이 투명하기 때문에 병 너머가 잘 보인다는 사실을 확인하게 합니다. 어린 아동의 경우 도움이 필요할 수도 있으니 아동이 잘 따라오고 있는지 확인하면서 진행합니다.

④ 병 속에 반짝이풀 한 통을 짜 넣게 합니다. 작은 플라스틱 보석이나 구슬 등을 함께 담을 수도 있습니다. 반짝이풀이나 구슬 등이 들어가는 모습을 아동과 관찰합니다. 반짝이풀이나 구슬 등이 서로 다른 속도로 병 안에서 움직이는 모습과 여러 물체가 뒤섞이는 모습을 확인시켜 줍니다.

⑤ 글루건이나 강력 접착제를 이용하여 병과 병뚜껑을 단단히 고정시킵니다. 아동이 글루건이나 접착제 사용을 어려워할 수 있으므로, 필요에 따라 도움

을 주어야 합니다. 접착제가 완전히 마르면, 반짝마음 병의 뚜껑이 단단히 닫혀 있는지 확인합니다.

⑥ 병을 흔들어 물 안에서 반짝이풀과 구슬이 소용돌이치며 움직이는 것을 관찰합니다. 병 뒤에 둔 작은 물건이나 장난감이 보이는지 물어봅니다.

⑦ 혼탁해져 뒤에 있는 물건이 보이지 않는 병 안의 상태가 화가 나거나 스트레스를 받거나 바쁠 때의 마음 상태와 비슷하다고 말해 줍니다. 그런 다음 이런 때와 관련한 아동의 경험을 탐색합니다.

> "병을 흔들면 병 뒤에 뭐가 있는지 안 보이죠? 너무 화가 나거나 정신 없는 상황에서의 마음도 마찬가지예요. 그때는 아무것도 안 보이죠. 마음이 반짝이로 탁해진 병처럼 된 적이 있었나요?"

⑧ 반짝마음 병을 흔들다가 가만히 잡고 기다리면 병 안이 어떻게 되는지 관찰합니다. 병 속 반짝이와 구슬이 어떤 모습으로 바닥에 떨어지는지, 완전히 잠잠해지기까지 얼마나 걸리는지 지켜봅니다.

⑨ 반짝마음 병을 위 아래로 흔들다가 갑자기 멈춥니다. 천천히 숨을 쉬면서 반짝이가 물 아래로 가라앉는 것을 관찰합니다.

⑩ 평소에도 화가 나거나 속상한 일이 있을 때, 또는 좌절감이 느껴질 때, 반짝마음 병을 아주 세게 흔든 뒤 반짝이가 가라앉는 것을 관찰하며 천천히 숨을 쉬어 보면 진정하는 데에 도움이 된다는 점을 안내합니다. 필요시 아동과 함께 천천히 호흡하는 연습을 합니다.

⑪ 반짝마음 병 속 물체들이 시간이 지나면 가라앉고 맑아지는 것처럼, 속상하고 불편한 마음도 시간이 지나면 다시 편안해질 수 있음을 알려 줍니다. 화가 나거나 속상한 일이 있음에도 반짝마음 병을 직접 흔들기 어려운 경우도 있을 것입니다. 이 경우에는 마음속으로 병을 상상해 보면서 천천히 숨을 쉬어도 좋다고 말해 줍니다.

- 부주의하고 산만한 아동은 일상에서 분노를 조절하지 못하고 폭발시키는 경우가 많습니다. 이 경우 바로 호흡 연습을 하기보단, 우선 분노를 건강하고 안전한 방식으로 표출하게 도와주는 것이 좋습니다. 예를 들어 병을 세게 흔들거나 달리기를 하는 등 부정적인 기운을 안전하게 발산하는 방법을 알려 줄 수 있습니다.
- 반짝마음 병 자체에 신비한 효능이 있는 것은 아니므로, 아동이 현재 부정적인 감정을 주는 사건에서 주의를 돌려, 다른 곳에 마음을 모아 긴장과 스트레스를 진정시키는 것이 중요합니다.
- 만약 상담 중 아동의 감정이 격해진다면, 우선 심호흡을 통해 긴장감이나 분노감을 가라앉히도록 안내한 후, 현재 상황이 어떤지, 어떻게 해결할 수 있을지 생각해 보도록 유도할 수 있습니다. 이후 화가 나는 상황에서 병을 흔들어 보는 것을 과제로 내주는 것도 도움이 될 것입니다.

두 배로 효과 보기

- 반짝마음 병 속 내용물이 흔들리다 가라앉는 것을 관찰하면서 다른 이미지를 떠올려 보게 합니다. 예를 들어 아름다운 선율이나 파도가 부드럽게 밀려왔다가 나가는 장면을 상상해 볼 수 있습니다.

- 주변 사람 중 반짝마음 병을 선물하고 싶은 사람이 있는지 이야기 나누어 봅니다. 그 사람에게 선물하고 싶은 이유를 물어보고, 가능하다면 실제로 반짝마음 병을 선물하게 합니다. 이를 통해 아동의 대인 관계 양상을 점검하고, 친사회적 행동을 증진시키며, 사회 기술을 향상시킬 수 있습니다.

- 활동 시간뿐 아니라 일상생활에서도 반짝마음 병을 활용하도록 격려합니다. 이후 어떤 상황에서 병을 흔들었는지 말이나 글로 공유해 달라고 할 수 있습니다.

활동 1.3 | 숫자 세며 숨쉬기

'숫자 세며 숨쉬기'는 아동이 이완을 연습하고 몸과 마음의 상태를 있는 그대로 느낄 수 있도록 하는 활동입니다. 이 활동에서 아동은 숫자를 세면서 천천히 숨을 들이마시고 내쉬는 활동을 반복하며 몸과 마음에서 느껴지는 변화를 관찰하고, 이에 대해 이야기함으로써 마음을 편안하게 유지하는 연습을 합니다. 아동이 차분하게 활동을 진행하기 어려워할 경우, 활동 1.5 '다양한 호흡놀이'를 참고하여 놀이를 통한 호흡법을 연습할 수 있습니다. 아동이 호흡의 의미나 몸과 마음의 관계까지 이해하지는 못하더라도, 다른 프로그램을 실시하기 전에 본활동을 반복하는 것이 좋습니다.

진행 순서

① 먼저 자세를 바르게 잡아 줍니다. 몸이 긴장되어 있다면, 가볍게 스트레칭을 한 후 활동을 시작합니다. 허리와 어깨는 똑바로 세우고 몸의 다른 부분에는 힘을 뺍니다.

② 아동에게 심호흡 방법을 설명합니다. 숫자를 넷까지 세면서 숨을 들이마시고, 다시 여덟까지 세면서 숨을 내쉰다는 점을 강조합니다. 실제 상담자가 숨을 쉬는 것을 보여 주면서 설명할 수도 있습니다.

> "스트레스를 받아서 기분이 나빠지거나 긴장될 때 심호흡을 하면 좀 더 편안해질 수 있습니다. 흥분될 때나 화가 날 때, 불안할 때뿐만 아니라, 집중을 좀 더 잘 하고 싶을 때도 호흡법은 도움이 되지요."

> "먼저, 마음속으로 넷까지 숫자를 세며 코로 숨을 천천히 들이마셔 보세요. 그리고 여덟까지 세면서 입으로 천천히 숨을 내쉬는 거예요. 이 호흡법은 한번 익혀 놓으면 언제든, 몇 번이든 사용할 수 있어요. 화가 날 때, 스트레스가 쌓일 때, 걱정될 때, 집중이 잘 안 될 때 등 언제든지요. 이 방법은 자기조절 능력을 높일 수 있는 아주 좋은 방법이죠."

> "자, 코로 숨을 들이마실 거예요. 천천히, 넷까지 세면서요. 자, 숨을 코로 들이마십니다. 하나-둘-셋-넷. 이제 입으로 숨을 내쉬어 볼게요. 입을 조그맣게 오므리고 천천히 바람을 붑니다. 풍선껌으로 풍선을 부는

것처럼요. 자, 하나-둘-셋-넷-다섯-여섯-일곱-여덟."

"몇 번만 더 해 볼까요?"

③ 아동을 관찰하면서 아동이 호흡법을 잘 배우고 있는지, 특히 숨을 천천히 쉬는지, 숨을 들이마실 때보다 내쉴 때 두 배 더 천천히 하는지 등을 관찰합니다. 필요한 경우 처음부터 다시 호흡법을 설명합니다.

💬⁺ TIP

- 숨을 들이마실 때 넷, 내쉴 때 여덟을 세는 이유는 천천히 숨을 내쉬는 연습을 하기 위해서입니다. 경우에 따라서는 숨을 들이마실 때와 내쉴 때 모두 넷까지만 세며 활동을 진행해도 괜찮습니다. 천천히 편안하게 호흡하고, 호흡하는 상태에 집중하며 이를 있는 그대로 느끼는 것이 중요합니다.
- 아동이 활동을 하다가 딴 생각을 할 수도 있습니다. 이 경우 그 생각과 싸우지 말고 다시 호흡으로, 숫자 세기로 돌아오라고 알려 줍니다. '또 딴 생각을 했네' 라며 자책하기보다는, 딴 생각을 했으면 그것을 알아차리고 다시 호흡으로 돌아오면 된다고 안내합니다. 이때 나뭇잎을 물가에 띄어 보내는 것과 같은 이미지를 떠올리게 한다면, 아동이 더욱 쉽게 호흡법을 배울 수 있습니다.
- 부모에게 호흡법을 교육한다면, 아동이 보다 효과적으로 호흡법을 익힐 수 있습니다. 부모가 호흡법을 배우도록 설득할 때는 호흡법, 명상, 이완 훈련 등의 긍정적 효과, 예를 들어 이것들이 여러 치료 수단으로 활용되며, 주의력 및 기억력 향상에도 도움이 된다는 사실을 강조합니다. 부모가 매일 호흡법을 연습하기 힘들다고 한다면, 일주일에 한 번이라도 꾸준히 할 것을 추천해 주세요.

두 배로 효과 보기

- 아동이 호흡법을 평소에도 활용할 수 있도록 도와줍니다. 상담자와 함께 연습하며 호흡법에 익숙해지고, 실제로 마음이 편안해지는 경험을 하게 된다면, 아동이 이를 실생활에 적극적으로 활용할 수 있을 것입니다.

- 아동의 연령이나 이해 정도, 의지에 따라 실생활 활용까지는 기대하기 어려울 수 있습니다. 그럴 경우에는 우선 상담자와 여러 번 반복하여 연습하는 것이 도움이 됩니다.

- 실생활 연습이 가능한 아동의 경우, 언제 어떤 상황에서 호흡법을 활용할지 구체적으로 계획하여 이를 연습하게 합니다. 계획에 따라 연습할 경우 제공할 보상도 함께 결정하면 의욕이 더 커질 것입니다.

■ 필요시 아동의 부모에게도 호흡법을 설명하여, 아동이 일상생활에서 가족과 함께 호흡법을 활용할 수 있게 합니다. 심호흡은 부모의 스트레스 완화에도 도움이 되므로, 아동을 잘 훈육하려면 부모의 정신건강이 매우 중요하다는 것을 강조합니다. 주의력 문제가 심각하거나 정신건강에 어려움이 있는 아동의 부모에게는 더욱 강하게 권유해야 합니다. 아동의 상황에 따라 적합한 치료 기법을 실천하기 위해서는 부모가 스스로 스트레스를 관리할 수 있고, 어느 정도 정서를 조절할 수 있어야 하기 때문입니다.

활동 1.4 | 점 집중 명상

'점 집중 명상'은 주의력을 향상시키고 마음 챙김을 연습하기 위한 활동입니다. 아동은 게임 형식으로 구성된 활동을 진행하며 자신의 집중력이 얼마나 오래 유지되는지 살펴보고, 집중도가 시간에 따라 변화한다는 사실을 확인합니다. 이 활동을 통해 아동은 일상생활에서 어떤 일을 하든, 그 일에 온전히 집중하는 것을 훈련할 수 있습니다.

| 준비물: A4용지, 타이머, 필기도구

진행 순서

① 마음 챙김이란 무슨 일을 하든, 자신이 하고 있는 일 자체를 있는 그대로 느끼며, 깨어 있는 채로 이에 집중하는 것임을 설명합니다. 마음이 다른 곳으로 흐를 때, 즉 딴생각을 하게 될 때, 이를 알아차리고 자연스럽게 다시 원래의 생각으로 마음을 옮기면 된다는 것을 알려 줍니다.

② 본격적으로 점 집중 명상 활동 방법을 설명합니다. 먼저 종이에 가족이나

좋아하는 동물, 장난감 중 하나를 그리게 합니다. 고학년 아동이나 청소년의 경우, 좋아하는 노래나 영화, 책, 사람 등의 목록을 만들게 할 수 있습니다.

④ 그림을 그리는 중, 주의력이 흐트러졌다고 느끼면 그림 그리기를 멈추고, 사용하던 종이의 가장자리에 점을 그리게 합니다. 별도의 종이를 사용하여 점을 그려도 좋습니다. 종이에 점이 많이 그려질수록 집중이 흐트러진 횟수가 많았다는 것을 의미합니다.

⑤ 아동이 그림을 그리면서 얼마나 많은 점을 그리는지 살펴봅니다. 다른 그림을 그릴 때는 점의 개수가 줄거나 느는지 등을 확인합니다.

⑥ 아동이 얼마나 집중력을 유지하고 있는지 확인하기 위해 타이머를 사용하여 점과 점 사이의 시간을 측정해 봅니다. 시간을 메모해 두어도 좋습니다. 시간을 측정하며 지속적으로 집중력을 유지하는 연습을 하면, 점차 집중 시간이 늘어나는 것을 확인할 수 있을 것입니다.

TIP

- 고학년의 경우, 자신이 얼마나 오래 집중력을 유지할 수 있는지 직접 알아보게 할 수 있습니다.
- 점 집중 명상은 어떤 활동 자체에 집중하기 위한 훈련입니다. 따라서 아동이 너무 길게 집중하려고 인위적으로 노력하지 않도록 신경 써야 합니다. 이 활동의 핵심은 아동이 즐거운 분위기에서 자신이 수행하는 일에 자연스럽게 집중하는 것입니다. 이를 통해 생각이나 주의가 흐트러지는 것을 스스로 알아차리는 한편, 대상에 집중하고 그 순간을 있는 그대로 느낄 때의 즐거움을 발견하게 될 것입니다.
- 이 활동을 집단으로 실시하는 것은 부적절할 수 있습니다. 불필요한 경쟁이 유발될 수 있기 때문입니다.
- 사람마다 주의력은 다를 수 있다는 것을 강조하여, 자신에게 딴생각이 너무 많이 드는 것을 자책하지 않도록 지도합니다.
- 마음 챙김 기반 활동이 학습에 필요한 주의력, 기억력, 실행 기능을 향상시킨다는 연구 결과가 최근 의학 분야에서 계속 보고되고 있습니다. 그러므로 학습이 특히 중요한 한국의 상황을 고려할 때, 마음 챙김 훈련이 단순히 마음을 고요하게 하거나 스트레스를 관리하는 방법이라고 생각한다면, 이는 커다란 손실입니다. 따라서 아동들과 부모들에게 자신감을 가지고 마음 챙김 훈련을 권유하시고, 이들이 지속적으로 마음 챙김을 연습할 수 있도록 도와주세요.

두 배로 효과 보기

■ 집중력이 흐트러졌을 때, 점 대신 하트나 별 등 간단한 도형을 그리게 하는 것도 좋습니다. 또한 그림 그리기나 목록 만들기 대신, 일정 시간 동안 집중

력이 필요한 다른 활동을 하는 것도 가능합니다. 예를 들어 디폼블록이나 스크래치페이퍼를 활용한 활동은 아동·청소년의 주의력을 키울 수 있는 좋은 미술 활동입니다. 이러한 활동을 점 집중 명상에 활용한다면, 매우 산만한 저학년 아동도 쉽고 재미있게 참여할 수 있습니다. 아동이 보이는 것이나 있는 그대로의 느낌에 집중할 수 있도록 신경 써 준다면, 단순한 미술놀이가 아니라 훌륭한 마음 챙김 활동이자 주의력 훈련이 될 것입니다.

활동 1.5 | 다양한 호흡놀이 워크북 5~6쪽

'다양한 호흡놀이'는 아동이 흥미를 느낄 만한 여러 가지 호흡법을 통해 긴장을 이완하는 방법을 연습하는 활동입니다. 이 활동에서는 천천히 심호흡하면서 자신의 신체와 감각의 변화를 관찰하는 것이 중요합니다. 호흡놀이는 아동과 일대일로 진행해도 좋고, 집단 상담에서 진행해도 좋습니다. 경우에 따라 매 회기 시작이나 마무리로 활용할 수도 있습니다.

| 준비물: A4용지(선택), 비눗방울(선택), 필기도구(선택)

진행 순서

① 아동이 악어, 비눗방울, 비, 야구하는 장면, 나비 등을 그리게 합니다. 이 단계는 아동의 흥미를 유발하기 위한 과정으로, 상황에 따라 생략할 수 있으며, 아동의 관심과 흥미에 따라 다른 동물이나 곤충, 운동 등으로 변형해도 좋습니다.

② 여러 가지 호흡법을 소개하고 아동이 연습해 볼 수 있도록 합니다.[활동지 02] 처음에는 빠르고 크게 움직이면서 장난스럽게 진행할 수 있지만, 중요한 점

은 활동을 하면서 경험할 수 있는 감각을 충분히 느껴 보는 것입니다. 따라서 천천히 숨을 쉬면서 호흡하는 감각을 느끼도록 유도합니다. 이러한 활동은 자신의 신체를 이완시키고 마음을 평안하게 하는 데 도움이 될 것입니다.

"선생님이 알려 주는 호흡법을 연습해 봅시다. 나중에는 여러분이 직접 호흡법을 만들어 친구나 선생님에게 소개해 줄 거예요."

• 악어 호흡법

"팔을 길게 뻗고, 두 팔을 모아 악어 입처럼 만들어 볼까요? 악어가 입을 크게 벌리는 것처럼 두 팔을 벌리며 숨을 들이마셔 봅시다. 그런 다음 눈을 감고 팔을 닫으면서 숨을 내쉽니다."

• 비눗방울 호흡법

"비눗방울을 불어 볼까요? 후, 불고, 방울을 터트려 보세요. 자, 이제 숨을 크게 들이마시고, 비눗방울을 조심스럽게 불어 볼게요. 천천히, 길고 가늘게, 차분하게 숨을 내쉬어 봅시다. 비눗방울이 어떤 모양인가요?"

• 비 호흡법

"천장을 향해 두 팔을 들어 올리면서 숨을 들이마셔 볼까요? 자, 이제 팔을 천천히 내리면서 숨을 내쉽니다. 마치 비와 하나가 된 것처럼 손가락을 흔들어 봅시다."

• 야구 호흡법

"야구 방망이를 휘둘러 공을 칠 준비를 한다고 생각하며 숨을 들이마셔 보세요. 그런 다음 야구 방망이를 크게 휘두르고 있다고 생각하며 천천히 숨을 내쉽니다."

• 나비 호흡법

"나비가 날갯짓을 하듯이 팔을 넓게 펴면서 숨을 들이마셔 봅시다. 다시 팔을 내리면서 숨을 내쉽니다."

③ 활동의 후반부에는 심호흡을 강조하면 좋습니다. 심호흡은 복식호흡으로 불리기도 합니다. 심호흡을 할 때, 들숨에 배가 솟고 날숨에 배가 꺼진다는 것을 알려 주고, 실제로 배의 움직임을 살펴보게 합니다.

😊 TIP
- 아동이 추상적인 개념을 이해할 수 있거나, 활동의 의의를 궁금해하는 경우, 활동의 개념, 의미, 목적, 효과를 설명한 후 활동을 진행하는 것이 좋습니다.
- 저학년이나 활동적인 아동의 경우 활동과 관련된 놀이로 관심을 끈 뒤 활동을 진행하는 것이 더 효과적일 수 있습니다. 예를 들어 아동이 악어를 좋아한다면, 함께 악어의 움직임을 장난스럽게 흉내 내거나 악어 그림을 그리거나 악어 인형으로 놀이를 한 뒤 악어 호흡법을 연습해 볼 수 있습니다. 아동이 야구를 좋아한다면, 야구에 나오는 다양한 동작을 따라해 보거나, 야구 선수 혹은 팀에 대해 이야기를 나눈 후 야구 호흡법을 연습해 볼 수 있습니다.

두 배로 효과 보기

■ 몸과 마음과 호흡이 연결되어 있으며, 서로 영향을 주고받는다는 점을 충분히 강조합니다. 예를 들어 화가 나거나 불안할 때 호흡이 빨라지는 이유를 설명해 줄 수 있습니다. 스트레스를 받을 때 우리 몸은 호흡을 통해 빠르게 에너지를 분출시킴으로써, 상황에 대처할 준비, 즉 싸우거나 도망갈 준비를 합니다. 그러나 싸우거나 도망가는 것이 좋지 않을 때도 있으며, 상황에 맞게 행동하려면 어느 정도 흥분이나 긴장을 가라앉혀야 합니다. 따라서 편안하게 호흡하면 마음의 긴장이나 흥분을 가라앉힐 수 있다는 점을 아동이 연습과 체험을 통해 배울 수 있게 도와주는 것이 중요합니다.

■ 아동의 능력과 이해 정도에 따라 활용 단계까지 가기 어려울 수 있습니다. 한 회기 만에 성공하지는 못할 수도 있지만, 반복해서 연습하다 보면 점차 나아질 것입니다. 이를 위해 아동이 평소에도 긴장하거나 화가 날 때 자신을 관찰할 수 있도록 이끌어 줍니다.

2

부주의하고 산만한 아동의
감정 인식 증진하기

초등학교 5학년인 세진이는 사소한 일에 짜증을 내는 경우가 많습니다. 생각대로 일이
안 풀릴 때, 화가 날 때, 불편할 때는 물론, 조금 낯선 상황에서 곤란을 겪을 때도 짜증을
먼저 내곤 합니다. 세진이의 부모는 모두 교사로, 칭찬과 격려로 세진이를 양육해 왔지
만, 세진이의 짜증이 잦아 걱정이 큽니다.

하루는 세진이가 친구 민준이에게 빌린 책을 돌려주는 것을 깜빡했습니다. 민준이
가 그 책이 오늘 꼭 필요하다고 말하며 책을 가져왔냐고 묻자, 세진이는 미안한 마음과
는 반대로 불쑥 짜증을 내 버렸습니다. 세진이는 곧바로 짜증 낸 것을 후회했지만, 이미
민준이는 기분이 상해 가 버린 뒤였습니다. 이런 일이 반복되어 친구 관계가 힘들어진
세진이는 현재 정신과 상담을 받고 있습니다. 세진이는 상담 시간을 좋아하지만, 상담
선생님이 기분을 물어보면 언제나 '짜증나요'라고만 대답합니다.

ADHD 아동은 많은 경우 자신이 어떤 상황에서 어떤 감정을 느끼는지 잘 알지 못
하여, 다양한 상황에서 느껴지는 감정에 따라 적절한 행동을 하기 어려워합니다. 또한
사소한 일에 갑자기 화를 내거나 공격적인 행동을 보이는 경우도 많습니다. 이러한 문
제를 개선하기 위해서는 아동이 현재 자신이 어떤 감정을 느끼는지 깨닫도록 도와줘야
합니다. 그래야만 아동이 자신의 감정에 적절히 대처할 수 있을 것입니다.

이 장에서는 감정을 인식하는 방법과 감정 인식 능력을 증진하는 활동을 다룸으로
써, 아동이 다양한 상황에서 적절하게 대처하는 데 도움을 줄 수 있는 방법을 살펴보겠
습니다.

- • 내 마음-몸 읽기
- • 기분 방아쇠
- • 기. 분. 탐. 정.
- • 나만의 기분 온도계
- • 다섯 가지 내 마음
- • 마음 기상 캐스터
- • 기분 빙고 게임
- • 기분 이름표
- • 내 기분은 무슨 색깔일까

감정의 중요성

우리는 하루에도 여러 번 다양한 감정을 느낍니다. 화가 나거나 위축될 때도 있는 반면, 즐겁거나 기쁠 때도 있습니다. 왜 우리는 이러한 감정을 느끼는 걸까요? 감정은 우리 몸이 보내는 중요한 정보입니다. 우리가 분명히 인식하거나 자각하기도 전에, 우리의 몸은 지금 경험하는 상황에서 우리가 무엇을 원하는지, 무엇을 싫어하는지 빠르게 파악합니다. 예를 들어 마주치기만 해도 저절로 긴장하게 되는 사람도 있고, 함께 있기 불편한 사람도 있습니다. 또한 어린 시절 소풍 가기 전날을 떠올려 보면, 어쩐지 설레고 떨리던 기분이 기억날 것입니다. 이렇듯 감정은 우리의 현재 상태를 알려 주는 중요한 신호입니다.

때때로 어떤 것을 선택할지 결정하지 못할 때 그냥 끌리는 것, '느낌이 오는 것'을 선택하라고 말하곤 합니다. 느낌, 즉 감정은 생각에 비해 더 본질적입니다. 우리에 대해, 현재 상황에 대해 중요한 정보를 알려 준다는 점에서 감정은 나침반과 같습니다. 따라서 감정을 잘 알아차리고 이에 친숙해진다면, 보다 수월하게 방향을 찾으며 삶이라는 여정을 즐길 수 있을 것입니다.

그러나 감정 때문에 스트레스를 받고 힘들어지는 경우도 많습니다. 가령, 무기력해지거나 화가 나거나 속상해질 때도 있고, 타인이 낸 짜증 때문에 마음에 상처를 입을 때도 있습니다. 이러한 부정적인 감정을 경험하고 처리할 때 우리는 많은 에너지를 사용하며, 이로 인해 정작 해야 할 일을 제대로 처리하지 못하게 되기도 합니다. 이렇듯 우리는 감정 때문에 매우 큰 곤란을 경험합니다. 이는 성인뿐 아니라 아동도 마찬가지입니다. 특히 부주의하고 산만한 아동은 작은 일에도 지나치게 화를 내거나 흥분하곤 하기 때문에, 감정으로 인한 스트레스와 에너지 소모가 더 심하다고 볼 수 있습니다.

감정은 에너지이자 빛입니다. 이는 우리의 본질을 밝혀 주고, 우리가 처한 상황, 우리 안에 있는 것들, 우리가 가야 할 방향을 알려 줍니다. 그러나 잘못 사용하면 다칠 수 있다는 점에서 감정은 불과도 같습니다. 중요한 점은, 인간은 다른 동물들과 달리 불을 두려워하지 않고, 필요에 따라 적절히 불을 사용할 수 있다는 사실입니다. 물론 이를 위해서는 먼저 불을 조절하는 방법을 배워야 합니다.

감정 조절의 중요성

감정은 신체적, 인지적, 행동적으로 표현됩니다. 표현된 감정을 자신이나 타인이 인식하고 이에 대해 적절히 반응함으로써 대인 관계에서 상호작용이 일어납니다. 적절한 감정 표현은 인간의 적응에 매우 중요한 역할을 합니다. 적절한 감정 표현이란 무엇일까요? 적절한 강도의 감정이 적절한 시기와 장소에서 적절한 대상에게 표현될 때, 이를 적응에 도움이 되는 감정이라 할 수 있을 것입니다. 바로 이 적절한 감정 표현을 위해서는 감정 조절 과정이 필수적입니다. 이는 요리를 할 때, 상황과 재료에 따라 불의 강도를 적절히 조절해야 하는 것과 같은 이치입니다.

감정 조절의 핵심: 억제가 아닌 조절

일반적으로 화, 즉 분노는 해롭다고 말합니다. 그러나 세상에 나쁜 감정은 없습니다. 화상을 입고 불을 무서워할 수 있으나, 그렇다고 불 없이 살 수는 없습니다. 불 자체가 해로워서가 아니라, 불을 제대로 조절하지 못하여 화상을 입는 것입니다. 분노라는 감정은 어떤 것이 부당하거나 잘못됐음을 알려 주는 중요한 신호입니다. 이러한 신호를 통해 우리는 상황을 개선하기 위해 행동할 동력을 얻을 수 있습니다. 그러므로 중요한 것은 이런 신호를 잘 알아차리고 상황에 맞게 표현하는 것입니다. 분노를 인식하지 못하거나 억누르기만 하다 보면, 오히려 부적절한 상황에 분노가 폭발하여 더 큰 문제로 이어질 수 있습니다. 따라서 아동에게 감정을 무조건 억누르거나 참으라고 가르쳐서는 안 됩니다. 아동이 자신의 감정을 잘 들여다보고, 자신의 상태가 어떤지 알아차려 상황에 맞게 감정을 표현할 수 있도록 알려 주고 함께 연습해야 합니다. 감정 조절이란 감정을 억누르는 것이 아닌, 적절한 수준으로 조절하는 것입니다. 이를 통해 아동이 더 많이 경험하고 표현해야 하는 감정은 그 정도나 빈도를 높이고, 과도하게 경험하고 표현하는 감정은 그 정도나 빈도를 낮춰야 합니다.

감정 조절 과정

그렇다면 감정은 어떤 과정을 거쳐 조절될까요? 감정 조절 과정을 살펴보려면 먼저 감정의 발생 과정을 살펴봐야 합니다.

감정 경험의 선행 조건: 주의 기울이기

스탠퍼드 대학교의 심리학과 교수이자 감정 조절 및 스트레스에 관한 연구로 유명한 제임스 그로스(James J. Gross)에 따르면 감정이 유발되기 위해서는 특정한 상황이 필요합니다(Gross, 1998). 그러나 특정한 상황에 처해 있다는 이유만으로 감정을 경험하는 것은 아닙니다. 감정을 경험하기 위해서는 우선 그 상황에 주의를 기울여야 합니다. 그렇지 않을 경우 어떤 사건이 일어나도 감정이 발생하지 않습니다. 다음으로 해당 사건에 대한 인지적 평가가 필요합니다. '참 재미있는 일이네' 또는 '정말 불쾌하군' 등의 인지적 평가가 내려지면, 비로소 감정이 발생할 준비가 끝납니다. 다시 말해 우리는 이러한 인지적 평가 이후에 감정을 경험하고, 해당 감정에 맞추어 반응합니다. 재미있는 일에는 활짝 웃고, 불쾌한 일에는 얼굴을 찌푸리며, 심한 경우 소리도 지르게 되는 것입니다.

다섯 가지 감정 조절 전략

계속해서 그로스의 주장을 살펴보겠습니다. 그는 우리가 감정을 조절하기 위해 상황 선택, 상황 수정, 주의 분배, 인지 변화, 반응 조절이라는 다섯 가지 감정 조절 전략을 사용할 수 있다고 말했습니다.

상황 선택

첫 번째 전략인 '상황 선택'을 통해 우리는 감정이 유발되기 전에 상황을 선택할 수 있습니다. 즉 이전의 경험이나 기억에 의존하여 자신이 원하지 않는 감정이 유발될 것 같은 상황을 미리 피하는 것입니다. 물론 모든 상황을 마음대로 선택하고 피할 수 있는 건 아닙니다.

상황 수정

두 번째 전략은 '상황 수정' 전략입니다. 이 전략에서는 원하는 감정을 더 경험하고 원하지 않는 감정을 덜 경험하기 위해 상황의 특정 부분을 수정합니다. 예를 들어 공부를 하고 싶지 않다면, 공부를 하기는 하되 자신이 스트레스를 덜 받는 방법(예: 공부할 내용을 노래로 바꿔 부르기, 친구와 함께 공부하기, 좋아하는 색깔의 필기구를 사용하여 공부하기)으로 상황을 바꿀 수 있습니다.

주의 분배

세 번째 전략은 '주의 분배' 전략입니다. 앞에서 감정 경험의 선행 조건을 설명하며 잠시 언급했듯, 감정이 유발될 수 있는 상황 속에서도 주의를 기울이지 않는다면 감정이 발생하지 않을 수 있습니다. 따라서 우리는 즐거운 상황에서는 주의를 집중하고, 기분이 상할 만한 상황에서는 주의를 다른 곳으로 분산하여 감정을 조절할 수 있습니다.

인지 변화

네 번째 전략은 생각을 바꾸는 '인지 변화' 전략입니다. 우리는 충분한 주의를 기울여 경험한 상황에 대한 생각, 즉 인지적 평가를 수정하여 감정 경험에 변화를 줄 수 있습니다.

시험을 보는 상황을 예로 들어 보겠습니다. 어떤 사람에게 시험은 불안이나 긴장 등 다소 부정적인 감정이 유발되는 상황입니다. 그러나 인지 변화 전략을 사용하는 사람들은 '시험은 나를 평가하는 과정이다' 혹은 '사람들이 시험 결과에 따라 나를 평가할 것이다'라는 생각을 '시험이 있기에 열심히 공부할 동기를 얻을 수 있다' 혹은 '시험은 내가 무엇을 알고 무엇을 모르는지 확인할 수 있는 기회이다'라는 생각으로 바꿈으로써, 시험에 대한 불안과 긴장을 감소시키곤 합니다.

반응 조절

마지막 감정 조절 전략은 '반응 조절' 전략으로, 감정을 경험한 후 정서에 대한 반응을 조절하는 전략입니다. 예를 들어 화가 나서 소리를 지르고 싶은데 그 순간 꾹 참는다든가, 너무 기분이 좋아 손뼉을 치며 웃고 싶은데 허벅지를 꼬집으며 참는 것입니다.

중요한 점은, 반응 조절은 이미 감정을 경험한 후 사용하는 전략이라는 점입니다. 이미 감정을 경험을 했기 때문에 이 전략을 사용하여 감정을 조절하는 데는 다른 전략에서보다 많은 에너지가 소모됩니다. 이러한 이유로 인해 감정을 억제하는 것, 즉 반응을 조절하는 것은 쉬운 일이 아닙니다. 특히 부주의하고 산만한 아동들은 순간적인 감정에 따라 자동적으로 행동하는 경우가 많기 때문에, 반응조절 전략을 배우는 것을 더욱 어려워 할 수 있습니다.

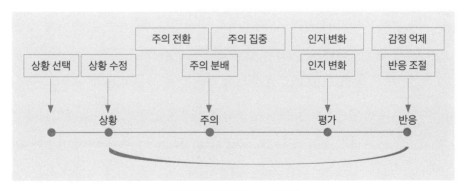

정서 과정 모형(Gross, 1998)

부주의하고 산만한 아동의 감정 조절

부주의하고 산만한 아동 중 다수가 감정 조절에 어려움을 겪습니다. 감정 조절의 어려움이란 부정적인 감정을 억누르기 어려워한다는 것만을 의미하지 않습니다. 앞에서 언급했듯, 주의력에 어려움이 있는 아동은 긍정적인 정서든, 부정적인 정서든 적절한 수준으로 조절하기 힘들어합니다. 이러한 아동 중 일부는 높은 충동성을 보이며, 이는 아동의 감정에서 두드러지게 관찰됩니다. 주의력에 어려움을 갖고 있으면서 충동성 또한 높은 아동은 비슷한 발달 단계의 또래에 비해 외부 자극으로 유발되는 감정에 즉각적이고 강하게 반응합니다. 따라서 이들은 이러한 정서적 경험을 실제보다 훨씬 강렬하게 느끼며 다른 아동들보다 감정을 더 크게 표현하는 것처럼 보이기도 합니다. 쉽게 말해, 이들은 또래보다 머릿속이 복잡할 때가 많다고 이해할 수 있습니다. 예를 들어 또래 아동의 머릿속이 서너 가지 색깔로 구성된 그림이라면, 주의력에 어려움이 있는 아동의 머릿속은 수십 가지의 색깔로 구성된 그림이라고 볼 수 있겠습니다.

결론적으로 주의력에 어려움이 있는 아동은 또래에 비해 감정을 조절하고 통제하는 것을 훨씬 어려워합니다. 그래서 다른 아동보다 인내심이 부족하고, 쉽게 좌절하고, 잘 흥분하고, 소란스럽고, 분노 표현이 크고, 공격적인 것처럼 보입니다. 그러나 이들의 성격이 나빠서 이러한 특징이 나타나는 것은 아닙니다. 어떤 아동들의 경우, 감정을 인식하고 조절하는 뇌 영역의 성장이 상대적으로 더딥니다. 이는 신경 발달상의 문제입니다.

만약 이 아동들이 감정과 친해지고, 상황에 맞게 감정을 조절하는 방법을 배워 연습한다면, 보다 원활하게 감정을 조절할 수 있을 것입니다. 이는 마치 줄넘기를 못하는 아동에게 줄넘기 요령을 알려 주고, 함께 연습한 뒤, 혼자 할 수 있게 도와주면, 어느 정도 시간이 지난 뒤 줄넘기를 못하던 아동이 다른 아동들처럼 충분히 줄넘기를 잘하게 되는 것과 같은 이치입니다. 물론 줄넘기 요령을 알려 주지 않아도 이미 운동신경이 충분히 발달하여 처음부터 줄넘기를 잘하는 아동도 있습니다. 그러나 모든 아동이 그런 것은 아닙니다. 만약 운동신경이 둔한 아동들이 다른 아동들과 같은 방식으로 배우고 훈련한다면, 이들은 줄넘기를 잘 배우지 못할 것이며, 나아가 줄넘기 자체를 포기해 버릴 수도 있습니다. 반면 줄넘기 과정을 잘게 쪼개서 그 요령을 알려 주고, 함께 연습한다면, 6개월 혹은 1년 정도 후에는 줄넘기를 전혀 못하던 아동들도 다른 아동들처럼 줄넘기를 할 수 있게 될 것입니다.

감정 조절의 첫걸음: 감정 인식 훈련

감정 조절 능력을 향상시키기 위해서는 먼저 자신의 감정을 정확히 이해해야 합니다. 그림을 잘 그리려면 어떻게 해야 할까요? 붓이나 연필 등 좋은 도구를 살 수도, 스케치 기법을 배울 수도 있으나, 가장 기본적인 그림 연습은 있는 그대로의 대상을 관찰하는 것입니다. 이는 마치 잘 작동하지 않는 물건을 고치려 할 때, 먼저 물건의 현재 상태가 어떤지 살펴보는 것과 같습니다.

감정 조절도 마찬가지입니다. 우선 보는 연습, 즉 감정을 알아차리고 인식하는 연습부터 시작해야 합니다. 감정을 정확히 인식하지 못할 경우, 강렬한 감정에 쉽게 휘둘릴 수 있습니다. 예를 들어 화에 휩쓸리면 부적절한 순간에 분노가 폭발하게 되고, 불안에 압도되면 고려해야 할 것들을 놓치게 됩니다. 이러한 사태를 막기 위해서는 화가 난 나를, 화에 휩쓸리는 나를, 불안한 나를, 불안에 압도된 나를 '볼' 수 있어야 합니다. 그래야만 현재 상황과 나의 상태를 정확하게 판단하고 인식하여, 이에 적합한 행동을 취할 수 있습니다.

정서 지능(emotional intelligence, EQ)이라는 개념을 세계적으로 알린 미국의 심리학자 대니얼 골먼(Daniel Goleman)은 감정 조절을 "인식된 자신의 감정을 적절하게 처리하고 변화시킬 수 있는 능력"으로 정의했습니다(Goleman, 1995). 이에 따르면 감정을 조절하기 위해서는 먼저 감정을 인식해야 합니다. 실제로 우리는 현재 경험하는 감정이 어떤 것인지 파악하고, 그것이 상황에 적합한지 평가한 후에 감정을 조절할 수 있습니다. 따라서 감정에 휩쓸리지 않고 감정을 인식해야 합니다. 이를 위해 충분한 감정 인식 훈련이 필요합니다.

감정 인식은 감정 조절의 첫걸음이면서도 가장 어려운 부분입니다. 특히 주의력이 부족하고 충동적인 아동들에게 더 어려운 과제일 수 있습니다. 이를 극복하기 위해서는 다양한 활동을 통해 여러 차례 감정 인식을 연습해 봐야 합니다.

감정 조절이 어려울 때 유용한 방법은 경험되는 감정을 단순히 '머물렀다 지나가도록 하는 것'입니다. 잠시 원치 않은 감정을 느낄 수는 있으나, 그것이 평생 지속되지는 않을 것입니다. 그러므로 '나는 지금 화가 나는구나', '나는 지금 불안하고 걱정이 되는 상태구나'라고 나의 현재 감정을 있는 그대로 인정하고, 그 감정이 지나가기를 기다립니다. 자신의 감정에 대해 후회하거나 자책하거나 판단·평가하지 않고, 감정이 있는 그대로 머무르다가 지나가게 하는 것입니다. 이 역시 감정 인식이 필요한 순간입니다.

강렬한 감정에 대비하는 것도 도움이 됩니다. 이를 위해서는 강렬한 감정이 언제 어떻게 표현될 수 있는지 미리 알아 둬야 합니다. 특히 아동이 좌절감이나 분노 등 부정적인 감정을 경험하게 되는 독특한 상황적 요인을 파악하는 것이 유용합니다. 이를 통해 부정적인 감정이 유발되기 전에 미리 대처할 수 있기 때문입니다. 때때로 과제의 형식이나 종류를 변경하거나, 시간을 넉넉하게 주거나, 적절한 도움을 제공하는 등 환경을 바꾸어 주는 것만으로 아동이 부정적인 감정을 경험하지 않게 도울 수 있습니다. 또한 아동이 불안해하기 쉬운 조건에서는 감정이 강하게 표현될 수 있으므로, 아동의 불안을 감소시키는 것도 중요합니다. 구조화된 방법으로 지시하고, 충분히 예상 가능하고 지지적이며 존중하는 태도로 아동을 대한다면 아동의 불안이 감소할 것입니다.

이 장에서는 이러한 방법들을 활용한 활동들을 소개하고 있습니다. 아동과 함께 활동을 실시한 뒤, 아동이 활동에서 배운 감정 조절 기술을 일상생활에서도 충분히 활용할 수 있도록 도와준다면, 아동의 감정 조절 문제도 점차 개선될 것입니다.

'내 마음-몸 읽기'는 자신의 감정 상태와 이에 따른 신체적 반응을 탐색하는 활동입니다. 이 활동을 통해 아동은 특정 상황에서 발생하는 여러 감정을 익힐 수 있습니다. 상담자는 아동의 감정 인식 수준과 표현력에 따라 난이도를 조절하면서 자유롭게 활동을 계획할 수 있습니다. 이 활동에서는 감정과 몸의 감각을 연결하는 데 중점을 두고 연습하는 것이 좋습니다. 이를 통해 감정 인식 및 표현에 익숙해짐으로써 감정을 조절하는 데 필요한 기반을 마련할 수 있습니다. 또한 감정에 휩쓸리게 될 때, 이를 진정시킬 수 있는 생각을 미리 고안하여 상담 시간에 활용하고 실제 생활에서도 적용해 볼 수 있습니다.

| **준비물**: 필기도구, 사회적 상황 카드(부록)

진행 순서

① 다양한 기분의 종류에 대해 충분히 이야기 나눕니다. 해당 활동은 기본적으로 '나의 감정 쓰기' 활동지를 기반으로 구성되었으나,[활동지 03] 필요에 따라 다양한 활동지를 활용할 수 있습니다.

② 기분에는 다양한 종류가 있고, 상황에 따라 다양한 기분이 존재한다는 사실을 알 수 있는 여러 활동을 합니다.

　　사회적 상황에 대한 그림을 보고, 그림 속 인물의 기분이 어떨지, 자신이라면 어떤 감정을 느낄지, 비슷한 상황을 경험한 적이 있는지 이야기하거나,[활동지 05] 기분 그림을 활용한 활동을 하거나,[활동지 09] 표정을 보고 기분을 알아맞히는 게임을 해도 좋습니다.[활동지 14] 다양한 영상을 보고 등장인물의 기분에 대해 이야기할 수도 있습니다.

　　아동의 흥미와 수준에 따라 다양한 활동을 여러 번 반복하는 것이 좋습니다. 이러한 활동의 목표는 아동이 일상에서 경험하는 자신과 타인의 감정을 알아차릴 수 있도록 돕는 것입니다.

③ 사회적 상황이나 스트레스 상황에서 나타나는 다양한 몸의 반응에 대해 이야기 나눕니다. '기분의 색깔' 활동지를 활용해도 좋습니다.[활동지 16] 고학년이나 청소년의 경우 자신이 평소 스트레스를 받는 상황과 유사한 상황을 생생하게 묘사하는 장면을 읽게 한 뒤, 글을 읽고 나서 발생하는 감정, 생각, 신체 반응을 관찰하게 할 수 있습니다.

그러나 자신의 신체 감각을 잘 알아차리지 못하는 아동들도 있습니다. 이 경우 강렬한 스트레스 상황에서 어떤 신체 감각이 나타나는지, 감정이나 생각이 어떻게 변하는지 등에 대해 우선 이야기를 나눠 보거나, 극심한 스트레스를 받는 상황에서 어떤 생각이 드는지, 신체 반응은 어떤지 살펴보도록 지도할 수 있습니다.

④ 아동이 혼자서도 글을 쓸 수 있다면 직접 활동지를 작성하게 한 뒤, 아동이 작성한 내용에 대해 대화하며 아동의 감정과 상황을 탐색합니다.

⑤ 아동이 혼자 능숙하게 글을 쓰지 못하는 경우, 아동과 이야기 나누며 함께 활동지를 작성합니다. 아동이 경험했을 법한 상황에 대해 구체적으로 질문하며, 당시 아동의 감정과 상황이 어땠는지 탐색합니다.

😀⁺ TIP ──

- 스트레스에 대처하고, 특정 상황에서 잘 적응하여 적절히 행동하기 위해서는 우선 자신의 감정 상태나 몸의 느낌을 알아차릴 수 있어야 합니다. 이는 마음 챙김과도 연결됩니다. 마음 챙김의 핵심이 현재의 상황, 감각, 정서, 느낌에 휩쓸리지 않고, 이러한 것들을 있는 그대로 바라보는 것이기 때문입니다.
- 아동이 자신의 신체 상태와 감정의 상관관계를 파악하고 이를 표현하게 되기까지 많은 시간이 걸릴 수 있습니다. 또한 아동이 자신의 감정을 인식하고 조절하여 상황에 맞는 해결책을 선택할 수 있게 되기까지 단계적인 연습이 필요합니다. 만약 학교에서 상담을 진행하고 있다면, 회기 제한 없이 여러 해 동안 긴 호흡으로 상담을 진행할 수 있으므로, 이를 잘 활용하는 것이 좋습니다.
- 아동이 어리다면 아동이 힘들어하는 상황을 구체적으로 파악합니다. 그 뒤 이러한 상황이 발생하면 특정 행동을 하게 하거나 특정 단어 혹은 문장을 말하게 하는 등 단순하고 구체적인 대처 방안을 알려 주고 이를 연습하게 합니다. 예를 들어 수업 시간에 자꾸 일어나 돌아다니고 싶어 하는 아동의 경우, '멈춰', '참자'라는 단어가 적힌 단어 카드를 주머니에 가지고 다니게 하여, 이러한 상황에 카드를 만지게 하는 것입니다. 카드에 어떤 단어를 적을지, 어떤 종이로 카드를 만들지 등을 아동과 함께 결정한 뒤, 카드를 직접 만들어 봐도 좋습

니다. 고학년의 경우 이러한 상황에서 자신을 진정시키는 이미지나 문장을 떠올리도록 연습할 수 있습니다. 구체적인 문장이나 상황은 아동과 함께 결정하는 것이 좋습니다.

두 배로 효과 보기

- 다양한 감정을 경험한 여러 상황에 대해 대화하며 그 상황이 어땠는지, 그 때 누구와 함께 있었는지, 신체 반응이 어땠는지 등을 비롯하여, 당시 아동이 어떻게 대처했는지, 그 대처가 효과가 있었는지 등에 대해서도 질문합니다.

- 아동이 활동 내용을 잘 이해하고 적극적으로 활동에 참여한다면, 다음 시간까지 특정 상황에서 자신의 감정이나 몸 상태가 어떤지 생각해 보라고 한 뒤, 다음 시간에 이에 대해 이야기를 나눕니다. 해당 과제는 아동이 이런 활동을 자연스러운 습관으로 받아들이게 하는 데 도움이 될 것입니다.

활동 2.2 | 기분 방아쇠   워크북 9쪽

우리에게는 저마다 정서적 불편감이 유발되는 상황(트리거, trigger)이 있습니다. 이런 상황이나 단서를 여기서는 '기분 방아쇠'라고 부르겠습니다. 자신에게 강한 정서를 유발시키는 특정한 단서가 있다는 사실을 이해함으로써 감정을 더 잘 인식하고, 원하지 않는 결과로부터 자신을 보호할 수 있습니다.

　이 활동은 아동이 자신의 기분 방아쇠를 확인하고 이에 적절히 대처하는 법을 익히는 활동입니다.

| 준비물: 필기도구

진행 순서

① 기분 방아쇠 개념을 아동에게 설명합니다.

"총을 어떻게 쏘는지 알고 있나요? 총에는 방아쇠라는 게 있어요. 이걸 당기면 총알이 나간답니다. 총알이 빵! 하고 나가는 것처럼, 기분도 폭발하듯 갑자기 생겨나는 상황이 있지요?"

"선생님이 예를 들어 볼게요. 현규는 오늘 시험지를 받았는데 예상보다 점수가 낮았어요. 그 때문인지 늘 잘하던 달리기 시합에서도 져 버렸죠. 오늘따라 좋아하는 수정이가 자기한테는 쌀쌀맞고 라이벌인 현준이에게만 친절한 것 같아서 하루 종일 기분이 안 좋았어요. 그래도 내색하지 않고 꾹꾹 참고 집에 왔답니다. 아이스크림 먹으면서 기분을 달래려고 했는데, 현규가 아껴둔 아이스크림을 동생이 먹겠다는 거예요. 오늘만큼은 양보하기 싫은데, 엄마는 다 큰 애가 동생한테 양보도 못하냐며 아이스크림을 동생에게 줬어요. 어이가 없어서 엄마를 쳐다보는데, 엄마는 현규한테 관심도 없어 보였어요. 그래서 조용히 방에 들어가서 침대에 누워 엉엉 울고 말았죠. 학교에서부터 참았던 속상함이 총알이 나가는 것처럼 터져 나온 거예요…. 누가 기분의 방아쇠를 당긴 것처럼 말이죠. 이렇게 갑자기 불편한 기분이 폭발하게 하는 상황이나 단서를 기분 방아쇠라고 한답니다."

"한편으로는 특정한 기분과 연결된 상황이 기분 방아쇠가 될 수도 있어요. 예를 들어 커다란 개가 짖는 걸 보고 깜짝 놀란 적이 있는 친구는 이후에 털 달린 동물이 다가오기만 해도 깜짝 놀랄 수 있지요. 털 달린 동물이 다가오는 상황이 이 친구에게는 기분 방아쇠인 거예요. 선생님이 강조하고 싶은 건, 누구에게나 이런 기분 방아쇠가 있을 수 있는데, 자신의 기분 방아쇠를 잘 이해해서 언제 기분 방아쇠가 당겨지는지 미리 알 수 있다면, 기분이 나빠지는 것을 어느 정도 예방할 수 있다는 점이에요."

② 다양한 예를 통해 기분 방아쇠를 설명합니다. 실제 아동의 사례를 소개해 줌으로써 아동에게 좀 더 쉽게 기분 방아쇠 개념을 이해시킬 수 있습니다.

"민희라는 친구의 예를 들어 볼까요? 민희는 10살이고, 그림 그리기를 좋아해요. 평소에는 밝고 명랑하지만, 다른 사람들처럼 화가 날 때도 있겠죠? 실제로 최근에 민희는 가족들 때문에 화가 난 적이 있었다고 해요. 민희는 어떤 상황에서 화가 났을까요?

상황 1

"민희의 동생이 아침에 화장실을 너무 오래 썼대요. 아침에는 온 가족이 바쁜데, 동생은 한번 화장실에 들어가면 나올 생각을 안 한대요. 밖에서 불러도 대답만 하고 나오지를 않는 거죠."

상황 2

"민희의 엄마가 학교에 데리러 오시기로 한 시간이 지났는데, 도무지 오시지 않더래요. 몇 분은 그냥 기다렸는데, 5분이 넘어가고 10분이 넘어가니까, 민희는 너무 짜증이 났대요."

상황 3

"민희가 숙제를 하려고 알림장을 폈는데, 선생님이 적어 주신 내용을 그대로 옮겨 적었는데도 다시 보니 무슨 말인지 모르겠더래요. 왜, 그러면 다 귀찮아지고 하기 싫어지곤 하죠? 짜증이나 화가 나기도 하고요. 민희도 그랬나 봐요."

③ 날씨에 비유하여 기분 방아쇠에 어떻게 반응해야 할지 살펴본 뒤, 다시 앞에서 언급한 예시로 돌아가 생각해 봅니다.

> "비가 올 때를 생각해 봅시다. 비가 오기 전에는 어떤 일이 있지요? 맞아요. 먹구름이 몰려오고 하늘이 흐려지지요? 먹구름의 움직임이나 하늘의 색깔을 보고 사람들은 비가 올 거라는 사실을 미리 알 수 있어요. 그러면 어떤 사람들은 외출하면서 우산을 챙기고, 어떤 사람들은 약속을 취소하거나 약속 시간 혹은 장소를 바꾸겠지요."

> "우리의 기분도 마찬가지라고 생각하지 않나요? 정말 화가 나서 소리를 지르고 싶은 상태가 되기 전에, 정말 화가 날 것 같은 신호를 먼저 받게 되곤 하잖아요. 예를 들어 '아, 약간 짜증이 나려고 한다' 혹은 '내가 지금 스트레스를 받고 있다'라는 생각이 들기도 하고, 얼굴이 화끈거리거나 온몸이 뜨거워지는 등 신체적 변화가 느껴지지요. 이러한 신호를 알고 있으면, 미리 준비를 할 수 있다는 장점이 있어요. 민희의 이야기를 다시 생각해 볼까요? 민희가 자신의 기분 방아쇠를 잘 파악하고 있었다면 어땠을까요? 화가 나는 상황에 대비해서 가족들에게 화를 내지 않을 수도 있지 않았을까요?"

이후 다음의 예시와 같이 민희의 기분 방아쇠마다 어떤 해결책이 있을지 아동이 생각해 보게 한 뒤, 이에 대해 이야기를 나누어 봅니다.

기분 방아쇠 예시 1 동생이 아침에 화장실을 너무 오래 씀

- 해결책 1: 엄마의 허락을 받아 화장실에 타이머를 설치하고 온 가족이 같은 시간 동안 화장실을 쓰기로 약속함
- 해결책 2: 아침에 서두르지 않아도 되도록 저녁에 미리 샤워를 해 두거

나 머리를 감아 둠

- 해결책 3: 머리를 빗거나 로션을 바를 때는 화장실에서 나와 다른 곳으로 가기로 동생과 약속함

기분 방아쇠 예시 2 엄마가 약속한 시간보다 늦게 도착함

- 해결책 1: 가방에 좋아하는 책을 한 권씩 넣어 다니다가, 엄마가 늦을 경우 책을 읽으며 기다림
- 해결책 2: 숙제를 하며 엄마를 기다림; 숙제를 미리 하면 집에서 숙제를 해야 할 시간에 다른 일을 할 수 있으니 더 좋을 수 있음

기분 방아쇠 예시 3 알림장을 보아도 숙제가 무엇인지 이해되지 않았음

- 해결책 1: 부모님께 도움을 요청함
- 해결책 2: 친구에게 연락하여 숙제가 무엇인지 확인함
- 해결책 3: 잠시 쉬면서 마음을 정돈함; 빨리 무언가를 해야겠다는 마음 때문에 생각이 더 안 날 수 있음

④ 이제 아동의 차례입니다. '기분 방아쇠와 해결책 찾기' 활동지를 이용하여 아동이 자신의 기분 방아쇠를 찾아보게 합니다.[활동지 04] 어떤 기분이라도 좋습니다. 어떤 상황이 그 기분을 유발할 수 있을지 생각해 보고, 이를 활동지에 기록하게 합니다.

⑤ 활동지에 적은 기분 방아쇠 해결책을 활용하여 기분 방아쇠를 어떻게 해결하면 좋을지 이야기해 봅니다.

　이러한 활동을 통해 아동은 자신에게 강렬한 기분을 유발하는 상황을 미리 인식하고, 이에 대처하는 방법을 연습하여 실제 생활에서 활용할 수 있습니다.

⑥ 아동이 기분 방아쇠 해결책을 실제 생활에서 활용해 본 적이 있다면, 이후

활동에서라도 이 경험을 다루는 것이 좋습니다. 이때 아동의 해결책이 효과가 있었는지, 당시 기분이 어땠는지 질문합니다. 만약 효과가 없었다면 왜 그랬을지, 그때 기분은 어땠는지, 앞으로는 어떻게 하는 것이 좋을지도 이야기해 봅니다.

☺⁺ **TIP**

- 모든 기분 방아쇠에는 해결책이 있습니다. 따라서 잘 생각나지 않더라도 포기하지 않는 것이 중요합니다.
- 기분 방아쇠에 대응하는 해결책이 늘 성공적인 것도, 즉시 효과가 나타나는 것도 아닙니다. 따라서 실제 생활에서 기분 방아쇠의 해결책을 실시해 보았으나 효과를 보지 못했다고 해도 좌절하거나 절망할 필요는 없습니다. 여러 번 실천하고 연습한다면 효과를 볼 가능성이 높아질 것입니다.
- 아동이 해결책을 실천할 용기를 내지 못하거나 지속적으로 이를 실천하는데도 효과가 없을 수 있습니다. 이 경우 주변 사람의 도움을 받을 수도 있다는 점을 아동에게 알려 주어, 필요시 상담자나 교사 또는 부모의 도움을 받을 수 있게 합니다.
- 아동이 글씨를 잘 쓰지 못할 경우, 상황이나 해결책을 의미하는 그림을 그리며 활동을 진행할 수 있습니다.

두 배로 효과 보기

■ 기본적으로 이 활동의 목적은 기분 방아쇠를 찾고 그 해결책을 모색하는 것입니다. 그러나 경우에 따라 이 활동을 활용하여 보다 깊은 이야기를 시작할 수 있습니다. 예를 들어 기분 방아쇠를 경험했을 때 기분이 어땠는지, 무슨 생각을 했는지, 다른 사람들에게 (혹은 자신에게) 무슨 말을 듣고 싶었는지, 얼마나 자주 그런 경험을 하는지 등 여러 가지 적절한 질문을 통해 아동과 이야기할 수 있습니다.

■ 폭발적 분노나 자살 충동처럼 강렬한 감정을 자주 느끼고, 그런 상황에서 충동적으로 부정적인 행동을 하는 아동과 상담 시 이 활동을 적극 활용할 수 있습니다.

상황-기분-행동-결과의 연결고리를 다루는 활동입니다. 이 활동에서는 여러 그림 속 사건을 살펴보며, 어떤 상황(antecedent: A)이 그림 속 인물의 현재 기분을 유발했는지, 그래서 인물이 어떻게 행동(behavior: B)했는지, 그 행동으로 어떤 결과(consequence: C)가 나타났는지 분석합니다. 이 활동을 통해 아동은 자신의 기분이 발생하는 원인을 더 깊이 이해하고, 조금 더 적응적으로 행동할 수 있을 것입니다.

| 준비물: 필기도구, 사회적 상황 카드(부록)

진행 순서

① '사회적 상황' 활동지에 제시된 그림을 보며, 어떤 상황이 묘사된 그림인지 간단하게 살펴봅니다.[활동지 05]

② 상황-기분-행동-결과의 연결고리를 이해하기 위해 '사회적 상황' 활동지에서 한 가지 상황을 정해 좀 더 깊이 이야기 나눕니다. 예를 들어 그림 속 인물의 기분이 어떨지, 그래서 어떤 행동을 하게 될지, 그 결과 어떤 일이 일어날지 마치 기분에 대한 탐정이 된 것처럼 탐색해 봅니다. 이것이 바로 '기분의 ABC' 연결입니다. 그 후 상담자는 아동에게 기분이 저절로 발생하지 않고, 특정한 상황에 의해 유발된다는 사실을 설명합니다. 또한 이렇게 유발된 기분이 특정한 행동을 야기할 수 있으며, 이러한 행동의 결과로 또 다른 사건이 일어날 수 있다는 사실을 알려 줍니다.

③ 앞에서 살펴본 상황에서 다른 기분을 느낄 수는 없을지 생각해 봅니다. 만약 다른 기분을 느낀다면 그 기분은 어떤 행동을 유발할지, 또한 그 행동이 어떤 결과를 야기할지 생각해 보고, 이야기를 나눕니다.

④ 여러 가지 경우를 살펴본 뒤, 각 기분에 따른 최종 결과가 아동이 원하는 것인지 평가하게 합니다. 만약 아동이 원하는 결과가 아니라면, 원하는 결과를 얻기 위해 어떻게 해야 할지 함께 고민해 봅니다.

⑤ 아동이 다루고 싶은 상황을 선택하게 합니다. '사회적 상황' 활동지를 활용해도 좋고, 아동이 평소에 자주 경험하는 상황을 다뤄도 좋습니다. 그런 다음 '기. 분. 탐. 정.' 활동지를 활용하여 앞에서 수행한 바와 같이 상황, 기분, 행동, 결과의 연결고리를 분석하고, 최종 결과를 평가하게 합니다.[활동지 06] 특정 상황에서 기분에 따라 행동할 때 원하는 것을 얻을 수 없다면, 원하는 것을 얻기 위해 다른 행동을 할 수 있을지, 또 구체적으로 어떤 행동을 할 수 있을지 생각하여 작성하게 합니다. 아동이 건설적인 방안을 제안한다면, 이에 대해 아동을 격려하고 칭찬해 줍니다.

⑥ 집단 상담에서 실시할 경우 각자가 작성한 기. 분. 탐. 정. 활동지를 발표하게 합니다. 같은 상황에서 원하는 것을 얻기 위해 어떤 일을 시도해 볼 수 있을지 여러 아동의 의견을 듣는 것이 좋습니다. 친구를 위해 좋은 대안을 제안한 아동이 있다면 모두 함께 고마움을 표현하며 칭찬합니다.

TIP

- 같은 상황에서도 어떤 기분을 느끼고 어떻게 행동하는지에 따라 결과가 달라질 수 있다는 사실을 아동이 이해하게 도와주세요. 또한 같은 상황이라도 자신이 원하는 바에 따라 다르게 행동할 수 있다는 것도 알려 주어야 합니다. 이것을 이해하면 아동은 자신의 행동에 따른 결과를 예상하여, 적절한 행동을 선택할 수 있습니다. 다시 말해 특정한 기분이 유발되는 상황에서 자기조절이 가능해지는 것입니다.
- 언제 기. 분. 탐. 정. 을 사용해야 할지 알려 주세요. 불쾌하거나 꺼림직한 마음이 들지만 이유를 알 수 없을 때 기. 분. 탐. 정. 을 사용해야 합니다. 이 경우 자신의 기분이 어떤지, 그 기분을 느끼기 전에 어떤 일이 있었는지 차근차근 살펴보라고 아동에게 말해 주세요. 또한 자신의 행동에 따라 결과가 달라질 수도 있음을 배웠으니, 어떤 행동을 할지 스스로 결정하도록 격려해 주세요.

'나만의 기분 온도계'는 기분이 다양한 수준으로 나타나며, 이를 수량화할 수 있다는 것을 배우는 활동입니다. 이 활동에서 아동은 기분이 전혀 느껴지지 않는 상태(기분 온도계로 0도)와 강한 기분에 압도되는 상태(기분 온도계로 10도)만 있는 것이 아니라, 그 사이에도 다양한 수준이 존재한다는 사실을 알게 될 것입니다. 또한 다양한 활동을 통해 자신의 기분 수준을 파악하고, 같은 기분이라도 세분화하여 인식하는 것을 연습함으로써 자신의 기분을 조절하는 기반을 마련할 수 있습니다.

| 준비물: 온도계 그림, 온도계(선택)

진행 순서

① 아동에게 온도계 그림을 보여 줍니다. 온도계가 무엇인지, 어떻게 하면 온도계 눈금이 올라가는지 설명합니다. 아동 중에는 직접 온도계를 본 적이 없는 아동도 있을 수 있습니다. 따라서 가능하다면 실제 온도계를 보여 주고, 온도계의 빨간 선이 올라가는 것을 직접 확인하게 하는 것도 좋습니다.

"여기 온도계 그림이 있어요. 온도계로 무엇을 할 수 있을까요? 맞아요. 온도계가 있으면 온도가 얼마나 되는지 잴 수 있어요. 온도가 높아지면 온도계가 어떻게 변할까요?"

"선생님이 진짜 온도계를 가지고 왔어요. 여기를 볼까요? 기다란 온도계에 숫자가 적혀 있고, 여기 빨간색 줄이 있네요. 온도가 높아지면 빨간 줄이 올라가면서 더 큰 숫자를 가리키게 되는 거예요. 손으로 여기를 잡아 볼까요?"

② 온도계의 눈금이 언제 가장 높이 올라갈지, 또한 온도계의 눈금이 조금만 올라가려면 어떤 상황이어야 할지 아동에게 물어봅니다. 여러 상황에서 온도계가 어떻게 변할지 예측해 봅니다.

> 상담자: "온도계가 가리키는 온도가 아주 높아지는 경우는 어떤 경우일까요?"
>
> 아동: "물이 펄펄 끓을 때요!" / "한여름에 날씨가 푹푹 찔 때요."
>
> 상담자: "온도계가 가리키는 온도가 조금만 올라가려면 어떻게 하면 될까요?"
>
> 아동: "손으로 가만히 쥐고 있으면 돼요, 아까처럼요." / "따뜻한 이불 속에 온도계를 넣어요."

③ 기분도 온도와 마찬가지라는 점을 알려 줍니다. 같은 기분도 어떤 상황에서는 강하게 느껴지고 어떤 상황에서는 약하게 느껴질 수 있다는 점을 설명합니다. 이때 적절한 예를 들어 주면 좋습니다.

> "물이 펄펄 끓는 상황에서는 온도계 눈금이 끝까지 올라가고, 따뜻한 이불 속에서는 조금만 올라가지요? 우리의 기분도 마찬가지랍니다. 같은 기분이라도 경우에 따라 강하게 혹은 약하게 느껴질 수 있어요. 예를 들어 볼까요? 친구와 가위바위보에서 이겼을 때와 학교 전체에서 달리기 1등을 해서 학교 대표 선수로 뽑혔을 때를 비교해 봅시다. 이 두 경우에 어떤 기분을 느낄 수 있을까요? 두 경우 모두 '기쁨'이라는 기분을 느낄 수 있을 거예요. 그렇지만 두 경우 모두 똑같은 정도로 기쁠까요? 어떤 때 더 기쁘고 어떤 때 덜 기쁠까요? 차이를 온도로 매긴다면 어느 정도일까요?"

④ 이제 아동 스스로 자신만의 기분 온도계를 만들어 볼 차례입니다. 아동이 자주 느끼는 기분을 하나 정하게 합니다. 그 기분을 어떤 상황에서 느꼈는지, 그때의 느낌, 행동, 그리고 그 기분을 느낀 결과 어떻게 되었는지 등에 대해 대화를 나눈 뒤, 그때 느낀 기분의 강도를 수치화 하여 기분 온도계에 나타내게 합니다.[활동지 07] 상황이 다양할수록 좋습니다. 한 가지 기분이 다양한 상황 속에서 어떻게 느껴지는지 자유롭게 이야기하고, 각각의 기분 강도를 기분 온도계에 표시하게 합니다.

　　　　이 활동을 통해 같은 기분이라도 상황에 따라 다양한 수준으로 경험된다는 사실을 확인하고, 자신의 감정을 좀 더 확실하게 인식할 수 있습니다. 기분의 수준을 계량화 하는 일은 성공적으로 기분을 조절하는 일과도 관련이 있습니다.

😊**TIP**

• 실제로는 비슷한 정도의 기분이라도, 아동마다 그 강도를 다르게 표현할 수 있습니다. 따라서 이를 기억하는 것은 아동을 이해하고 개입을 계획할 때 중요한 단서가 될 수 있습니다.
- -

⑤ 활동을 확장하여 기분을 조절하는 방법을 다룰 수 있습니다. 이를 '나만의 기분 온도계 사용법'이라고 명명해서 소개해도 좋습니다. 이 활동에서는 어떻게 하면 기분의 온도를 1~2칸 정도 조절할 수 있을지, 즉 어떤 활동을 하면 기분이 1~2단계 좋아지거나 나빠질 수 있을지 아동과 함께 생각해 봅니다. 단번에 많은 칸을 조절하려 하지 않고, 1~2칸 정도만 조절하는 방법을 생각하는 것이 핵심입니다. 예를 들어 8도 정도의 분노를 경험한 경우, 이를 단번에 2도나 1도로 낮추는 방법은 떠올리기 어렵지만, 7도나 6도로 낮추는 방법은 충분히 생각할 만하기 때문입니다.

두 배로 효과 보기
■ 특정 감정 조절에 어려움이 있는 아동의 경우 '기분 온도계'라는 말 대신

'분노 온도계' 혹은 '짜증 온도계' 등으로 온도계 이름을 바꾸고, 매일의 기분 온도를 측정할 수 있습니다.

- 아동이 기분 온도계를 그리는 활동에 익숙해졌다면, 이 활동을 간소화하여 모든 프로그램의 초반부에 실시할 수 있습니다. 예를 들어 '기분 온도계 만들기' 활동지에 그날의 기분을 그려 봄으로써 지속적·반복적으로 아동의 기분 변화를 관찰할 수 있습니다.[활동지 08]

- 매 회기마다 본격적인 회기 시작 전과 회기 마무리 때, 현재 어떤 감정이 어느 정도로 느껴지는지 물어보는 것도 좋습니다. 아동이 이에 대해 이야기하는 데 익숙해진 뒤에는 매일 기분 일기를 쓰게 할 수도 있습니다. 기분 일기는 활동 중에 함께 써 볼 수도 있고 과제로 내주어 가정에서 써 보게 할 수도 있습니다.

활동 2.5 | 다섯 가지 내 마음   워크북 17~18쪽

이 활동은 아동이 어떤 상황에서 어떤 감정을 느끼는지 살펴봄으로써 아동의 정서 인식 능력을 증진하는 활동입니다. 이 활동에서는 즐거움, 기쁨, 슬픔, 화남, 놀람이라는 다섯 가지 감정을 알아차릴 수 있는 여러 단서에 대해 학습합니다.

준비물: 필기도구, A4 용지(선택), 가위(선택), 다양한 상황 그림/잡지/만화책(선택), 영상 촬영 도구(선택), 포스트잇(선택), 풀(선택)

진행 순서

① 즐거움, 기쁨, 슬픔, 화남, 놀람이라는 다섯 가지 기본적인 기분에 대해 이야기 나눕니다.[활동지 09]

"여기에 다섯 가지 표정 그림이 있어요. 각각의 표정이 즐거움, 기쁨, 슬픔, 화남, 놀람 중 어떤 기분을 나타내는지 적어 볼까요? 이런 기분들을 느껴본 적 있나요?"

아동이 기분의 정의나 특징을 단번에 잘 설명하기는 어렵습니다. 그러므로 아동이 언제, 어떤 상황에서 특정 기분을 느꼈는지 자유롭게 이야기 나누는 것만으로도 충분합니다.

② 기분 표현에 대해 이야기하고, 각각의 기분에 맞는 얼굴 표정을 지어 보며 그 기분을 느낄 때 할 수 있는 행동을 시연해 봅니다. 집단으로 이 활동을 할 경우, 서로의 표정이나 행동을 보고 그것이 어떤 기분을 의미하는지 알아맞혀 보게 할 수 있습니다. 가장 기분을 잘 표현한 아동을 칭찬하는 시간을 갖는 것도 좋습니다.

⌣⁺ TIP

• 저학년의 경우 단서를 보고 기분을 알아차리는 활동을 놀이처럼 진행하거나, 이 놀이 이후에 본 활동을 수행해도 좋습니다. '단서'에는 얼굴 표정, 자세, 동작 등이 모두 포함되니, 이를 골고루 사용해서 예시를 들어 주세요.
----

③ 어떤 상황에서, 즉 언제, 어디서, 누구와, 무슨 일이 있을 때 각각의 기분을 경험하게 되는지 구체적으로 물어봅니다. 아동이 자신의 경험을 최대한 기억해 느낌을 되살려 표현하도록 격려한 뒤, 이를 '다섯 가지 기분 이야기' 활동지에 적게 합니다.[활동지 10] 활동지 작성을 불편해하거나 글쓰기에 어려움이 있는 아동에게는 빈 종이를 주어 그림으로 표현하게 합니다. 다양한 상황이 묘사된 그림이나 잡지, 만화의 컷을 활용하여 상황과 기분을 추측해서 이야기해 보게 할 수도 있습니다.

④ 아동이 활동지에 작성한 내용 또는 그린 내용을 설명하는 시간을 갖습니다. 집단으로 이 활동을 할 때는 아동이 돌아가면서 발표하게 합니다. 그때그때

제비뽑기로 아동의 이름을 뽑아 발표하게 해도 좋고, 앉은 자리 순서대로 발표해도 좋습니다. 상담자는 한 아동이 발표할 때 발표하지 않는 아동들도 모두 경청하게 하는 한편, 아동의 감정 경험에 충분한 공감을 표현합니다. 물론 아동끼리도 서로 격려하고 공감을 표현할 수 있는 기회를 주는 것이 좋습니다.

TIP

- 아동 간 피드백을 장려하기 위해 미리 준비한 포스트잇에 간단한 응원 메시지를 적어 발표한 친구에게 전달하는 방식을 사용해도 좋습니다.

두 배로 효과 보기

- 각각의 기분을 경험한 상황을 토대로 상황극을 만들어 연기해 봅니다. 연기하는 모습을 사진이나 영상으로 기록한 뒤, 나중에 이를 다시 보며 해당 기분 경험에 대해 이야기하는 활동으로 확장할 수 있습니다.

- 다섯 가지 기분에 대한 아동의 인상과 느낌을 미술 작품으로 표현하는 활동도 가능합니다. 기분은 오감을 통해 경험되는 것이므로, 다양한 활동을 할수록 아동이 해당 기분을 인식하는 능력은 섬세해지고 향상됩니다. 그 결과 아동은 다양한 상황에서 발생하는 자신의 감정 상태를 정확히 이해할 수 있게 되며, 이는 타인의 감정에 대한 이해나 공감 능력 향상에도 도움이 됩니다.

- 아동이 흥미를 보인다면 위에 소개한 활동들은 별도의 시간을 할애하여 진행하기를 권합니다.

- 어떤 상황에서는 복합적으로 다양한 감정을 느낄 수도 있다는 사실을 알려줍니다. 예를 들어 발표를 잘해서 칭찬을 받을 경우, 기쁘면서도 계속 잘해야 된다는 생각이 들어서 부담스럽고 걱정될 수 있습니다.

기분 상태는 기상 상태에 비유할 수 있습니다. '마음 기상 캐스터'는 기분을 인식하고 표현하는 법을 우리에게 익숙한 일기예보 형식으로 연습하는 활동입니다. 아동은 이 활동을 통해 일기예보에서 하는 것처럼 몇 가지 단서에 기반하여 미래의 자신의 기분을 예측하고, 기분이 나빠질 법한 상황에 대비할 수 있습니다.

| 준비물: 일기도(선택), 일기예보 영상(선택)

진행 순서

① 날씨 카드를 보며 아동과 날씨에 대해 이야기를 나누어 봅니다.[활동지 11] 각각의 날씨 그림을 짚어 보며, 해당 날씨의 특징, 이에 대한 느낌이나 생각, 날씨별 몸의 감각이나 행동 변화 등에 대해 물으며 구체적으로 대화합니다. 필요하다면 일기예보 영상이나 일기도를 보면서 날씨 이야기를 해도 좋습니다.

② 각각의 날씨 카드에 어울리는 기분은 무엇인지 이름을 붙입니다(예: 맑음에는 기쁨, 흐림에는 슬픔 등). 정답은 없습니다. 아동이 자유롭게 생각하고 자신의 느낌을 탐색하여 이름을 붙이도록 격려합니다.

③ 날씨에 대해 이야기했던 것과 같이, 각각의 기분에 어떤 특징이 있는지, 그런 기분이 들면 몸의 반응이 어떤지, 어떤 생각이 떠오르고, 어떻게 행동하게 되는지 등에 대해 이야기를 나누어 봅니다.

④ 최근에 느꼈던 좋았던 기분과 안 좋거나 힘들었던 기분이 무엇인지, 각각의 기분은 어떤 날씨에 해당한다고 할 수 있을지 물어봅니다. 그러한 기분을 느꼈을 때의 상황과 신체적 반응에 대해서도 이야기해 봅니다.

⑤ 다시 날씨 카드를 보며 일기예보를 해 봅니다.

상담자: "일기예보를 통해 현재의 날씨가 어떤지, 앞으로의 날씨가 어떨지 미리 알 수 있어요. 우리도 한번 일기예보를 해 볼까요? 지금 비가 온다면, 일기예보 방송에는 어떻게 나올까요?"

아동: "지금 ○○○ 지역에 비가 내리고 있습니다. 이렇게요?"

상담자: "맞아요. 시간당 몇 밀리미터의 큰 비가 내리고 있습니다. 이런 말도 나오지요. 또 무슨 말을 할까요?

아동: "아! 들어본 적 있어요. 외출 계획이 있으신 분은 우산을 챙겨 주세요. 이런 말도 나왔던 것 같아요."

상담자: "맞아요. 일기예보를 보면 우리가 어떻게 행동해야 할지도 알 수 있어요."

⑥ 고학년이나 일부 아동에게는 보다 자세한 일기예보 시나리오를 제공하는 것도 도움이 됩니다.

일기예보 시나리오 #1
내일은 전국적으로 하루 종일 흐리고, 수도권에는 낮 동안 약한 비가 내리는 곳이 있겠습니다. 비구름은 오후가 되면서 전국으로 확대되어 저녁 늦게까지 비가 내리다가 내일 새벽에 서서히 개겠습니다.

일기예보 시나리오 #2
내일 수도권 지역은 기온이 영하로 내려가므로, 추위에 대비하셔야겠습니다. 강원 영서 지방은 큰 눈까지 예상되고 있어, 운전이나 외출에 주의하시길 바랍니다. 이번 주말쯤에는 예년 수준으로 기온이 회복되면서 추위가 물러가고 포근한 날을 보내실 수 있을 것으로 예상됩니다.

일기예보 시나리오 #3

남부 지방을 중심으로 무더위가 기승을 부리고 있습니다. 예년보다 높은 기온이 일주일째 지속되고 있는데요, 어린이나 노약자는 수분 섭취 등 건강관리에 주의하셔야겠습니다. 그러나 충청 지역은 곳에 따라 국지성 호우가 내리기도 하겠으니 외출 시 작은 우산은 꼭 챙겨 나가시는 것이 좋겠습니다.

⑦ 일기예보를 바탕으로 자신의 기분예보 시나리오를 작성하고, 이를 발표하게 합니다. 내일 자신의 기분이 어땠으면 좋겠는지를 다루어도 좋습니다.

> "방금 살펴본 일기예보처럼, 기분을 예보해 볼 거예요. 우선, 내일 어떤 기분이었으면 좋겠는지 생각해 보고, 거기에 맞춰 준비해 볼까요?".

⑧ 아동이 가까운 시일 내에 특별한 일을 하기로 계획해 두었다면, 그 일을 할 때 기분이 어떨지 예상해 보고, 이에 맞춰 기분예보를 작성합니다.

> "혹시 가까운 시일 내에 특별한 일을 할 계획이 있나요? 그렇다면 그 일과 관련하여 기분예보를 작성해 볼 수도 있겠네요."

기분예보 시나리오 #1

내일은 3교시에 수학 시험이 있습니다. 그래서 오늘 저녁부터 시험이 있는 3교시까지 계속 마음이 흐릴 예정입니다. 먹구름도 끼겠습니다. 만약 내일 시험을 못 본다면 오후에는 마음에 비가 내리겠습니다. 비올 때를 대비해서 우산을 챙기듯, 마음에 내리는 비를 대비해 사탕과 초콜릿을 가지고 학교에 가야겠습니다.

기분예보 시나리오 #2

이번 주말에는 친구들과 오랜만에 공원에서 인라인스케이트를 타기로 했습니다. 그래서 이번 주 내내 마음이 맑겠습니다. 다음 주말에는 이번에 찍은 사진을 보며 친구들과 함께 대화할 것이므로 다음 주에도 마음은 맑을 예정입니다.

🙂 **TIP**

- 아동이 처음부터 기분예보를 작성하기는 어려울 수 있으므로, 미리 준비된 기분예보 시나리오를 활용할 수 있게 합니다.

⑨ 아동이 계획한 일이 대해 기분예보를 작성했다면, 계획 실행 후, 그때 마음이 기분예보와 같았는지 달랐는지, 어떤 느낌이나 생각이 들었는지, 어떤 행동을 했는지 물어보며 대화합니다. 만일 아동의 마음이 기분예보와 비슷하지 않았다면, 그 이유는 무엇이었을지 함께 생각해 봅니다.

🙂 **TIP**

- 기분을 느끼는 것에는 옳고 그른 것이 없다는 것을 명심하세요. 혹시라도 아동이 자신의 기분에 대해 걱정한다면, 걱정을 내려놓을 수 있도록 그 기분을 인정하고, 자신이 경험하는 기분이 정당할 수 있음을 인식하게 해 주세요.

기분을 인정해 주는 표현들

- 그렇게 느끼는 건 당연해.
- 나라도 그랬겠다.
- 그래, 그럴 수 있어.

두 배로 효과 보기

■ 활동 시간에 연습한 것을 일상생활에서도 적용하게 합니다. 예를 들어 오늘 아침, 점심, 저녁, 자기 전 자신의 기분은 어땠는지, 내일 아침, 점심, 저녁,

자기 전 나의 기분은 어떨지 등을 생각해 보게 할 수 있습니다.

■ 좋지 않은 날씨에는 어떻게 행동했는지 혹은 어떻게 행동할 수 있을지 이야기 나눕니다. 비가 올 때 우산을 쓰듯, 기분의 변화에도 우리가 할 수 있는 행동이나 해야 하는 행동 등이 있을 수 있습니다. 궂은 마음날씨에 대비하는 나만의 비법이 있다면 서로 공유하는 것도 재미있는 방법입니다. 또는 '나만의 마음 우산'을 만들어, 우산 안쪽에 기분을 전환해 주는 활동이나 사진, 말을 기록해 둠으로써, 궂은 마음날씨에 대비할 수도 있습니다.

궂은 마음날씨에는 이렇게!

- 좋아하는(그러면서 엄마한테 혼나지 않을!) 활동을 합니다. 맛있는 음식을 먹거나 좋아하는 음악을 들으며 노래를 부를 수도 있고, 춤을 추거나 공놀이를 하거나 친구들과 시간을 가질 수도 있습니다.
- 기분 좋았던 때를 기억해 봅니다.
- 구름이 흘러가듯이 마음에 낀 구름도 지나갈 것이라고 생각합니다.
- 흐린 마음날씨에 있는 좋은 점을 생각해 봅니다.

■ 어떤 기상 현상의 경우, 발생하기 전에 일종의 경고 신호가 있다는 점에 주목합니다. 예를 들어 태풍이나 지진이 발생하기 전에 동물이나 곤충이 평소와 다른 행동을 보이는 경우가 종종 있습니다. 이처럼 우리에게도 강력한 기분이 몰아치기 전에 경고가 되는 생각이나 사건, 행동 등이 발생할 수 있다는 점에 초점을 맞춥니다. 이에 대해 아동과 대화하고, 경고 신호가 있을 때 어떻게 행동하면 좋을지 생각합니다. 필요하다면 적절한 행동을 연습해 보는 것도 좋습니다. 가령 쉽게 화를 내거나 분노를 폭발시키는 아동의 경우, 화가 조금 날 때 드는 기분이나 생각이나 몸의 느낌을 알아차릴 수 있도록 도와줄 수 있습니다.

'기분 빙고 게임'은 기분의 종류를 살펴보고 다른 사람들이 어떤 기분을 느끼는지 생각하는 활동입니다. 이 활동을 통해 아동이 자신의 기분을 더 잘 알아차리고, 이에 적절한 기분 단어를 찾아 표현할 수 있게 될 것입니다.

> 준비물: 필기도구

진행 순서

① 빙고 게임을 소개하며, 이를 통해 다양한 기분 표현을 연습할 것이라 안내합니다.[활동지 12]

> "오늘은 빙고 게임을 하면서, 기분을 나타내는 다양한 단어를 연습해 볼 거예요. 빙고 게임은 종이와 연필만 있으면 할 수 있는 간단한 게임이랍니다. 자, 여기 빙고판에 기분을 나타내는 단어를 적어 볼까요? 그런 다음, 번갈아 가면서 단어를 말하고, 각자 자기가 적은 단어가 나올 때마다 해당 단어에 동그라미 표시를 해요. 가로나 세로, 대각선으로 한 줄에 있는 모든 단어에 동그라미 표시를 하면 빙고 한 줄이 완성된 거예요. 빙고를 세 줄/네 줄/다섯 줄 만들면 힘차게 '빙고!'라고 외치세요. 먼저 외치는 사람이 이기는 겁니다."

② 기분을 주제로 빙고 게임을 해 봅니다.

 TIP

- 아동이 성격이나 특징을 적지 않도록 안내합니다. 기분을 나타내는 표현의 예('슬픈', '행복한', '뿌듯한' 등)를 들어 설명해 주는 것도 좋습니다.
- 빙고판 크기를 바꿔도 괜찮습니다. 3×3으로 시작해서 4×4, 5×5로 늘려 나갈 수 있습니다.

③ 아동이 빙고 게임 진행을 이해한 뒤에는 좀 더 복잡한 '기분 빙고 게임'을 진행할 수 있습니다. 이때 아동이 헷갈리지 않도록 일반 빙고 게임의 기본 규칙을 다시 한번 정리해 줍니다. 그런 다음 기분 빙고 게임 규칙을 설명합니다. 아동의 이해를 돕기 위해 예를 들어 줍니다.

> "이번에는 조금 다른 게임을 해 봅시다. 그 전에, 빙고 게임 규칙을 기억할 수 있도록 다시 정리해 볼까요?"(아동이 게임의 규칙을 요약하여 이야기하게 해도 좋습니다.)
>
> "이번에는 기분 빙고 게임을 할 거예요. 빈 빙고판에 숫자를 1부터 25까지 마음대로 적은 다음, 그 숫자 중에 하나를 정해 보세요. 그리고 기분 목록에서 그 번호에 해당하는 기분을 확인하고, 언제, 누구와, 무엇을 하며 그 기분을 느꼈는지 얘기하는 거예요."(이때 이야기 대신 종이에 한두 문장을 쓰게 해도 괜찮습니다.)
>
> "선생님이 예를 들어 볼게요. 선생님은 숫자 16을 선택했어요. 기분 목록 16번에 뭐가 적혀 있지요? 아, '외로운'이네요. 그럼 최근에 외로움을 느꼈던 때를 선생님이 떠올려 볼게요. 음. 얼마 전에 선생님 할머니 생신 잔치가 있었어요. 그래서 온 가족이 할머니 댁으로 갔는데, 선생님은 열이 나서 가지 못했답니다. 그때 외로움을 느꼈어요. 이렇게 이야기 한 다음, 빙고판에서 16을 찾아 동그라미 표시를 해요. 이렇게 빙고 세 줄을 만들면, 이번에도 힘차게 '빙고!' 하고 외치면 된답니다."

기분 빙고 게임 방법

- 1부터 25까지 숫자를 빙고판에 자유롭게 쓰고, 그중 하나 선택하기
- 기분 목록에서 선택한 번호에 해당하는 기분 찾기
- 기분 목록에서 찾은 단어와 얽힌 내 경험 얘기하기

- 해당 번호에 동그라미 표시하기
- 빙고 세 줄을 만들면 '빙고!'라고 외치기

④ 오늘 진행한 활동에 대한 소감을 물어봅니다. 아동의 소감을 듣고 나서, 기분 단어를 많이 아는 것에 어떤 장점이 있는지 설명합니다. 자신이 느끼는 감정을 잘 알고 적당한 단어로 표현할 수 있다면 자기 기분을 조절할 수 있는 준비를 하게 되는 것이라고 말이지요.

> "오늘은 기분을 나타내는 단어들로 게임을 했어요. 이렇게 적절한 단어를 사용해서 기분을 잘 표현할 수 있다면 어떤 좋은 점이 있을까요?"
> (아동의 이야기를 듣고 반응해 줍니다)
>
> "우리가 매일 느끼는 기분에는 정도가 있고, 그런 기분의 정도를 우리가 조절할 수 있다는 사실을 알고 있나요? 기분을 잘 조절할 수 있으려면 제일 먼저 무엇을 해야 할까요?"
>
> "맞아요. 기분을 잘 조절하려면, 현재 내가 어떤 기분을 느끼고 있는지 잘 알아야 해요. 오늘 우리는 기분을 나타내는 다양한 단어를 배우고, 언제 그런 기분을 느꼈는지 살펴보는 시간을 가진 거예요. 앞으로 기분의 정도는 어떻게 나타내고 또 조절해 나갈 수 있는지도 차근차근 알아봅시다."

 TIP

- 게임에서 이기고 지는 것은 중요하지 않으며, 이 활동의 목표 역시 이기는 것이 아니라는 사실을 아동이 충분히 이해하고 활동에 임할 수 있도록 신경 써 주세요.
- 빙고 게임에서 이긴 아동뿐 아니라, 이기지 못했어도 익숙하지 않은 기분에 대해 생각해 보고 경험을 떠올려 본 아동들도 축하받아야 한다는 것을 명심해야 합니다.

두 배로 효과 보기

- 기분 빙고 게임은 상담자와 아동 단 둘이서 진행할 수도, 여러 아동과 함께 진행할 수도 있습니다. 만약 아동이 원한다면, 빙고판과 기분 목록을 주며 가족과 함께 기분 빙고 게임을 하는 과제를 내줄 수도 있습니다. 이 경우 다음 회기 때 가족과의 게임이 어땠는지 묻고, 이에 대해 대화하는 시간을 갖습니다.

- 기분 빙고 게임 외에 기분 알아맞히기 게임을 하는 것도 좋습니다. 한 사람이 표정을 짓고, 다른 사람은 해당 표정이 어떤 기분을 표현한 것인지 맞히는 게임입니다. 상담자와 아동 둘이 할 수도 있고, 집단상담에서 회기 시작 전에 할 수 있습니다. 또는 한 사람이 상황을 설명하고, 다른 사람이 그 상황에 맞는 표정이나 행동을 표현하게 할 수도 있습니다.

활동 2.8 | 기분 이름표　　　　　　　워크북 22~27쪽

'기분 이름표'는 사람이 느끼는 기분의 종류를 살펴보고, 기분을 말로 표현하는 것을 연습하는 활동입니다. 이 활동을 통해 기분을 표현하는 용어를 익히고, 기분을 나타내는 단서(예: 몸짓, 얼굴 표정)를 통해 상대방의 기분을 짐작하는 능력을 증진할 수 있습니다.

| 준비물: 필기도구, A4 용지(선택), 기분 카드(부록)

진행 순서

① 기분을 나타내는 단어로 무엇이 있을지 아동과 이야기 나눕니다. 아동이 이러한 대화에 익숙하지 않거나, 평소에 이에 대해 생각해 본 적 없다면 선뜻 말하기 어려워할 수 있습니다. 이 경우 아래와 같이 예를 들어 설명합니다.

상담자: "오늘 아침에 일어났을 때 기분이 어땠나요?"

아동: "떨렸어요. 오늘은 수학 시험이 있는 날이거든요."/"행복했어요. 놀이공원에서 노는 꿈을 꾸다 일어났거든요."

상담자: "그렇군요. '떨리는'이나 '행복한' 같은 단어들이 바로 우리의 기분을 나타내는 말이에요."

그런 다음, '떨리는'이나 '행복한'처럼 기분을 나타내는 다른 단어에는 무엇이 있을지 물어보며 다시 이야기를 시작합니다.

② 자신과 다른 사람의 기분을 어떻게 알 수 있을지 생각해 봅니다. 이는 기분을 알아차리기 위해 어떤 정보를 사용했는지 꼼꼼히 조사하는 활동입니다.

"우리가 지금 행복하다는 것을 어떻게 알 수 있을까요?"

TIP

• 아동에 따라 자신이 아닌 다른 사람의 기분을 알아차리는 방법에 대해 이야기하는 것을 더 쉽게 느낄 수도 있습니다.

"다른 사람이 지금 화가 났다는 것을 어떻게 알 수 있을까요?"

TIP

• 기분을 나타내는 단어를 이야기할 때 나누었던 경험을 사용해도 좋습니다.

상담자: "조금 전에, 아침에 일어났을 때 행복한 기분이었다고 했지요? 일어났을 때 행복한 기분이라는 것은 어떻게 알 수 있었나요?"

아동: "음, 제 입꼬리가 올라가 있었어요. 저도 모르게 막 웃음이 나왔거든요."

③ 기분을 알아차릴 수 있는 단서는 여러 경로로 얻을 수 있습니다. 먼저, 우리의 몸에서 얻을 수 있는 단서들이 있습니다. 예를 들어 인상이 찌푸려지거나, 눈이 작아지면서 반달 모양이 되거나, 볼이 썰룩거리며 눈물이 나오기도 합니다. 어떤 때는 껑충 뛰어오르거나 발을 땅에 구르게 되는 등 기분이 조금 더 큰 몸짓으로 표현됩니다. 즉 기분의 강도에 따라서 몸의 반응이 달라집니다. 너무 강렬한 기분을 느낄 때는 심장이 빨리 뛰고 땀이 나기도 하고, 경우에 따라 숨을 잘 못 쉬게 되기도 합니다.

④ 기분은 생각으로도 알 수 있습니다. 긍정적인 기분이 들면 세상이 분홍빛으로 보이면서 좋은 생각이 머릿속에서 솟아나곤 합니다. 하지만 부정적인 기분을 느끼면 모든 것이 삐딱하게 보이면서 나쁜 생각이 꼬리에 꼬리를 물게 됩니다. 이처럼 몸과 생각이 기분과 연결되어 있다는 점을 이해하고 이 연결 관계를 이용하여 감정 인식에 사용하면 효과가 좋습니다.

⑤ '몸짓으로 기분 알기' 활동지와 '표정으로 기분 알기' 활동지에 나온 그림을 보면서 상담자와 아동이 각자 어떤 기분이라고 생각했는지 말해 봅니다.〔활동지 13, 14〕 그런 다음 상담자와 아동이 서로 다르게 생각한 그림은 어떤 것인지, 동일하게 생각한 그림은 어떤 것인지 확인합니다.

TIP

- 아동이 직접 각 몸짓이나 표정을 그리게 할 수도 있습니다. 활동지의 빈칸을 사용해도 좋고, 빈 종이를 활용해도 좋습니다. 그런 다음 어떤 기분을 나타낸 것인지 이야기를 나누어 봅니다.
- 이 활동의 목적은 단순히 기분의 이름을 알아맞히는 것이 아닙니다. 이 활동을 통해 아동이 여러 종류의 기분이 존재하며, 자신과 다른 사람의 기분을 다양하게 표현할 수 있다는 사실을 알게 되는 것이 중요합니다.
- 활동지에 소개되지 않은 기분도 있습니다. 아동이 활동지에 없는 기분을 언급한다면 충분히 격려해 주세요. 이를 기록해 두었다가 기회를 만들어 그 기분을 다루어 주세요.

두 배로 효과 보기

■ 활동을 진행하며 아동에게 어떤 기분이 익숙하고, 어떤 기분이 낯선지 물어봅니다. 그런 다음 해당 기분을 언제, 어디서, 누구와 있을 때 경험했는지,

그때 몸의 반응이 어땠고, 어떤 생각의 변화가 있었는지 이야기하게 합니다. 이를 통해 아동이 자신을 더 잘 이해하고, 이후에 비슷한 기분을 경험할 때 자신의 상태를 더 잘 파악할 수 있습니다. 아동이 자신의 기분을 보다 정확하게 인식할 수 있게 된다면, 이는 적절한 감정 조절로 이어져 아동의 전반적인 적응을 도울 것입니다.

■ 아동이 어떤 종류의 기분을 잘 인식하는지 또는 잘 인식하지 못하는지 파악하는 것이 중요합니다. 예를 들어 어떤 아동은 유난히 부정적인 기분을 잘 인식하는 반면, 어떤 아동은 유난히 긍정적인 기분을 잘 인식하곤 합니다. 또한 기분이 안 좋은 상황에서 어떤 아동은 주로 화를 내지만, 어떤 아동은 불안을 느낍니다. 많은 아동이 다양한 감정을 인식하지 못하므로, 다양한 상황에서 자신이 어떤 감정을 느끼는지 알아차릴 수 있게 도와줘야 합니다. 이 활동 이후에 아동이 자신의 기분 인식 패턴을 알게 되면, 이에 대해 좀 더 대화해 볼 수 있습니다.

■ 이 활동은 다른 활동과 연계하여 활용해도 좋습니다. 예를 들어 다른 활동이나 상담을 시작하기 전에 이 활동을 진행하여 아동이 자신의 기분에 대해 자연스럽게 이야기하게 할 수 있습니다. 또는 기분 카드에 제시된 다양한 기분을 살펴보며, 아동이 어떤 상황에서 어떤 기분을 느꼈는지 이야기할 수도 있습니다.[활동지 15] 기분 카드는 아동이 평상시 자신의 기분을 평정하는 데 사용해도 좋습니다.

■ 아동이 자신의 기분을 알아차릴 수 있게 도와주는 과제를 내줄 수 있습니다. 특히 아동이 화가 나는 상황에서 과제를 해 봤다고 말하면 아동을 크게 칭찬해 주세요. 아동의 상담 동기가 높고 상담자와 아동의 라포 형성이 잘 되었을 경우에는 과제를 내줄 수 있습니다. 우선은 평소에 어떤 상황에서 어떤 기분을 느끼는지 생각해 보라고 합니다. 아동이 잘 따라온다면, 이번에는 이를 글로 정리하는 과제를 내줍니다. 이 과제의 핵심은 평소에 힘든 상황에서 자신의 감정을 인식하고, 이를 조절하는 것입니다. 따라서 과제의

수행 여부만 확인하기보다는, 아동이 상담을 통해 배운 것을 실천해 볼 수 있도록 지지해 주는 것이 중요합니다.

활동 2.9 | 내 기분은 무슨 색깔일까

워크북 28~29쪽

이 활동은 여러 가지 감각을 이용하여 자신의 기분을 표현하는 활동으로, 특히 시각적 자극(색깔 자극)에 흥미를 보이는 아동에게 유용할 수 있습니다. 아동은 이 활동에서 기분 간의 차이를 보다 명확히 구분하는 연습을 함으로써, 기분과 신체를 관련지어 생각해 볼 수 있습니다. 이를 통해 기분이 신체 감각으로도 경험될 수 있으며 기분과 신체는 연결되어 있다는 것을 인식하게 될 것입니다.

준비물: 다양한 색의 셀로판지, 색연필, 싸인펜, 유성매직, 크레파스, 파스텔, 기분 카드(부록)

진행 순서

① 아동과 여러 종류의 기분에 대해 이야기 합니다. 이 책에 소개된 기분 인식과 관련한 활동 중 일부를 먼저 진행한 뒤, 이 활동을 실시하면 좀 더 수월하게 기분의 종류에 대해 대화할 수 있을 것입니다. '기분 빙고 게임' 활동지의 기분 목록을 살펴보거나 부록의 '기분 카드'를 활용해도 좋습니다.[활동지 12]

② 아동이 직접 몇 가지 기분을 선정하고, 각각의 기분에 어울리는 색깔을 활동지의 빈칸에 칠하게 합니다.[활동지 16]

③ 여러 가지 미술 재료를 사용하는 활동을 좋아하는 아동의 경우, 몇몇 감정을 다양한 색의 셀로판지나 물감으로 표현하게 합니다.

④ 앞에서 언급한 기분이 느껴질 때 신체의 어느 부분에서 감각이나 느낌이

변하는지 물어봅니다.

> 아동: "창피할 때 손에서 땀이 막 줄줄 흘러요."/"부끄러울 때는 얼굴이 화끈거려요."

⑤ 활동지의 신체 그림에서 해당 신체 부위에 기분의 색깔을 칠하게 합니다. 그 기분을 경험할 때 느낌이 얼마나 강렬할지에 따라 색을 진하게 칠하거나 연하게 칠할 수 있습니다.

⑥ 아동이 부정적인 감정을 다루기 어려워할 수 있습니다. 이 경우 긍정적인 감정이나 아동이 좋아하는 감정을 먼저 다룬 뒤, 아동이 어려워하는 감정을 다루는 것도 좋은 방법입니다. 필요하다면 상담자가 부정적인 감정의 예를 먼저 들어 줍니다.

> "너무 떨리니까 기억이 하나도 안 나고 멍해지더라고요…. 그래서 선생님은 그런 경우를 흰색으로 표현해 볼게요."

> "선생님이 거짓말한 것을 친구들이 알고 있었는데도 계속 선생님만 아닌 척 시치미를 떼고 있었다는 것을 나중에 알게 된 적이 있어요. 너무 부끄러웠고, 내가 못된 아이인 거 같은 생각이 들어서 비참했어요. 색깔로 표현하면, 처음에는 빨간색이었는데 자꾸 검은색이 더해져서 완전히 검은 색이 된 것 같아요…."

⑦ 활동을 마무리하면서 상담자와 아동의 신체 그림을 비교해 봅니다. 집단 상담의 경우 활동에 참여한 사람마다 그림의 색깔이나 농도가 다르다는 것을 확인해 본다면 더 좋습니다. 이를 통해 아동은 사람마다 기분이 다르게 경험될 수 있다는 사실을 알게 될 것입니다. 또한 자신이 색칠한 신체 그림을

보면서 신체 감각 경험에 대한 지각 정도를 높이고, 궁극적으로는 기분과 신체가 연결되어 있다는 사실을 이해함으로써 자신의 감정을 보다 잘 인식할 수 있습니다.

TIP

- 아동이 활동에 정답이 있다고 생각하여 긴장하거나 적극적으로 참여하기 힘들어할 수 있습니다. 따라서 이 활동에는 정답이 없으며, 무슨 색깔이든, 어떤 신체 감각이든 아동이 원하는 대로 선택해도 된다고 강조해 주세요.

3 부주의하고 산만한 아동의 문제 해결력 증진하기

초등학교 3학년인 신현이는 문제나 갈등 상황에만 부딪히면 충동적으로 행동해서 손해를 봅니다. 하루는 친구의 물건을 가져갔다는 오해를 받았습니다. 신현이는 억울한 마음에 아니라고 크게 소리치며 화를 냈고, 결과적으로 그 친구랑 더욱 멀어지게 되었습니다. 그로부터 얼마 후에는 신현이의 별명을 부르며 놀리던 옆 반 친구를 때린 일이 있었습니다. 그 친구가 줄곧 신현이의 별명을 부르며 놀리는 것에 속상해하던 중 충동적으로 한 행동이었습니다. 그런데 그 친구에게 코피가 나면서 일이 커졌고, 그 결과 신현이의 어머니는 학교로 와서 사과를 해야 했습니다.

초등학교 4학년인 소희는 문제 상황을 마주하면 어떻게 대처해야 할지 몰라서 당황하곤 합니다. 며칠 전에는 열심히 한 숙제를 깜빡하고 학교에 가져오지 않았습니다. 숙제를 가져오지 못한 걸 알게 된 순간 너무 당황한 소희는 선생님의 질문에 한마디도 대답하지 못했습니다. 소희는 특히 새로운 상황에 처했을 때 문제가 벌어지면 더욱 당황하는 경향이 있습니다. 그래서 최근에는 새로 다니게 된 학원에서 발생하는 다양한 문제를 혼자 해결하지 못해 날마다 학원에 가는 것을 힘들어하고 있습니다.

많은 아동들이 신현이와 소희처럼 다양한 문제 상황에 부딪힙니다. 친구 관계나 학업 장면 등 여러 가지 다양한 상황에서 문제가 발생할 경우, 적절한 해결 방법을 생각해서 지혜롭게 대처할 필요가 있습니다. 그런데 부주의하고 산만한 아동은 이러한 상황에서 충동적으로 대처하거나 당황해서 제대로 대처하지 못하기 쉽습니다.

이 장에서는 문제 상황에 대처하는 데 도움이 되는 다양한 방법을 다루고 있습니다. 이를 통해 아동은 성공적으로 문제 상황을 해결하여 유능감을 키우고, 살아가면서 경험하게 되는 다양한 문제 상황에 적절히 대처할 수 있다는 자신감을 얻을 수 있을 것입니다.

• 진주조개 이야기 — 진. 주. 조. 개. 다.
• 진. 주. 조. 개. 다. 이야기 만들기
• 나는야 상담선생님!
• 상담자에게도 상담자가 필요해!

문제 해결력의 중요성: 문제 해결을 통한 성장

모든 사람은 살아가면서 다양한 문제를 마주합니다. 아침마다 힘들어도 일어나야 하고, 실수를 하기도 하고, 갈등을 겪기도 하며, 예상하지 못한 문제에 부딪히기도 합니다. 어떤 문제도 없는 하루를 살기는 어렵습니다. 이는 어른들에게만 해당하는 것이 아니라 아동들에게도 마찬가지입니다. 어른의 시선으로 본다면, 아동들에게는 큰 문제가 없어 보일 수 있겠지만, 아동들 역시 나름대로 크고 작은 문제를 경험하며 살고 있습니다. 어머니나 아버지의 잔소리를 들어야 하고, 형제자매와 갈등을 겪을 수도 있으며, 당장 해야 할 숙제를 이해하지 못해 힘들어할 수도 있습니다.

하지만 아동들이 문제를 싫어해서 그것을 피한다면 어떻게 될까요? 문제를 무시하고 지나치다 보면, 결국 문제는 더 커지기 마련입니다. 문제를 피하는 습관이 들면, 아동들은 밖에 나가지도, 친구를 만나지도 못하게 되어, 결국 경험하는 범위도 제한될 것입니다.

아동이 가족과 함께 생활하고 학교에서 교사 및 또래들과 지내다보면 문제를 피할 수 없습니다. 그러나 어른들과 마찬가지로, 아동들도 자신에게 주어진 문제를 성공적으로 해결함으로써 자신감과 행복감 등 긍정적인 감정을 느낄 수 있습니다. 이로 인해 자신에게 주어진 일에 더 의욕적으로 임하게 되며, 실제로 더 많은 성취를 이룰 가능성이 높아지는 것입니다. 반면, 문제를 성공적으로 해결하지 못할 경우에는 해당 상황에서 부정적인 기분을 느끼게 되고 자신감이 떨어집니다. 이로 인해 앞으로도 비슷한 문제를 경험할 때 최선을 다하기 어려워져 실제로 손해를 볼 수 있습니다. 이러한 경험이 반복되면 자신의 자원이나 역량에 대한 기대가 낮아지고, 그 결과 실제로 성취하는 것이 점점 더 어려워질 수 있습니다.

문제 해결 기술

미국의 심리학자 토마스 드주릴라(Thomas J. D'Zurilla)와 아서 네주(Arthur M. Nezu)는 문제 해결과 관련하여 광범위한 연구를 수행한 바 있습니다(D'Zurilla & Nezu, 2007; Nezu & D'Zurilla, 1989). 드주릴라와 네주가 강조하는 문제 해결 기술은 사람들이 일상적인 문제에 대처하고 효과적으로 해결하는 데 사용하는 실제적인 기술입니다. 연구 결과, 이를 훈련하여 스트레스를 유발하는 문제에 효율적으로 대처하고 자신감을 찾을 수 있을 뿐 아니라, 심한 우울이나 불안 증상, 심지어 만성 신체 질병 증상까지도 완화시킬 수 있는 것으로 나타났습니다.

즉, 문제를 피할 수는 없지만 문제 해결 기술을 배우고 연습하면 문제를 슬기롭게 이겨낼 수 있는 것입니다.

이 장에서는 드주릴라와 네주의 모형에 근거하여 다음과 같이 다섯 단계로 구성된 문제 해결 기술을 다룰 것입니다.

1. 문제가 무엇인지 정의합니다.
2. 다양한 해결 방법을 제시합니다.
3. 제시한 다양한 해결 방법의 장단점을 고려합니다.
4. 여러 해결책 중 가장 효과적이라고 여겨지는 방법을 선택합니다.
5. 선택한 방법을 실행하고 결과를 확인합니다.

부주의하고 산만한 아동과 문제 해결 기술

드주릴라와 네주의 설명을 살펴보면 문제 해결 기술이 거창한 기술이 아니며, 이미 우리가 일상의 여러 문제를 해결하는 과정에서 자연스럽게 습득하여 적용해 온 기술임을 알 수 있습니다. 그러나 어떤 사람에게는 이런 절차가 낯설어 연습이나 훈련이 필요할 수도 있습니다. 우리가 돕고자 하는 부주의하고 산만한 아동이 바로 그 예입니다. 소화를 시키기 어려우면 죽을 끓여 주고, 죽도 먹기 어려운 상태면 미음을 끓여 줘야 하는 것과 같은 이치입니다. 따라서 문제 해결 기술을 일상에서 자연스럽게 습득하지 못하는 아동의 경우, 이를 단계별로 학습하고 연습할 수 있도록 도와줘야 합니다. 미국에서 자란 아동들은 자연스럽게 영어를 구사할 수 있지만, 그렇지 않은 아동들은 먼저 알파벳과 영어 문법을 배우고, 단어와 문장을 암기한 뒤 혼자 혹은 함께 연습해야 영어를 구사할 수 있게 되는 것과 마찬가지입니다.

아동들은 어른들과 달리 문제 상황을 인지하는 데 노련하지 못합니다. 특히, 부주의하고 산만한 아동들은 이와 관련하여 더 큰 어려움을 경험합니다. 문제 상황을 명확히 규정할 수 있어야 해결에 이르게 되는데, 이 부분이 쉽지 않은 것입니다. 게다가 충동적인 면이 강한 아동들은 떠오르는 방법을 무작정 시도하다가 실패하고, 이로 인해 주변 사람들로부터 부정적인 피드백을 받아서 자신감이 떨어질 수 있습니다. 이러한 이유로 부주의하고 산만한 아동들은 문제 해결 과정에서 더 많은 도움이 필요합니다.

문제 해결 기술 적용

다른 아동들과 마찬가지로, 부주의하고 산만한 아동들도 가정, 교실, 학원 등 다양한 환경에서 부모, 형제, 또래, 교사와 상호작용합니다. 그러나 어쩌면 대부분의 상황에서 이들과 충돌하며 문제 해결을 필요로 하고 있을지도 모릅니다. 부주의하고 산만한 아동들은 자신의 알록달록한 마음속 색채에 맞춰 그때그때 자신의 주의를 사로잡는 단서에 이끌리므로 최선의 결과를 가져올 행동을 선택하지 못합니다. 따라서 이들이 문제 해결을 시도한 뒤 오히려 상황이 더 나빠지고 일이 꼬이는 경우가 많습니다. 또한 이들은 호감이 가는 친구와 사이좋게 지내거나 정해진 시간 내에 발표 자료를 마무리하거나 일상적인 과제를 수행하는 것조차도 실패하곤 하는데, 이는 문제 해결 능력의 부족 때문일 수 있습니다.

앞에서 살펴본 바와 같이 부주의하고 산만한 아동들에게 문제 해결 기술을 가르치는 것은 꼭 필요한 일입니다. 하지만 유익한 일이 대부분 그렇듯, 이 기술 역시 쉽게 몸에 배지 않습니다. 따라서 문제 상황이 닥치면 자동적으로 떠올려 적용할 수 있도록 반복해서 연습하고 익히는 것이 중요합니다.

이 장에서는 아동이 문제 해결 기술의 다섯 단계를 쉽게 기억할 수 있도록 각 단계의 앞 글자를 따 이름 붙인 활동을 소개할 것입니다. 이 활동은 아동이 다섯 가지 문제 해결 단계를 자연스럽게 익힐 수 있도록 계획되었습니다. 아동은 이 활동에서 재미있는 문제부터 시작하여, 친구의 문제, 상담 시간과 관련하여 나타날 수 있는 문제, 그리고 자신의 특별한 문제 등에 문제 해결 기술을 적용하게 됩니다. 상담사는 필요한 경우 재미있는 문제를 좀 더 추가하여 문제 해결 단계를 익히는 연습 횟수를 늘릴 수 있으며, 마찬가지로 친구에게 조언하는 문제, 상담과 관련된 문제 등도 여러 번 반복하며 더 깊이 있게 다룰 수 있습니다. 반대로 상담자가 판단하기에 아동이 문제 해결 기술을 빠르게 익혀 충분히 준비가 되었다면, 좀 더 일찍 아동 자신의 문제를 해결하는 과정으로 넘어갈 수도 있습니다.

아동의 문제 해결을 돕는 과정이 정작 상담자에게는 일종의 해결해야 할 문제가 될 수 있습니다. 이 경우 상담자 역시 자신의 문제에 문제 해결 기술을 적용할 수 있습니다. 이를 통해 효과적으로 문제를 해결하여 아동에게 역할 모델을 제공하고 상담자로서 성취감을 느낄 수 있을 것입니다.

이 활동에서는 효과적인 문제 해결 절차를 다룹니다. 주의가 산만한 아동들은 대개 충동적으로 행동하곤 합니다. 여기서 '충동적'이란 생각보다 행동이 앞선다는 의미입니다. 즉 이들은 자신의 행동이 어떤 결과를 야기할지 예상하지 못하고, 당장 하고 싶은 대로 행동하는 경향이 있습니다.

이 활동에서 아동은 갈등 상황이나 스트레스 상황에서 잠시 멈춰 결과를 예상하고, 적절한 해결책을 모색한 뒤 행동하는 전략을 연습합니다. 그런 다음 실제 자신의 생활에 해당 전략을 적용해 봄으로써 그 효과를 경험하고, 자연스럽게 이를 습득할 수 있습니다. 이러한 행동 방식은 친구, 교사, 부모와의 관계를 비롯하여 대부분의 대인 관계에 긍정적인 효과를 가져오며, 자기관리에도 큰 도움이 될 것입니다.

| 준비물: 진주조개 카드(부록), 진주 카드(부록)

진행 순서

① 상담자는 아동에게 부록에 있는 진주조개 카드를 보여 주며 진주조개를 소개합니다(아동과 함께 부록의 카드를 잘라 진주를 품은 진주조개를 만들어도 좋습니다). 이후 상담자와 아동은 진주조개에 대해 아는 것을 나눕니다.

② 이번 시간에는 매일 당면하는 문제를 효과적으로 해결하는 방법을 배울 것이라고 알려 줍니다. 또한 이 방법은 여러 가지 문제에 적용할 수 있으며, 중학생, 고등학생이 되어서도 계속 활용할 수 있다는 점을 강조합니다.

> "오늘은 효과적인 문제 해결 방법을 배울 거예요. 그런데 선생님이 왜 진주조개를 가져왔을까요? 문제가 생겼을 때 놀라고 당황해서 머릿속

에 떠오르는 대로 행동할 때가 있지요? 그런데 바로바로 떠오르는 생각이 제일 좋은 해결책은 아닐 수가 있어요. 물론 문제를 빨리 해결하는 것도 중요하지만, 그렇다고 해서 무조건 서둘러 행동하는 게 언제나 좋은 방법은 아니랍니다. 그보다는 잠시 멈춰 가장 좋은 해결책이 무엇일지 고민한 뒤 행동해야 해요. 오늘은 이런 방법을 배워 볼까요?"

③ 효과적인 문제 해결을 위한 '진. 주. 조. 개. 다.' 전략을 소개합니다. 이 전략은 다섯 단계로 구성되어 있으며, 단계별 세부 내용은 다음과 같습니다.

진: 진짜 문제가 뭐지?

- 진주조개 안에 모래가 들어가면 진주조개가 어떻게 될지 상상해 봅니다.
- 우리 마음이 불편해진다면, 바로 그때 문제 해결 방법을 사용해야 합니다.
- 마음이 불편해지는 것은 마치 진주조개 안에 모래가 들어간 상황과 비슷합니다. 이때 진주조개는 껍질을 닫아 버립니다. 그 결과 다른 이물질이 들어올 수 없게 되며, 진주조개 역시 일시 정지 상태가 됩니다.
- 우리도 충동적으로 행동하기보다, 진주조개처럼 잠시 멈춰 자신의 내면에 집중해야 합니다. 자신의 기분이 어떤지, 왜 이런 기분이 드는지, 즉 문제와 그 원인은 무엇인지 탐색해 봐야 합니다.

주: 주도적으로 찾아보자, 해법들을

- '진' 단계에서 문제가 무엇인지 살펴봤다면, 이제는 그 문제를 해결할 수 있는 여러 방법을 찾아봐야 합니다.
- 이때는 실현 가능성이나 장단점을 따지지 말고, 일단 떠오르는 생각을 다 말해 보는 것이 좋습니다.
- 여러 해결책을 탐색하면서 다시 상황을 객관적으로 살펴봅니다.
- 필요에 따라 숫자를 세면서 호흡하거나 편안한 장면을 떠올리는 이완법

을 활용해도 좋습니다(예: 활동 1.3 숫자 세며 숨쉬기).

조: 조사해보자, 장단점을

- '주' 단계에서 찾은 여러 해결책의 장점과 단점을 비교합니다.
- 다음과 같은 질문을 활용하면 장단점을 조금 더 쉽게 찾을 수 있습니다.

  "이 해결책을 사용하면 어떤 결과가 생길까?"

  "이 해결책을 정말로 사용할 수 있을까?"

  "이 해결책을 사용하면 불편한 내 마음이 편해질 수 있을까?"

  "이 해결책 때문에 또 다른 불편함이 생기지는 않을까?"

  "이 해결책을 나 혼자 실시할 수 있을까, 아니면 이 해결책을 사용하기
  위해 매번 누군가의 도움이 필요할까?"

개: 개선이 확실한 방법을 고르자

- '조' 단계에 비교한 여러 해결책 중 가장 확실하고 분명한 장점을 가진
  해결책을 고릅니다.

TIP

- 이때 앞에서 살펴본 여러 해결책의 장점들을 조합하여 새로운 해결책을 찾아낼 수도 있습니다.

다: 다루어졌는지 결과를 확인하자

- 문제 해결을 위한 해결책을 하나 골라 이를 실제로 적용해 보고, 어떤 결
  과가 나타나는지 확인합니다.
- 결과가 만족스럽지 않다면 '조' 단계로 돌아가서 다시 '조-개-다' 단계
  를 수행합니다. 만족스러운 결과가 나올 때까지 이 과정을 반복합니다.

④ 이번 회기의 중점은 진. 주. 조. 개. 다.의 각 단계를 익히는 것이므로, 여러

번 반복해서 연습합니다. 상담자와 아동이 함께 각 단계를 소리 내어 말하거나 한 사람이 각 단계의 맨 앞 글자를 말해주면 다른 사람이 여기에 이어서 말하는 방법을 동원해도 좋습니다.[활동지 17]

⑤ 아동이 일상에서 자주 경험하는 문제가 무엇인지 물어봅니다. 상담자가 아동의 상황을 고려하여 문제 상황을 미리 준비해도 좋습니다. 그런 다음 진. 주. 조. 개. 다.를 어떤 문제에 적용할 수 있을지 생각하여 활동지에 적게 합니다.[활동지 18]

⑥ 아동이 이 전략을 어디에 사용할지 어느 정도 이해했다면, 일상에서 겪음직한 문제들에 대해 부분적으로 해결책을 제시하는 활동을 진행합니다.[활동지 19~21]

⑦ 그 외에도 ⑤번에서 살펴본 다양한 문제 상황을 다뤄 봅니다. 이번에는 가능한 한 아동이 혼자 진. 주. 조. 개. 다. 전략을 적용하게 합니다. 아동이 직접 생각한 문제 상황을 가지고 연습한다면 효과가 더욱 좋을 것입니다.

😊 **TIP**

- 참여 아동의 이해도나 회기 시간을 고려하여 이 활동을 2~3회로 나누어 진행할 수 있습니다. 함께 진. 주. 조. 개. 다. 전략을 연습한 뒤, 이를 실제 상황에서 적용해 보는 것을 여러 번 반복하는 것이 좋습니다. 궁극적으로는 아동이 자신의 일상에 이 전략을 혼자서 적용·연습할 수 있게 도와주세요.
- 역할극을 통해 문제 상황 및 이에 대한 해결책을 명확히 하고, 아동의 구체적인 대처 기술을 확인할 수 있습니다. 가능하다면 스마트폰 등으로 역할극을 촬영한 뒤, 이를 아동과 함께 보며 대화하는 것을 권장합니다. 아동의 비언어적인 사회 기술을 함께 살펴보고, 잘한 점과 개선이 필요한 점을 이야기합니다. 그 뒤 다시 역할극을 진행하며 아동이 개선한 행동을 칭찬한다면, 아동의 사회 기술 향상에 큰 도움을 줄 수 있을 것입니다.

⑧ 다음 회기까지 자신에게 닥친 문제 상황에서 진. 주. 조. 개. 다.를 활용하여 문제를 해결해 보는 것을 과제로 제시합니다. 다음 회기 때는 이에 대해 간략하게 이야기하게 합니다. 아동의 활동 이해도에 따라 진. 주. 조. 개. 다. 중 특정 단계까지만 활용하게 할 수도, 모든 단계를 활용하게 할 수도 있습니다.

TIP

• 가능하다면 아동의 부모에게 협조를 요청합니다. 부모에게도 진. 주. 조. 개. 다. 전략을 알려 준다면, 아동이 일상생활에서 이 전략을 활용해 문제를 해결하는 데 도움을 받을 수 있습니다.

----

⑨   오늘 함께한 활동의 내용을 정리해서 발표하게 하고, 활동에 대한 소감을 물어봅니다.

⑩   문제를 겪고 싶어 하는 사람은 없지만, 문제를 잘 해결하고 소화하는 경험을 통해 우리가 한층 더 성숙할 수 있다는 점을 알려 줍니다. 마치 진주조개가 자신에게 들어와 자신을 아프게 했던 모래나 다른 이물질을 잘 품어서, 마침내 이를 진주로 변화시키는 것에 비유하여 설명합니다.

> "오늘은 문제를 만났을 때, 그 문제를 잘 해결할 수 있는 전략에 대해 이야기했어요. 물론 문제를 만나지 않으면 더 좋겠지만, 문제를 만나는 게 반드시 나쁜 것만은 아니랍니다. 왜 그럴까요? 진주조개에 모래나 다른 이물질이 들어오는 경우를 생각해 봅시다. 처음에는 아프고 힘들겠지만, 그 시간들이 다 지나가고 나면 아름다운 진주가 만들어질 거예요. 아픔이나 문제가 없다면, 문제를 극복해서 성장하거나 성숙하기 힘들답니다. 그러니까 우리도 문제를 만났을 때 피하려고 하지 말고, 문제를 발판으로 우리만의 진주를 만들어 봐요!!"

활동 3.2 | **진. 주. 조. 개. 다. 이야기 만들기**   워크북 35~36쪽

진. 주. 조. 개. 다. 전략을 실제 문제에 적용해 보는 활동입니다. 심각한 문제가 아닌 유쾌하고 엉뚱한 문제를 통해 아동이 문제 해결 절차에 익숙해지게 하는

것이 이 활동의 목표입니다. 이 책에 소개된 문제 외에도 비슷한 유형의 문제를 제시하여 아동과 즐겁게 진. 주. 조. 개. 다. 전략을 연습해도 좋습니다.

이 활동을 통해 문제 해결 단계를 잘 익혀둔다면, 향후 친구의 문제에 조언을 하거나 자신의 문제를 다룰 때, 보다 쉽게 문제 해결 기술을 활용할 수 있을 것입니다.

진행 순서

① 아동이 진. 주. 조. 개. 다. 전략의 각 단계를 기억하고 있는지 확인합니다. 머뭇거린다면 상담자가 힌트를 주어 각 단계를 떠올려 보게 합니다.

😊 **TIP**

• 아동이 진. 주. 조. 개. 다.의 각 단계에 익숙해질 때까지 각 단계를 전지에 적어 상담실 구석에 붙여 놓아도 좋습니다. 여유가 된다면 진. 주. 조. 개. 다.의 각 단계가 적힌 카드를 만들어 아동에게 나눠 주거나, 아동과 함께 카드를 만들 수도 있습니다.

② 이번 시간에 진행할 활동을 소개합니다.

> "오늘은 지난 시간에 배운 진. 주. 조. 개. 다.의 각 단계를 활용해서 재미있는 문제를 해결해 볼 거예요."

③ 재미있는 문제 상황을 제시하고, 아동이 하나를 고르게 합니다. 다음과 같은 문제 상황을 그대로 제시해도 좋고, 상담자가 새로운 문제 상황을 만들어도 좋습니다.

재미있는 문제 상황 예시

• 빨랫감을 빨래 바구니에 쉽게 넣고 싶다.
• 잃어버린 핸드폰이 어디 있는지 쉽게 찾아내고 싶다.

- 등굣길에 좋아하는 친구를 우연히 만나고 싶다.
- 좋아하는 어려운 노래를 쉽게 외우고 싶다.
- 책상에 흩어진 지우개를 깨끗하게 빨리 치우고 싶다.
- 책상 위의 휴지를 손대지 않고 휴지통에 넣고 싶다.

☺️ **TIP**

- 가능하다면 아동이 생각해 낸 재미있는 문제 상황을 활용해도 좋습니다.

④ 아동이 선택한 문제에 진. 주. 조. 개. 다.를 적용해 봅니다.[활동지 22]

⑤ 아동이 활동에 흥미를 보이면 평소 자신이 자주 겪는 문제에 진. 주. 조. 개. 다.를 적용하게 합니다.[활동지 23]

⑥ 활동을 마무리하면서 진. 주. 조. 개. 다.를 언제 사용해야 할지 확인해 줍니다.

> "어쩐지 마음이 무겁고, 고민이 들 때가 있지요? 바로 그때 진. 주. 조. 개. 다.를 사용해서 문제를 해결할 수 있어요."

두 배로 효과 보기

■ 아동이 진. 주. 조. 개. 다.에 흥미를 보인다면 전략을 사용하는 보드게임을 함께하며 문제 해결 기술을 연습할 수 있습니다(예: 젠가, 라비린스, 다이아몬드 게임, 입체사목 등). 이때 지나치게 어렵지는 않은 보드게임을 골라야 합니다. 게임을 할 때는 아동이 마음속으로 세운 전략을 소리 내어 말하게 합니다. 이 과정이 진. 주. 조. 개. 다.의 문제 해결 과정과 유사함을 알려 줍니다. 이를 통해 아동은 자신이 진. 주. 조. 개. 다.를 실제 문제 해결 상황에서 자연스럽게 사용하고 있다는 사실을 깨닫게 될 것입니다. 이 전략은 효율적이고 널리 쓰이는 전략이므로, 이를 연습할수록 더 효과적으로 문제를 해결할 수 있음을 강조합니다.

'나는야 상담선생님'은 문제 해결 전략인 진. 주. 조. 개. 다.를 실제 상황에 적용하여, 이를 익히기 위한 활동입니다. 이 활동에서 아동은 친구의 문제에 진. 주. 조. 개. 다.를 단계적으로 적용해 볼 수 있습니다.

활동지에 소개된 진. 주. 조. 개. 다. 활용 문제는 부주의하고 산만한 아동이 학교 장면에서 흔히 맞닥뜨리는 문제 상황으로 구성되어 있습니다. 친구의 문제에 대해 고민하며 해결책을 찾아가는 과정에서 아동은 유능감을 느낄 수 있으며, 자신도 모르게 사신의 비슷한 문제 상황에 대한 해결책을 찾을 수 있습니다.

| 준비물: 필기도구, A4 용지(선택)

진행 순서

① 이번 시간에 진행할 활동을 소개합니다.

> "오늘은 진. 주. 조. 개. 다.를 사용해서 속상해하고 있는 친구의 문제를 함께 해결해 봅시다."

② 아동에게 친구가 겪고 있는 문제 상황을 소개합니다. 문제 상황은 학교나 가정, 또래 관계에서 흔히 볼 수 있는 것들이어야 합니다(예: 시험을 못 봤다고 아버지에게 구박받는 상황, 친구에게 영화 보러 가자고 했는데, 친구는 과외 수업이 있다고 거절하는 상황 등).[활동지 24~25]

③ 활동지를 활용하여 점차 진.주.조.개.다.를 스스로 적용할 수 있도록 연습을 반복합니다.

④ 활동지에 나와 있는 문제에 대하여 이야기를 나눠 보고 다양한 해결책과 각 해결책의 장단점을 생각하여 적어 보게 합니다. 필요한 경우 원활한 활동 진행을 위해 다음과 같은 해결책과 해결책별 장단점의 예시를 참고할 수 있습니다.

예시 1

진: 진짜 문제가 뭐지

• 시험을 못 봤다고 아빠가 구박한다.

주: 주도적으로 찾아보자, 해결책들을.

• 해결책 1: 왜 나만 갖고 그러냐고 따진다.
• 해결책 2: 이번 시험을 왜 못 봤는지 설명한다.
• 해결책 3: 조용히 내 방에 들어가서 스트레스를 푼다.
• 해결책 4: 다음 시험은 잘 볼 수 있게 준비해 보겠다고 말한다.

조: 조사해 보자, 장단점을

	장점	단점
• 해결책 1:	속이 후련하다.	뭘 잘했냐며 야단맞는다.
• 해결책 2:	내 상황을 이해받는다.	변명한다며 혼난다.
• 해결책 3:	마음이 진정된다.	속이 답답하고 억울하다.
• 해결책 4:	아빠가 대견해한다.	다음 시험을 못 볼까 걱정된다.

예시 2

진: 진짜 문제가 뭐지

• 친구랑 영화 보러 가려고 했는데 과외 때문에 못 간다고 한다.

주: 주도적으로 찾아보자, 해결책들을.

- 해결책 1: 더 묻지 않고 알았다고 말한다.
- 해결책 2: 친구에게 과외를 빠지고 혼나라고 말한다.
- 해결책 3: 과외를 다음에 할 수 있는지 물어본다.
- 해결책 4: 친구가 영화 보러 갈 수 있는 다른 시간을 물어본다.

조: 조사해보자, 장단점을

장점	단점
해결책 1: 자존심이 상하지 않는다.	같이 영화를 못 볼 수도 있다.
해결책 2: 같이 영화 봐서 기분 좋다.	다음부터 못 놀 수도 있다.
해결책 3: 같이 영화 보러 갈 수 있다.	거절당하면 기분이 상한다.
해결책 4: 나와 시간이 맞으면 같이 영화를 볼 수 있다.	나와 시간이 안 맞으면 같이 영화를 볼 수 없다.

⑤ 각 해결책의 장단점을 고려하여 최선의 해결책을 정하고, 그에 따른 결과를 예상해 보게 합니다.

⑥ 아동이 다양한 해결책을 제시할 경우 이를 적극적으로 칭찬합니다.

⑦ 해결책을 생각하기 어려워하는 아동에게는 상담자가 의견을 제시하거나 힌트를 주어 아동이 생각할 수 있도록 도와줍니다.

⑧ 아동이 관심을 보이면 다른 문제도 해결해 보게 합니다.

두 배로 효과 보기

■ 아동이 직접 문제 상황을 생각하게 하거나 아동의 경험에 비추어 문제 상황을 설정한다면 진. 주. 조. 개. 다.를 적용하기가 더 쉬울 수 있습니다. 어쩌면 이렇게 연습한 상황과 비슷한 상황을 아동이 실제로 겪게 될 수도 있습니다. 이때 아동이 진. 주. 조. 개. 다.를 적용해 보았다고 말한다면, 그 경험에 대해

구체적으로 물어봅니다. 아동의 이야기를 들으며 최대한 아동을 격려하고, 이러한 시도가 변화의 시작이라는 사실을 알려 줍니다. 결과가 아동의 기대에 미치지 못해도 포기하지 않고 다시 시도할 수 있도록 충분히 격려합니다.

활동 3.4 | 상담자에게도 상담자가 필요해!

워크북 36쪽

이 활동은 진. 주. 조. 개. 다.를 상담자가 자신에게 적용해 보는 활동입니다. 특히 학교에서 일하는 상담자의 경우, 아동이 상담에 참여하게 하고, 부모 및 담임 교사와 소통·협력하는 과정에서 많은 문제와 도전을 겪을 수 있습니다.

따라서 상담자가 겪을 만한 문제를 생각해 보고, 이를 해결하는 활동을 구성했습니다. 상담자가 문제 해결에 능숙해지고 효능감을 느낄수록, 아동의 문제를 더욱 효과적으로 도울 수 있으며, 상담 과정 역시 활기를 띠게 될 것입니다.

진행 순서

① 이번 활동은 상담자를 위한 활동입니다.

② 기관이나 학교에서 상담과 관련하여 나에게 당면한 문제가 무엇인지 생각해 봅니다. 관리하기 어려운 상담 사례가 있거나 부모 혹은 학교 교사들과 협업이 잘 안 되고 있을 수도 있습니다. 또는 기관장이 상담 업무의 중요성을 잘 몰라줄 수도, 상담자의 개인적인 문제가 상담 업무에 지장을 주고 있을 수도 있습니다.

③ '진. 주. 조. 개. 다.—나의 문제 해결하기' 활동지를 참고하여, 자신이 처한 문제 상황을 정리합니다. [활동지 23]

④ 각 해결책의 장단점을 고려하여 최선의 해결책을 정하고, 그에 따른 결과를 예상해 봅니다.

⑤ 선택한 해결책을 시행해 보고, 결과가 만족스럽지 않다면 다른 해결책을 선택해 적용합니다.

상담 관련 다양한 문제에 적용해 보는 진.주.조.개.다.

다음의 상황과 해결 방법은 예시일 뿐입니다. 당연하게도 상황에 따라 다른 해결책을 찾아야 할 수 있습니다. 따라서 정답을 찾으려 하기보다, 힘든 일을 직시하여 문제를 명확히 정의하고 여러 해결 방안을 고려한 후, 이를 실행하고 평가하는 과정에 초점을 둬야 합니다. 이러한 과정을 통해 문제 해결법과 그 효용을 더 잘 이해하고, 이를 아동에게 적극적으로 권유하여 함께 실천할 수 있을 것입니다.

관리하기 어려운 아동 **상담에 오는 것을 자주 깜빡함**

- 하루 전에 아동에게 문자를 보낸다.
- 당일 아침에 부모나 담임교사에게 상담 시간을 알린다.
- 종례 시간에 맞춰 아동의 반에 가서 아동을 데려온다(학교 상담자의 경우).
- 아동의 일정을 확인하고 너무 빡빡하지 않은지 살펴본다. 필요시 상담 시간을 옮기거나 부모와 연락하여, 상담이 있는 날 다른 일정을 조정할 수 있는지 협의한다.
- 상담에 대한 아동의 생각을 알아본다.

관리하기 어려운 아동 **상담을 지루해 함**

- 놀이나 게임 등 아동에게 보상이 될 만한 활동을 진행한다.
- 아동의 문제에 너무 어렵게 접근하지 않았는지 살펴본다.
- 아동이 상담을 하기 위해 평소 좋아하는 활동/시간을 포기하고 있는 것은 아닌지 알아본다.
- 상담의 필요성과 유용성을 아동에게 설명한다.

비협조적인 부모 면담을 기피함

- 면담에서 아동이 가진 문제의 심각성에 대해 듣게 될 거라 걱정하여 면담을 꺼리는 것일 수 있으므로, 면담을 통해 아동을 돕는 방법을 찾고자 한다고 안심시킨다.
- 대면 면담이 어려울 경우, 일단 전화 면담을 시도한다.
- 아동의 문제를 비롯한 여러 이유로 지쳐 있을 부모의 고충을 들어 준다.

비협조적인 부모(학교 상담) 전문기관 방문을 꺼림

- 아동의 문제에 적합한 전문기관을 찾아보고, 목록을 전달한다.
- 병원이나 전문 상담센터를 찾아가는 일이 쉬운 일은 아니므로, 부모의 입장을 헤아려 본다.
- 한 번의 권유로 전문기관을 찾을 부모라면, 아동의 문제가 이렇게 심화되지 않았을 것이라는 사실을 떠올린다. 그러므로 가벼운 안부 인사를 하는 등 자주 상호작용하면서 신뢰 관계를 형성한다.
- 아동의 문제에 대해 적절한 시기에 개입하지 못한다면, 문제를 개선하기 더 힘들어질 수 있으며, 자칫 아동의 자원과 강점(구체적으로 언급)이 빛을 보기 어려워질 수 있음을 전한다.
- 부모가 전문기관 방문을 꺼리는 이유가 무엇인지 물어보고, 함께 해결책을 논의한 후 실행해 본다. 이는 부모와 함께 진. 주. 조. 개. 다.를 적용해 보는 것이라고 생각할 수 있다.

상담자의 고민 상담 접근을 적절히 하고 있는 것인지 모르겠음

- 지금까지의 상담 회기를 시간 순서대로 살펴보고, 현재 어느 단계에 있는지 확인한다.
- 사례개념화가 적절했는지 생각해 본다. 특히 목표와 전략을 살피고, 필요시 이를 수정한다.

- 사례를 공유할 수 있는 동료가 있다면 동료와 이야기해 본다(peer-super-vision).
- 필요시 (가능하다면) 해당 사례에 대해 슈퍼비전(supervision)을 받는다.
- 역전이가 있었는지 살핀다.

상담자의 고민(학교 상담) **상담교사에 대한 다른 교사들의 편견**

- 나에 대한 개인적인 감정이 있어서 그런 것은 아니라고 생각한다.
- 상담의 효과를 작게나마 경험할 수 있는 기회를 마련한다.
- 담임교사가 다루기 어려워하는 아동이 있는 반에 가서 상황을 관찰하고 담임교사의 고충을 이해해 본다.
- 업무에 지친 교사들을 도울 수 있는 한국교직원공제회의 교직원 상담 등 관내 다양한 프로그램을 소개한다.

4

부주의하고 산만한 아동의
또래 관계 증진하기

초등학교 2학년인 정수는 수업 시간에 마음대로 돌아다니거나, 모둠 활동 시 친구들에게 시비를 거는 일이 잦습니다. 이유 없이 지우개 가루를 뭉쳐서 친구들에게 던지기도 하고, 화가 나면 욕을 하기도 합니다. 며칠 전에는 친구와 오해가 생겨 싸우다가 화가 난 정수가 의자를 던진 일이 있었습니다. 이러한 이유로 같은 반 친구들은 정수가 공격적이라고 생각하며 정수를 싫어합니다.

그런데 사실 정수는 친구들을 많이 좋아합니다. 친구들과 잘 지내고 싶은데, 모둠 활동을 하면 모둠 친구들이 정수가 글씨를 못 쓴다고 잔소리하고, 책상 정리를 좀 하라며 핀잔을 줍니다. 그럴 때마다 정수는 충동적으로 화를 내고, 결국에는 친구와 싸우게 됩니다. 사실 정수는 반 친구들 중 철진이, 희철이와 친해지고 싶습니다. 어떤 때에는 조금은 친한 것도 같습니다. 그런데 어떻게 이들과 더 친해질 수 있을지 잘 모르겠습니다. 친구들과 이야기할 때, 친구들이 어떤 상황에 있는지, 무엇을 원하는지 잘 모르겠고, 상황에 맞게 부드럽게 이야기하기보다, 떠오르는 대로 말을 하다 보니, 엉뚱한 말을 하거나, 친해지고 싶은 친구들에게 상처를 주는 말을 하게 됩니다. 상황이 이렇다 보니, 정수는 반에서 친한 친구도 없고, 점심도 혼자 먹게 되었습니다. 정수는 점점 학교 가기가 싫어진다고 합니다.

부주의하고 산만한 아동은 정수처럼 또래 관계와 관련하여 어려움을 호소하는 경우가 많습니다. 친구와 잘 지내고 싶은 마음이 있어도 어떻게 친구를 사귀어야 하는지, 친구들에게 어떻게 말을 해야 할지 모르는 경우가 많습니다. 그러나 또래 관계는 아동의 삶의 질과 자존감에서 가장 중요한 부분입니다.

이 장에서는 대화에 필요한 태도와, 상대방의 상황을 고려해서 자신의 요구를 제안할 수 있는 대화법을 다룸으로써, 부주의하고 산만한 아동의 또래 관계를 개선할 수 있는 방안을 살펴보겠습니다.

- 특별한 놀이
- 샌드위치 기법 1
- 샌드위치 기법 2

또래 관계의 중요성

'서울에서 부산까지 가는 가장 빠른 방법'을 알고 있나요? 비행기를 떠올렸다가, 김해 공항에서 부산 시내로 들어가는 시간 때문에 KTX나 STX가 더 빠르다고 생각할 수 있습니다. 그러나 정답은 '친구와 함께 가는 것'이라고 합니다.

'친구' 또는 '또래'라는 말은 심리학적으로 '사회적으로 동등한 사람' 혹은 '행동 복잡성 수준에서 비슷하게 행동하는 사람'이라고 정의할 수 있습니다 (Lewis & Rosenbaum, 1975). 즉 나이가 달라도 공통의 관심이나 목표를 추구하고 서로의 능력과 요구를 맞추기 위해 행동을 바꾸어 나간다면, 이런 관계도 또래가 될 수 있는 것입니다. 일반적으로 인간은 만 3세 무렵부터 또래와 상호작용하면서 부모 외의 타인과 수평적 관계를 시작합니다. 이 과정에서 자기에 대한 개념을 발달시키고, 좋아하는 친구들과의 놀이를 통해 사회성을 키워 나갑니다. 청소년기에 이르면 또래 집단과의 상호작용이 더 중요해지면서, 부모와의 관계보다 또래 관계에 더 큰 영향을 받게 됩니다.

또래 관계의 역할

또래 관계는 아동에게 여러 역할을 합니다. 우선, 또래는 즐거움과 정서적 지지를 제공합니다. 마음이 맞는 또래와 함께 있다면, 아동은 특별한 활동을 하지 않아도 그 시간에 대해 흥미와 기대를 갖게 됩니다. 특히, 가정에 불화가 있거나 가족 구성원에게 인정받지 못하는 등의 경우, 아동은 또래와 놀면서 이러한 심리적 불편감을 잠시 잊을 수 있습니다. 또한 마음속 고민을 또래와 나누면, 속상하고 불안했던 마음, 화가 난 마음이 조금 해소되면서 마음이 진정되기도 합니다.

둘째, 또래와 상호작용하면서 자연스럽게 사회에서 통용되는 기본적인 규칙을 익히고 연습할 수 있습니다. 순서 지키기, 양보하기, 배려하기, 자기 주장하기 등이 여기에 속합니다. 어른들과의 상호작용에서는 아동이 배려받기 마련입니다. 그래서 아동이 또래와의 관계를 발전시키지 못하고 어른하고만 상호작용하며 성장할 경우, 자칫 자기중심적인 태도에서 벗어나지 못할 수 있습니다. 앞에서 언급된 사회 기술들을 언어를 통해 학습하기는 어렵지만, 아동은 또래의 행동을 모방하고 또래로부터 긍정적·부정적인 피드백을 받으며 사회 기술의 미묘한 적정 수준을 학습할 수 있습니다. 이러한 노력을 통해 아동은 자기조절의 기본기를 익히게 됩니다.

셋째, 또래와의 상호작용은 사회적·인지적 발달에도 도움이 됩니다. 아동은 또래에게 비친 자기 모습을 알아차려 자기이해의 폭을 넓힙니다. 또한 또래 관계를 통해 다른 사람의 입장에서 그 사람의 의도를 이해하고 그 기분에 공감해 볼 수 있습니다. 심리학에서는 이러한 행위를 타인 조망(perspective-taking)이라고 부릅니다. 타인 조망 능력이 부족한 아동은 상황에 맞지 않는 언행으로본의 아니게 다른 사람의 감정을 상하게 하곤 합니다. 그래서 친구를 잘 사귀지못하고, 성인이 되어서도 사회생활에 어려움을 겪을 수 있습니다. 따라서 타인조망 능력은 서로 다른 사람들이 어우러져 사는 사회에서 공동의 목표를 이루기 위해 우리 모두가 갖춰야 하는 기본적인 덕목이라 할 수 있습니다.

부주의하고 산만한 아동의 또래 관계

여느 아동들과 마찬가지로, 부주의하고 산만한 아동들에게도 또래 관계는 매우소중합니다. 또래 관계를 원만하게 유지하려면, 자신의 욕구나 주장만 앞세우지 않고 상대방의 이야기를 들을 줄 알아야 합니다. 즉 자신과 친구의 의견을 조율하여 제3의 방법을 도출할 수 있어야 합니다. 화가 난다고 기분대로 행동해서는 안 되고, 게임에서 불리해졌거나 지고 있다며 판을 엎거나 규칙을 마음대로바꾸어서도 안 됩니다. 반면 무조건 친구의 의견이나 주장에 동조하는 것도 또래 관계에 좋은 영향을 주지는 않습니다. 처음에는 괜찮을 수 있지만, 일방적으로 참고 배려하는 관계는 지속되기 힘들기 때문입니다. 이렇듯 원만한 또래 관계를 유지하기 위해서는 자신의 욕구와 행동을 파악하여, 이를 상황에 맞게 조절하고 통제하는 능력이 필요합니다. 그런데 부주의하고 산만한 아동들은 이런 면에서 준비가 매우 부족하다고 할 수 있습니다. 이들의 핵심 문제가 바로 이 통제력 부족이기 때문입니다.

또한 부주의하고 산만한 특성으로 인해 학교나 학원에서 이미 교사 등 성인으로부터 부정적인 피드백을 여러 번 받은 아동은 또래에게도 부정적인 시선을 받을 수 있습니다. 그 결과 부주의하고 산만한 아동은 더욱 고립되고, 그 결과 더 엉뚱한 행동을 하게 되는 악순환에 빠지곤 합니다. 그러나 자신을 이해해 주는 단짝 친구가 한 명만 있어도 아동의 학교생활은 완전히 달라질 수 있습니다. 따라서 친한 친구를 한 명이라도 사귀고 그 우정을 유지하는 것이 매우 중요합니다. 이를 통해 또래 관계에서 긍정적인 경험을 쌓아 나갈 수 있을 것입니다.

또래 관계 증진 방법

또래 관계 증진을 위해서는 세 가지 단계가 필요합니다. 첫째, 또래 관계에서 통용되는 규칙을 알아야 합니다. 둘째, 사회적 장면을 정확히 해석할 수 있어야 하며, 셋째, 미리 익힌 규칙을 각 상황에 적절한 수준으로 구현해 내야 합니다.

이 세 단계 중 또래 문화나 사회적 상황에 맞는 규칙과 규범을 익히는 단계가 가장 간단할 것입니다. 여기서 사회적 상황이란 갈등(예: 친구가 별명을 부르며 놀리는 상황)이 있는 상황일 수도, 아동의 바람이나 목표가 있는 상황(예: 어떤 친구와 친해지고 싶은 상황)일 수도 있으나, 양쪽 모두 해결해야 할 문제가 있는 상황이라고 볼 수 있습니다. 이러한 상황을 정확히 해석하는 것은 어려운 일입니다. 그러므로 아동이 잘못 귀인하거나 놓치는 정보가 있다면, 상담자는 아동이 놓친 정보를 포함하여 적절하게 인과관계를 이해할 수 있도록 도와야 합니다. 마지막으로, 사회 기술을 일상에서 적용하고 연습하는 것이 필요합니다. 아동은 이를 다양한 가상의 상황을 통해 익힐 수도, 상담자와 일대일 상황에서 역할극을 통해 연습해 볼 수도 있습니다. 또한 소그룹이나 대집단 프로그램에 참여하여 실제 또래와 상호작용할 수 있는 기회를 얻고, 거기서 생기는 문제를 직접적으로 다룰 수 있다면 가장 큰 효과를 볼 수 있을 것입니다.

대개 아동은 발달 과정을 거치며 자연스럽게 또래 관계에 필요한 사회 기술을 익히게 됩니다. 그러나 부주의하고 산만한 아동의 경우, 사회 기술을 익힐 기회를 충분히 얻지 못하고, 그 결과 이를 반복 연습하는 데 어려움을 겪습니다. 따라서 이들에게는 누군가의 구조화된 지도가 필요합니다. 부주의하고 산만한 아동도 편안하고 우호적인 분위기에서 사회 기술을 반복 연습한다면, 또래 관계에 필요한 사회 기술을 익힐 수 있습니다. 이를 통해 아동의 또래 관계가 개선되고 전반적인 자신감이 상승하는 한편, 아동이 보다 긍정적인 기분을 느끼게 될 것입니다.

이 장에서는 아동이 대화 시 필요한 기본 태도를 배우고, 상대방의 입장과 기분을 고려하면서 자신의 요구를 제시하는 대화 기법을 익힐 수 있도록 활동을 구성하였습니다. 활동을 통해 아동은 다양한 갈등 장면을 해석하여 적절한 해결책을 적용해 보는 한편, 친한 친구를 사귀고, 자신의 장점을 친구들에게 알릴 수 있을 것입니다. 상담자는 기본적으로 지침서와 워크북에 제시된 자료를 가지고 활동을 진행하되, 가능하면 아동의 실제 경험이나 아동이 처한 상황에 활동을 적용한다면 더 좋은 효과를 기대할 수 있을 것입니다.

원칙에 대해 설명하는 것도 중요하지만, 아동의 파트너가 되어 실제로 상황을 만들어 함께 연습하는 것이 더욱 중요합니다. 예를 들어 역할극을 만들어 진행하고, 이를 촬영하여 보여 준다면, 아동이 자신의 말과 행동이 다른 사람에게 어떻게 인식되는지 이해하는 데 큰 도움이 될 것이며, 이는 움직이는 활동을 좋아하는 부주의하고 산만한 아동의 집중력을 유지하는 데도 좋을 것입니다. 또한 이 장에 소개된 활동을 진행하면서 각 아동의 취약한 부분을 파악하여 핵심 목표 문제로 삼아, 앞에서 배운 문제 해결 기술과 연계하여 활용한다면, 개입 효과를 높일 수 있을 것입니다.

'특별한 놀이'는 친해지고 싶었지만 기회가 없었던 친구를 자신의 공간에 초대하여 즐거운 시간을 보내며 친구를 사귀어 보는 활동입니다. 이 활동에서 아동은 초대장을 만들고, 자신을 소개하는 방법을 고민하는 과정에서 지금까지 배운 기술을 실제로 활용하게 될 것입니다. 기회가 된다면 여러 차례 친구를 초대하여 친구와의 관계를 더욱 견고히 할 수 있습니다. 상담자는 활동을 진행하며 아동이 또래 관계에서 보이는 언어적·비언어적 단서들을 한눈에 관찰할 수 있습니다. 이는 아동을 너 깊이 이해하고 돕는 데 유용할 것입니다. 이 활동은 학교 상담 장면에서 활용될 시 그 유용성이 더 큽니다.

| 준비물: 만들어진 초대장과 봉투(선택), 초대장을 만들 수 있는 다양한 도구(선택)

진행 순서

① 같은 반이나 방과 후 교실, 돌봄 교실, 학원 등에 친해지고 싶은 친구가 있는지 아동에게 질문합니다. 오늘은 평소에 친해지고 싶었던 친구 중 한 명을 초대하고, 즐거운 시간을 보내는 활동을 계획한다고 안내합니다.

② 그 친구와 친해지고 싶은 이유, 그 친구의 좋은 면 등을 물어봅니다. 또한 그 친구와 어느 정도 친한지, 지금까지 친해지기 위해 어떤 노력을 해 봤는지 등도 확인합니다.

TIP

- 학교의 상담(교)사가 저학년 아동과 이 활동을 성공적으로 시행하려면, 이 활동의 취지를 아동의 담임교사 및 초대받을 아동의 담임교사와 공유하여 협조를 받아야 합니다. 일반 상담 장면에서도 친구를 실제로 초대하기 위해 아동과 초대받을 친구의 부모의 동의와 협조가 필요합니다. 상황에 맞게 적절한 방법으로 동의를 구하여, 이 활동이 실제 성공 경험으로 이어질 수 있게 도와주세요.

③ 초대할 친구가 정해졌다면, 그 친구와 즐거운 시간을 보내기 위해 무엇을 해야 할지 함께 생각해 봅니다(예: 날짜와 시간 정하기, 같이 놀 장소 구하기, 함께 즐길 수 있는 놀이 3~5가지 찾기).

④ 초대장을 만듭니다.[활동지 26] 활동지에 있는 초대장을 활용해도 좋고, 아동이 직접 초대장을 디자인하여 만들어도 좋습니다. 초대장을 꾸미는 것도 중요하지만, 초대장 안에는 다음과 같은 내용이 담겨야 합니다.

- 초대의 글: 초대하고 싶은 이유를 비롯하여 이번 초대의 대략적인 내용이 들어가도록 씁니다.
- 초대할 친구 이름
- 초대할 날짜, 시간, 장소: 필요시 부모의 의견도 참고하여 가능한 일시와 장소를 정합니다.
- 같이 할 활동: 초대장에 적어 두어도 되고, 비밀로 해 뒀다가 당일에 공개해도 좋습니다.

ⓒ TIP
- 초대장을 직접 만들기를 권장하나, 고학년 혹은 이에 대한 거부가 있는 아동의 경우, 이미 만들어진 초대장을 활용할 수 있습니다. 또한 아동의 수준에 따라 초대장을 만들기보다, 같이 놀자고 문자를 보내거나 이야기를 건네는 편이 효과적일 수 있습니다. 이 경우 문자 내용이나 말을 거는 방식에 대해 함께 고민해 줍니다.

⑤ 친구에게 초대장을 어떻게 전달할지 계획합니다. 필요시 상담자와 아동이 시나리오를 만들고 역할극을 시연하며 연습해 보는 것도 좋습니다.

⑥ 초대받을 친구가 보일 만한 반응을 몇 가지 예상한 후, 이에 대해 적절히 대처할 수 있도록 연습합니다. 이렇게 초대를 받는다면 친구의 기분이 어떨지 입장 바꿔 생각하게 합니다. 어떤 점을 주의해야 하고 보완해야 할지 이야기 나누어 봅니다.

⑦ 친구가 선뜻 초대에 응할 수도 있으나(그렇게 되도록 미리 담임교사와 협력하

고, 부모의 허락도 받아야 하겠지만), 초대받은 친구가 부정적으로 반응할 경우도 대비해야 합니다. 다음과 같이 초대받은 아동이 보일 수 있는 부정적인 반응을 몇 가지 예상해 봅니다.

"나도 놀고 싶지만 학원에 가야 해서 안될 것 같아."

"우리 둘이서만 놀면 재미없을 수도 있으니, 다른 친구도 데려가는 건 어때?"

"숙제가 너무 많아서 놀 시간이 없어."

이러한 반응에 대해 상담자가 먼저 대처 방법을 알려 주기보다, 아동이 진. 주. 조. 개. 다.를 활용하여 문제를 해결할 수 있도록 이끕니다(활동 3.1, 3.2 참조). 또한 친구가 초대를 거절한다 해도, 이는 자신에 대한 거절이 아닌, 초대 자체에 대한 거절임을 아동이 분명히 이해하도록 설명합니다.

⑧ 일련의 준비 과정을 통해 알게 된 것, 어려웠던 점, 좋았던 점 등의 소감을 나눕니다.

😀⁺ TIP
• 초대를 준비하면서도 이처럼 소감을 나누는 시간이 있어야 하지만, 특히 이 과정이 모두 종료된 후에는 반드시 이러한 시간을 갖도록 합니다. 이를 통해 전 과정을 돌아보고 좋았던 점과 어려웠던 점을 정리하여, 다음에는 보다 쉽고 알차게 준비할 수 있습니다.

두 배로 효과 보기

■ 아동이 초대하는 친구의 범위를 점차 넓혀가는 것도 도움이 됩니다. 이 경우 초대했던 친구들을 모아서 보다 큰 규모의 놀이 활동을 계획할 수 있습니다. 같이 놀았던 친구들 모두와의 유대를 돈독히 해 나갈 수 있다면, 긍정적인 또래 관계 확장에 큰 도움이 될 것입니다.

'샌드위치 기법 1'은 예시 상황을 통해 효과적인 대화 기법의 요소와 그 단계를 익히는 활동입니다. 이 활동에서 아동은 일상에서 자주 겪는 문제 상황을 떠올리고, 그 상황에서 상대방의 기분이 상하지 않게 하면서 자신의 요구를 전달하는 방법을 습득할 것입니다.

준비물: 샌드위치 카드(부록)

진행 순서

① 아동이 요즘 원하는 것이 무엇인지, 이를 이루는 것이 쉬운지 물어보며 활동을 시작합니다.

> "요즘 무엇을 제일 하고 싶나요?"
>
> "엄마, 아빠가 무엇을 해 주셨으면 좋겠나요?"
>
> "그런데 그런 것을 엄마, 아빠가 잘 해 주시나요?"

② 부모, 교사, 친구로부터 자신이 원하는 것을 얻는 것이 쉽지 않을 때가 많을 수도 있다는 사실에 대해 이야기 나눕니다.

③ 무엇 때문에 이런 일이 생기는 건지 함께 생각해 봅니다.

> "왜 이렇게 우리가 원하는 것을 얻기가 힘든 걸까요?"

④ 서로 원하는 것이 다를 수 있으며, 이때 상대방의 기분이나 필요를 고려해 자신의 요구 사항을 잘 전달하는 것이 어려울 수 있음을 알려 줍니다.

"우리는 서로 원하는 게 다 다르지요? 서로의 입장도 다르고요. 그래서 내가 원하는 것이 무엇인지 잘 전달하고, 나의 요구를 들었을 때 상대방의 기분은 어떨지 같이 생각하면서 그 둘 사이에서 균형을 찾는 게 무척이나 중요하답니다."

⑤ 효과적으로 자신의 필요나 기분을 전달하면서도 상대방을 배려하는 말하기 방법인 '샌드위치 기법'을 소개합니다. 샌드위치 기법은 다음과 같이 세 단계로 구성됩니다.

식빵: 대화하려는 주제나 상대방의 좋은 면을 애기합니다.
햄 등 여러 가지 재료: 자신의 기분이나 요구 사항 등 하고 싶었던 핵심 사항을 애기합니다.
식빵: 다시 한번 대화 주제나 상대방의 좋은 면을 언급하면서 마무리합니다.

핵심은 식빵 사이에 있는 재료입니다. 이는 전달하고자 하는 핵심 내용으로, 요구 사항이 될 수도, 기분이 될 수도 있습니다. 핵심 내용이 자신의 기분일 경우에는 대부분 서운함이나 화남 등 부정적인 감정인 경우가 많습니다. 이때 핵심 내용(예: '나는 지금 이런 기분이야')을 부드러운 식빵이 감싸, 햄, 치즈 등 주요 재료들이 더러워지거나 빠져 나오거나 손상되는 것을 막아 주듯이, 요구 사항을 전달하기 전후에 완충시킬 수 있는 내용을 말하는 것이 이 기법의 포인트입니다.

"오늘 선생님이 알려 줄 대화 기술은 샌드위치 기법이에요. 이 방법을 사용하면 원하는 바를 상대방에게 전달하면서도 상대방의 기분이 상하지 않게 할 수 있답니다. 그러면 원하는 것을 얻을 확률이 높아지겠죠? 샌드위치를 만들어 본 적이 있나요? 샌드위치를 만들려면 뭐가 필요할까요? 그렇죠! 식빵 사이에 햄이나 치즈, 토마토, 양상추 같은 것들을 넣지요? 여러분이 전달하고 싶은 제일 중요한 얘기가 햄이나 치즈에 해당하는 것이고요, 상대방과 나의 관계에 대한 것이나 상대방의 장점, 그리고 내가 상대방에 대해 갖고 있는 좋은 감정 등에 대한 말이 햄 등 여러 가지 재료를 감싸는 식빵에 해당하는 것이랍니다. 이렇게 세 요소를 잘 갖춰서 이야기하면, 서로 원하는 것을 얻는 대화를 할 수 있답니다."

TIP

• 부록의 그림을 활용하여 샌드위치 기법을 설명할 수 있습니다. 이후 부록의 식빵, 햄, 토마토, 양상추 그림을 잘라 샌드위치를 만드는 것처럼 재료를 얹으면서 샌드위치 기법을 연습할 수 있습니다.

⑥ 다음 예시에서 샌드위치에 들어가는 요소를 아동과 찾아봅니다.

예시

"지민아, 나는 우리가 같은 모둠이라서 참 좋아. 난 네가 좋거든. 그런데 네가 내가 한 얘기를 듣고 '아휴… 지루해'라고 말했을 때, 너무 부끄럽고 속상했어. 네가 내 입장을 생각하면서 말해 준다면 좋겠어. 나는 너랑 진짜 좋은 친구로 계속 잘 지내고 싶거든."

정답

식빵: 우리가 같은 모둠이라서 참 좋아. 난 네가 좋거든.

햄 등 여러 가지 재료: 네가 내가 한 얘기를 듣고 '아휴… 지루해'라고 말했을 때 너무 부끄럽고 속상했어. 네가 내 입장을 생각하면서 말해 준다면 좋겠어 (이 발화에는 햄이 두 장 들어 있다거나, 햄과 치즈가 같이 있다고 설명할 수 있습니다).

식빵: 나는 너랑 진짜 좋은 친구로 계속 잘 지내고 싶거든.

응용

햄 등에 해당하는 말을 찾는 것도 중요하지만, '난 네가 좋거든' 이라든지 '나는 너랑 진짜 좋은 친구로 계속 잘 지내고 싶거든'과 같이 식빵에 해당하는 말을 잘 찾아야 합니다. 평소의 대화에서 누락되기 쉬운 요소이기 때문입니다. 따라서 식빵에 해당하는 부분에 예시에 소개된 표현 외에 다른 어떤 말을 할 수 있을지 찾아보는 것도 좋습니다.

⑦ 예시에서 샌드위치 요소들을 상담자와 함께 찾아보지 않고, 아동이 직접 파악하여 말하게 할 수도 있습니다.

⑧ '샌드위치 기법1' 활동지를 통해 계속해서 샌드위치 기법을 연습하게 합니다.[활동지 27] 이러한 연습을 통해 아동은 자신이 말하고자 하는 핵심을 보다 명확하게 전달하고, 그 앞뒤에 어떤 이야기를 해야 할지 감을 잡을 수 있을 것입니다.

⑨ 샌드위치 기법을 통해 이야기할 때 기분이 어땠는지 물어봅니다.

⑩ 아동이 다른 친구의 예에서 샌드위치 요소를 구분하는 연습에 익숙해졌다면, 이제는 직접 샌드위치 기법을 사용해야 할 상황을 찾아보게 합니다.

⑪ 빈 종이를 주고, 아동이 떠올린 상황에서 샌드위치 기법을 사용하여 어떻게 말할 수 있을지 적어 보게 합니다. 처음부터 완성된 형태로 만들기 어려울 수 있으니 자신이 가장 하고 싶은 말이 무엇인지, 원하는 것이 무엇인지를 먼저 찾아보게 합니다(햄, 토마토, 양상추, 치즈 등 재료 찾기). 그리고 그것을 중심으로 앞뒤에 어떤 이야기를 할 수 있을지 생각해 보게 합니다(식빵 찾기).

☺ TIP
• 식빵이나 햄 등을 표현하는 말에 정답이 있는 것이 아니고, 각자 자기답게 이를 표현할 수 있음을 알려 주세요.

⑫ 완성한 샌드위치를 발표하게 합니다. 상담자는 아동이 어떤 문제 상황을 떠올렸는지, 각 요소가 잘 구성된 샌드위치인지 고려하며 듣습니다.

⑬ 집단 상담의 경우, 다른 아동이 만든 샌드위치를 듣고 감상을 나눕니다. 이때도 샌드위치 기법을 사용하여 말해 봅니다.

두 배로 효과 보기

■ 샌드위치 기법에서는 상대방의 장점이나 상대방에 대한 긍정적인 감정, 상대방과의 관계를 중요시하는 마음 등 식빵에 해당하는 것을 찾는 것이 매우 중요합니다. 그러나 이것이 상대방의 비위를 맞추기 위해 가장하기, 즉 '~ 척하기'가 아니라, 평소에는 잘 인식하지 못했지만 분명히 존재하는 장점에 주목하는 행위라는 것을 아동이 깨닫게 해야 합니다.

■ 아동이 만든 샌드위치를 발표할 때, 역할극 형식을 빌려, 실제 친구와 대화할 때처럼 말하게 하는 것도 도움이 됩니다. 발화의 내용과 형식이 조화를 이뤄야 그 의미가 제대로 전달될 수 있기 때문입니다. 이때 상담자는 내용뿐 아니라 형식적인 면, 즉 표정, 목소리, 자세 등 비언어적인 면에까지 피드백을 줄 수 있습니다. 개인 상담이라면 상담자가 아동의 파트너가 되어 주고, 집단 상담이라면 아동끼리 파트너를 맺어 줍니다.

■ 아동의 동의하에 동영상을 촬영한 후 영상을 보는 것도 매우 효과가 좋습니다. 다른 친구의 영상에서 좋은 점을 찾아주고 자신의 영상에서 보완할 점을 찾는 과정에서도 샌드위치 기법을 적용할 수 있습니다.

활동 4.3 | 샌드위치 기법 2　　　　　　　　　　　　　　　　워크북 41쪽

이 활동의 목적은 또래와 갈등이나 충돌이 있을 때, 대화를 통해 문제를 해결하

는 기술을 습득하는 것입니다. 아동은 이전 시간에 배운 샌드위치 기법을 갈등 상황에 적용하여, 상대방의 입장이나 처지를 배려하면서도, 자신의 의견을 분명히 표현하는 태도와 기술을 연습할 수 있습니다. 이를 통해 아동은 싸우지 않고 의견을 조율해 나가는 방법을 배울 것입니다. 또한 샌드위치 기법에 익숙해지면 다른 친구들 간의 의견이 충돌하는 상황에 개입하여 갈등을 중재하는 리더십을 발휘할 수 있습니다.

진행 순서

① 지난 한 주 동안 친구 또는 형제자매와 의견이 달라 속상했던 적이 있었는지 질문하며 회기를 시작합니다.

② 아동이 친구나 형제자매로 인해 어떤 갈등을 빚었는지, 갈등이 어떻게 해결되었고, 그 과정에서 어떤 기술이 도움 되었는지도 이야기하게 합니다.

😊 **TIP**

• 아동이 말하는 갈등을 잘 기억해 두었다가, 회기 후반부에 본격적으로 샌드위치 기법 2를 적용할 때 이를 활용할 수 있습니다. 이렇게 생생한 사례를 활용하여 아동의 참여도를 높일 수 있습니다.

• 아동이 갈등을 해결하기 위해 사용했다고 언급한 유용한 기술도 잘 기억해 두세요. 이는 한편으로는 아동의 갈등 대처 능력을 볼 수 있는 지점이며, 다른 한편으로는 아동이 어떤 기술을 유용하다고 인식하는지 알 수 있는 대목입니다.

③ 샌드위치 기법을 기억하고 있는지 물어봅니다.

> "지난 시간에는 서로 원하는 바가 달라서 갈등이 생길 때 사용할 수 있는 대화 기술을 배웠어요. 이 기술에 대해 기억하고 있나요?"

④ 아동이 샌드위치 기법을 기억하고 있다면 칭찬해 주고, 오늘은 서로의 의견이 달라 긴장이 높아질 때, 샌드위치 기법을 활용하여 갈등을 원활히 해결하는 연습을 하겠다고 안내합니다.

⑤ 갈등 상황에서 샌드위치 기법을 활용하는 단계는 다음과 같습니다.

> **식빵**: 친구가 말하는 내용의 핵심이 무엇인지, 즉 친구의 기분이 어떤지, 친구가 무엇을 바라는지, 친구가 어떤 입장에 처해 있는지 마음속으로 잘 정리한 후 이를 말로 표현합니다.
> **햄 등**: 자신의 입장, 기분, 바라는 바를 말합니다.
> **식빵**: 친구와 나 둘 다 만족할 수 있는 제3의 방식을 해결책으로 제안합니다.

⑥ 친구와 갈등 상황을 경험한 적이 있는지 물어봅니다. 아동이 이를 잘 떠올리지 못할 경우, 상담자가 아동의 상황에 맞는 갈등 상황을 제시해도 좋습니다.

⑦ '샌드위치 기법 2' 활동지에 갈등 상황을 정리해 적습니다.[활동지 28] 저학년이나 글을 잘 쓰지 못하는 아동의 경우, 상담자의 도움이 필요할 수 있습니다.

⑧ 샌드위치 기법을 활용하여 식빵과 햄 등의 재료를 구성해 적습니다.

⑨ 아동이 회기 초반에 얘기했던 갈등 상황 중 다룰 만한 것이 있다면 이를 활용합니다. '샌드위치 기법 1' 활동지를 한 번 더 사용해도 좋습니다.

☺⁺ TIP

- 샌드위치 기법 1에서 언급한 바와 같이, 햄 등 재료보다 앞뒤의 식빵을 구성하는 것이 어렵습니다. 따라서 활동을 진행하며 아동에게 지속적인 피드백을 제공해야 합니다. 그러나 피드백 받는 것을 부끄러워하는 아동이 있을 수 있습니다. 이 경우 이후 활동이나 회기 참여에 대한 아동의 동기가 떨어질 수 있으므로 주의해야 합니다. 따라서 집단 상담의 경우, 처음에는 집단원 모두에게 골고루 피드백을 주는 것이 효과적입니다.
- 활동에 여러 아동을 참여시킬 수 있다면, 또래 클리닉을 운영하는 것도 좋습니다. 또래 클리닉은 또래끼리 서로의 문제를 상담하고 조언해 주는 과정입니다. 이 활동에서 또래 클리닉에 참여한 아동들은 서로가 이야기하는 샌드위치 기법을 듣고, 다른 친구가 이야기한 샌드위치 기법이 상황에 적합한지 조언해 줍니다. 여러 친구들이 서로의 식빵에 대해 보다 적절한 표현을 찾아 주는 과정이 아동들의 흥미를 유발할 수 있으며, 이는 샌드위치 기법을 익히는 데 도움이 될 것입니다. 아동끼리 서로 조언할 때에도 샌드위치 기법을 사용하여 의견을 제시하도록 지도해 주세요. 상담자 역시 아동들의 의견에 샌드위치 기법을 사용하여 피드백을 줘야 합니다.

⑩ 샌드위치 기법을 사용하여 갈등 상황을 해결해 본 경험에 대한 소감을 표현하고 마무리합니다.

☺TIP
- 소감 역시 샌드위치 기법으로 표현할 수 있습니다.

5

부주의하고 산만한 아동의 주의력과 기억력 증진하기

초등학교 6학년인 민희는 공부 욕심이 많습니다. 어릴 때부터 주변 어른이나 어머니로부터 똑똑하다는 칭찬도 많이 들었습니다. 민희도 이런 칭찬을 좋아했으나, 고학년이 되면서 공부하는 게 힘들어졌습니다. 자꾸 딴생각이 들거나 딴짓을 하게 되어, 숙제하는 데 시간이 많이 걸렸기 때문입니다. 또한 6학년이 되니 외워야 할 영어 단어는 많아졌는데, 하루에 영어 단어 1~2개도 외우기 힘들었습니다. 한번은 단어 5개를 1시간 동안 외웠음에도, 단어 시험에서 한 문제도 맞히지 못했습니다.

얼마 전에는 어머니에게 칭찬을 받고 싶은 마음에 학원 등급 평가 수학 시험을 열심히 준비하였습니다. 전날 밤에도 새벽 1시가 넘도록 공부했기 때문에 이번 시험은 자신이 있었습니다. 실제로 시험지를 받아 보니, 전날 밤에 풀던 문제들이 많이 나와서 신나게 문제를 풀었습니다. 그런데 다음날 시험 결과를 확인하고, 실수로 5문제나 틀렸다는 사실을 알게 되었습니다. 옳은 것을 골라야 하는 객관식 문제에서 틀린 것을 골랐고, 정확하게 문제를 풀고는 엉뚱한 답을 옮겨 적었으며, 간단한 덧셈도 실수로 틀려 버렸습니다. 민희는 자신의 주의력과 기억력이 부족해서 어떻게 하면 좋을지 걱정이 태산이고, 공부할 의욕이 없어지는 것 같다고도 합니다.

부주의하고 산만한 아동은 민희와 같이 주의력이 부족하여 학습에서 자신의 잠재능력을 발휘하기 어려워하는 경우가 많습니다. 학습 동기가 높고 학습에 필요한 고차원적인 추론 능력, 사고 능력이 뛰어나더라도, 주의력이 부족하면 정보를 정확하게 입력하거나 효율적으로 정보를 기억하는 데 어려움을 겪습니다. 이 장에서는 ADHD 아동의 주의력 문제를 어떻게 이해하면 좋을지, 그리고 주의력의 어려움을 보완할 수 있는 방법이 무엇인지 살펴보고, 실제로 주의력을 높일 수 있는 다양한 전략을 다루겠습니다.

- 자기관찰 기법
- 집중의 자기말
- 꼬리에 꼬리를 무는 이야기
- 하나, 둘, 셋, 변신!
- 어디로 갔을까

주의력의 중요성

주의력은 자동차에 비유하면 타이어와 같습니다. 아무리 성능이 좋은 자동차라도 타이어에 구멍이 나면 제대로 갈 수 없습니다. 주의력에 어려움이 있는 아동은 자신을 느리고 성능이 안 좋은 자동차와 같다고 여겨, 스스로 아무것도 제대로 할 수 없다고 생각합니다. 그러나 자동차에서 가장 중요한 것은 엔진입니다. 타이어에 문제가 있어도 엔진에는 문제가 없을 수 있습니다. 심지어 엔진의 성능이 매우 좋을 수도 있습니다. 즉 타이어에 구멍이 나는 순간을 빠르게 알아차리고 구멍을 메우거나, 새 타이어로 갈아 끼운다면, 문제없이 계속 달릴 수 있는 것입니다.

주의력: 학습의 시작과 끝

학습의 과정을 살펴보면, 주의력은 학습의 시작과 끝을 담당하고 있습니다. 우리가 새로운 정보를 듣거나 본다고 가정해 봅시다. 이 경우 우리는 지각된 정보의 의미를 해석하여 기억 저장소로 보낸 뒤, 필요할 때(예: 시험 볼 때) 기억 저장소에서 정보를 인출합니다. 입력에서 인출까지의 이 일련의 과정이 바로 학습이며, 그 시작은 새로운 정보를 지각하는 것입니다.

하지만 주의를 집중하지 못하면 정보를 제대로 지각할 수 없습니다. 아동이 교사의 말을 귀 기울여 듣지 않거나 교과서에 있는 정보를 눈여겨보지 않을 경우, 학습의 다음 단계로 이행할 수 없는 것입니다. 이는 아동의 정보 처리 및 이해 능력이 매우 뛰어나고, 기억 저장소가 큰 경우에도 마찬가지입니다.

주의력이 부족한 아동들이 겪는 어려움은 정보를 저장하는 데서 끝나지 않습니다. 예를 들어 시험을 볼 때, 이들은 확실히 아는 문제가 나와도 실수로 틀린 답을 적곤 합니다. 문제를 정확히 읽고 이에 주의를 기울이지 못했기 때문입니다. 그래서 시험을 보고 나서 '아는 것인데 틀렸다', '실수로 틀렸다'라고 말하며 많이 아쉬워합니다. 이는 주의 집중을 못해서, 부주의해서 틀렸다는 말과 같습니다. 시험 문제를 맞히기 위해서는 문제를 정확히 읽고 이해하고, 그 질문에 맞는 정보를 기억 저장소에서 찾아내야 합니다. 바로 이 과정에서 주의력이 필요합니다. 주의를 집중하지 못하는 아동은 자신의 잠재능력을 온전히 발휘할 수 없습니다.

주의력과 자기조절 능력: 친구 사귀기의 필수품

학습뿐 아니라 친구 관계에서도 주의력은 매우 중요합니다. 친구 관계를 포함한 모든 대인 관계의 핵심은 상황에 적합하게 행동하고 말하는 것입니다. 이를 위해서는 상황을 정확히 파악해야 하는데, 이때 가장 기본적으로 필요한 능력이 주의력입니다. 예를 들어 친구의 기분이나 친구가 처한 상황 등 해당 상황에서 중요한 정보를 수집하기 위해서는 친구의 표정, 말투, 자세 등을 주의 깊게 살펴야 합니다. 이와 동시에 자신의 기분과 자신이 원하는 바를 고려하여 상황에 적합한 언행을 결정해야 합니다. 물론 주의력만 있다고 대인 관계의 모든 상황에 대처할 수 있는 것은 아닙니다. 그러나 이는 대인 관계에서 가장 기본적인 자질입니다. 예를 들어 친구에게 주말에 놀러갈 수 있는지 물어볼 때는 친구의 기분이나 태도를 살펴 지금이 그런 제안을 하기 적절한 때인지 판단해야 합니다. 주의력이 부족한 경우, 이러한 기본적인 정보를 놓칠 수 있습니다.

친구 관계에서 주의력만큼 중요한 능력은 상황에 맞게 자신의 말과 행동을 조절하는 능력, 즉 자기조절 능력입니다. 주말에 친구와 놀러 가고 싶어도, 친구의 기분이 나빠 보이면, 먼저 친구의 기분이 나쁜 이유를 들어 주는 시간이 필요할 수 있습니다. 친구가 지금 이야기하고 싶어 하지 않을 경우 나중에 물어보는 것도 좋은 방법입니다. 하지만 자기조절 능력이 부족한 아동들은 친구의 기분을 고려하지 않고 자신이 원하는 바를 말해 친구의 기분을 상하게 하곤 합니다. 그래서 이들은 친구들에게 '눈치 없는 아이' 혹은 '자기중심적인 아이'라는 평을 받습니다.

이처럼 학습뿐 아니라 친구 관계에서도 주의력과 자기조절 능력이 중요합니다. 이러한 능력이 부족하다면 친구를 좋아하는 마음이 잘 전달되지 못할 것입니다.

주의력 훈련 1: 자기관찰 기법

주의력은 의지의 문제가 아니며, 부주의하고 산만한 아동은 게으른 것도, 일부러 주의산만하게 행동하는 것도 아닙니다. 주의력과 자기조절 능력은 기본적으로 타고나는 능력입니다. 그러나 타고나는 능력이라고 해서 그저 어쩔 수 없다는 뜻은 아닙니다. 훈련을 반복한다면 주의력은 충분히 보완되고 향상될 수 있습니다. 다시 자동차의 예를 들자면, 같은 타이어라도 쉽게 구멍이 나는 경우가 있습니다. 이 경우 주로 언제 구멍이 나는지 알아본 후, 구멍을 막는 기술을 배우고, 타이어를 교체하는 훈련을 해야 합니다. 조금 더 오래 걸리고 힘들 수 있으나, 이러한 기술을 배우고 익힌다면 좋은 타이어가 장착된 자동차만큼 충분히 잘 달릴 수 있을 것입니다.

그렇다면 어떻게 아동의 주의력을 키울 수 있을까요? 우선 아동이 자신의 상태, 즉 주의 집중하고 있는 상태와 산만해진 상태를 구별할 수 있게 도와줘야 합니다. 자신의 상태나 행동을 조절하기 위해서는 자신의 주의력과 행동을 스스로 관찰하여 평가할 수 있어야 하기 때문입니다. 다음으로, 아동이 주의 집중하는 방법을 익히게 해야 합니다. 마지막으로, 자신이 어느 정도 집중했는지 스스로 평가하게 하고, 아동의 평가가 교사나 상담가의 평가와 일치할 경우 보상을 제공합니다.

여기서는 아동이 자신의 주의력과 행동을 평가하는 데 활용할 수 있는 자기관찰 기법(self-monitoring)에 대해 알아보고, 주의 집중에 도움이 될 만한 몇 가지 방법을 살펴보겠습니다.

자기관찰 기법 활용

처음에는 아주 구체적인 행동을 통해 자기관찰 기법을 연습하게 하는 것이 좋습니다. 학교 장면을 예로 들어 자기관찰 기법을 연습하는 과정을 살펴보겠습니다. 수업 시간에 자꾸 돌아다니는 아동의 경우, 수업 시간에 자신이 몇 번 돌아다녔는지 스스로 세어 보게 할 수 있습니다. 교사도 함께 이를 세어 본 뒤, 아동과 교사가 센 횟수를 서로 비교해 봅니다.

이때 교사와 함께 실시하는 자기관찰 기법이 벌칙으로 느껴지게 해서는 안 됩니다. 따라서 본격적으로 활동에 들어가기에 앞서 아동의 장점을 칭찬하고, 아동이 힘들어하는 점을 극복하기 위해 함께 노력하는 한편, 자기관찰 기법을 연습해야 하는 이유를 충분히 설명하며, 따뜻한 태도로 이를 권유해야 합니다. 그런 다음 아동에게 자기관찰 기법을 하나씩 소개하고, 아동이 이를 시도해 볼 때마다 칭찬하거나 보상을 제공합니다.

아동이 자기관찰 기법에 충분히 익숙해졌다면, 이를 실제 수업 시간에 적용해 볼 수 있습니다. 처음에는 약 10분 동안만 자신이 돌아다니는 횟수를 세어 보게 하는 것이 좋습니다. 그런 다음 자기관찰 시간을 점진적으로 늘려 갈 수 있습니다.

아동 스스로 이를 세는 것이 무슨 의미가 있을지 의아해할 수 있습니다. 그러나 이 활동의 핵심은 아동이 자신의 행동을 스스로 알아차리고, 이를 객관적으로 평가할 수 있는 능력을 키우는 것입니다. 이를 통해 아동이 자신의 행동을 보다 상황에 적절하게 조절할 수 있게 되기 때문입니다.

아동이 자신의 행동을 세는 것에 익숙해졌다면, 이후에는 활동을 확장하여 연습할 수 있습니다. 예를 들어 아동이 돌아다니고 싶었음에도 참았던 횟수를 기록하게 하는 것입니다. 연습이 충분히 이뤄진 후에는(혹은 고학년의 경우에는) 수업 시간에 자신이 얼마나 집중했는지 1~5점 척도로 평가하게 할 수도 있습니다. 이 경우 각각의 점수가 어느 정도에 해당하는지 미리 구체적으로 정해야 합니다. 그런 다음 아동이 평가한 점수를 교사가 평가한 점수와 서로 비교해 봅니다. 이 방법은 담임교사가 수업 시간에 부주의하고 산만한 아동에게만 피드백과 칭찬을 해 줄 수 없는 상황에서 활용하면 더욱 좋습니다.

자기관찰 기법의 유용성

자기관찰 기법을 반복 연습함으로써, 아동은 자신이 어떻게 행동했는지, 얼마나 주의를 집중했는지 스스로 알아차리고 평가할 수 있게 될 것입니다. 자기관찰 기법은 특히 교실 장면에서 매우 유용합니다. 교사는 많은 학생을 동시에 지도해야 하므로, 부주의하고 산만한 아동 한 명이 얼마나 집중했는지 일일이 관찰하며 피드백을 주기 어렵습니다. 따라서 아동이 자신의 부주의하고 산만한 정도를 스스로 평가할 수 있게 된다면, 교사는 그 평가를 기반으로 수업 시간 이후 피드백을 제공하거나 아동의 집중력 향상을 격려할 수 있습니다.

주의력 훈련 2: 주의 집중 전략

주의 집중 전략은 두 가지로 나눌 수 있습니다. 첫 번째 전략인 '시각화'는 다양한 활동을 통해 아동이 자연스레 주의 집중 기술을 터득하게 유도하는 전략입니다. 두 번째 전략인 '자기말 만들기'는 먼저 주의 집중 기술을 아동에게 알려 준 후, 아동이 이 기술을 활용하며 활동을 수행하게 하는 전략입니다.

전략 1: 시각화

주의를 집중한다는 개념이 아동에게는 모호할 수 있습니다. 따라서 상담자는 주의를 집중하는 게 무엇인지 시각적 자료를 활용하여 구체적으로 알려 주는 것이 좋습니다. 처음에는 칭찬이나 보상을 통해 아동이 주의 집중 기술을 연습하게 한 뒤, 궁극적으로는 아동이 배운 기술을 실생활에서 스스로 연습할 수 있도록 격려합니다.

만약 아동이 부주의하여 실수를 자주 할 경우, 다시 확인하는 기술을 연습할 수 있습니다. 예를 들어 아동과 팻말을 만들고, 그 팻말에 '확인하자'라고 적어 아동이 볼 수 있는 곳에 둡니다(단어 대신 그림을 그려도 좋습니다). 그 후 보드게임을 등을 하되, 아동이 반드시 팻말을 한 번 보고 행동하는 것으로 규칙을 정합니다. 이를 통해 아동이 성급하게 행동하기 전에 한 번 더 생각해 보는 연습을 할 수 있습니다.

이 전략은 아동이 혼자 공부할 때도 활용할 수 있습니다. 포스트잇에 '확인습관'이라고 적어 책상에 붙인 후, 수학 문제 등을 잘 확인하면서 풀게 하는 것입니다. 또는 그 포스트잇을 현관문에 붙여 둘 수도 있습니다. 이러한 장치를 통해 아동은 외출을 할 때 확인해야 할 것들, 잊지 않아야 할 것들을 잘 챙길 수 있습니다.

이처럼 아동에게 주의 집중 기술을 알려 줄 때, 말로만 전달하기보다는 시각적 단서를 활용하면 더 큰 효과를 볼 수 있습니다.

전략 2: 자기말 만들기

자기말(self-talk) 만들기는 집중력이 흐트러진 것을 알아차렸을 때, 다시 집중할 수 있도록 하는 단어나 문장을 되뇌는 전략입니다. 이때 할 수 있는 적절한 자기말을 아동과 함께 만들어 볼 수 있습니다.

이 장에는 아동의 주의력 향상을 위한 다양한 활동이 소개되어 있습니다. 아동과 처음 활동을 수행할 때는 단순히 흥미 위주로 진행해도 좋습니다. 그러나 진정한 의미의 주의력 증진 훈련을 위해서는 활동에 소개된 주의 집중 전략을 아동과 함께 찾아보고, 아동이 이러한 전략을 일상생활에 적용할 수 있게 도와줘야 합니다.

기억력 훈련: 여러 감각을 이용하여, 시간 간격을 두고 반복하기

기억력 향상을 위해서는 무조건적인 암기보다, 기억 전략을 사용해서 암기하는 것이 더욱 효과적입니다. 이때 청각, 시각, 촉각, 후각, 미각 등 여러 감각을 활용할 수 있습니다. 예를 들어 영어 단어를 외울 때, 단어를 보며 소리 내어 발음하고 듣는다면, 단순히 머릿속으로 되뇌기만 할 때보다 단어를 더 잘 기억할 수 있습니다. 또한 암기를 위해서는 반복이 중요합니다. 다만, 한 번에 여러 번 반복하는 것보다는 몇 시간 혹은 며칠 정도 간격을 두고 반복하는 것이 더욱 효과적입니다. 예를 들어 10개의 단어를 암기할 경우, 1시간 동안 쉬지 않고 몰아서 암기하는 것보다, 아침, 점심, 저녁에 각각 20분씩 단어를 암기하는 것이 좋습니다.

정보가 머리에 들어오는 대로 기억이나 학습이 이뤄지지는 않습니다. 이를 위해서는 뇌에서 생물학적·화학적 변화가 일어나야 합니다. 여러 감각을 사용해서 암기할 경우, 뇌의 다양한 영역을 연결하는 뇌신경 회로가 형성됩니다. 그러나 1시간에 10개의 단어를 암기하는 동안 뇌에서 이러한 생물학적 변화가 생기기는 쉽지 않습니다. 따라서 효과적인 암기를 위해서는 여러 감각을 이용하여, 시간 간격을 두고 반복하는 것이 좋습니다. 다음의 표에는 일곱 가지 기억 전략을 정리해 두었습니다. 아동이 기억하기 힘들어하는 내용이나 과목이 있을 경우, 이를 위해 어떤 전략을 사용하면 좋을지 아동과 함께 대화해 보고, 자신의 상황에 적합한 전략을 실제로 적용하게 합니다.

일곱 가지 기억 전략

1. 시연	미리 기억해야 할 대상이나 정보를 눈으로 여러 번 보아 두거나 말로 되풀이해 보는 것; 마음속 리허설
2. 조직화	제시된 기억자료를 속성에 따라 의미 있는 단위로 묶어서 기억하는 방법(군집화, 범주화); 분류하기

3. 부호화	정보를 한 가지 형태에서 다른 형태로 변환하는 것
4. 정교화	기억해야 할 정보에 무엇인가를 덧붙이거나 다른 정보와 서로 관련시켜 기억하는 것
5. 핵심 단어-주제어 기억법	추상적 개념을 구체적인 형태로 제시하는 방법 키워드 찾기
6. 심상법	심상(image)을 이용하여 기억하는 방법
7. PQ4R법	개관(preview) - 질문(question) - 읽고(read) - 숙고(reflect) - 암송(recite) - 복습(review)

출처: 특수교육학 용어사전, 하우, 2009

힘들수록 따뜻한 분위기에서 함께 기술 연습하기

아동의 문제를 개선하는 데 필요한 전략을 구체적으로 알려 주고, 함께 연습하여 도움을 주기 위해서는, 우선 아동과 즐겁고 편안한 관계를 형성해야 합니다. 이는 농사를 지을 때, 농사 기술이 아무리 뛰어나도 토양이 척박하고 물과 햇빛이 부족하다면 씨앗에서 싹이 틀 수 없는 것과 같은 이치입니다. 우선 씨앗이 잘 자랄 수 있는 토양을 만들어야 합니다. 그런 다음 씨앗을 잘 심는 비법을 알려 주며, 함께 씨앗을 심고 물을 주며 가꿔 나갈 수 있을 것입니다. 또한 기억 전략을 함께 연습하기 위해서는 어떤 지식을 전달하느냐보다 어떤 태도와 분위기로 전달하느냐가 중요합니다. 아동은 즐겁고 따뜻한 분위기에서 새로운 것을 시도할 수 있습니다. 이러한 분위기는 햇빛이자 물이라고 할 수 있습니다. 씨앗을 잘 심는 방법이나 기술은 햇빛과 물이 있을 때만 의미가 있습니다. 씨앗을 함께 심는 과정이 아동에게 따뜻하고, 아동의 갈증을 채워 주는 과정이 되기를 기원합니다.

이 활동은 자신의 주의력과 행동을 관찰하는 자기관찰 기법을 배우는 활동입니다. 여기서는 기본 기법인 '구체적인 행동 관찰하기'과 '나의 집중 알아차리기', 심화 기법인 '나의 집중 평가하기'를 다룹니다. 아동의 상황 및 현실적인 조건을 고려하여 활용 가능한 활동을 선택할 수 있습니다.

구체적인 행동 관찰하기

과잉행동을 하는 아동의 경우, 자신의 행동을 관찰하고 알아차리는 훈련이 유용할 수 있습니다.

┃ 준비물: A4 용지, 필기도구, 예쁜 종이/동물 그림(선택)

진행 순서
① 주의 집중과 관련한 아동의 문제 행동 중 아동이 스스로 관찰할 구체적인 행동을 정합니다.
② 아동이 해당 행동을 한 횟수를 스스로 세어 보게 합니다. 예를 들어 수업 시간에 돌아다니는 행동을 관찰하기로 했다면, 특정 수업 시간에 자신이 돌아다닌 횟수를 기록하게 합니다. 평범한 종이에 기록해도 좋지만, 저학년의 경우 직접 예쁘게 꾸민 종이나 좋아하는 동물 그림 안에 기록하게 할 수도 있습니다.
③ 상담자 혹은 담임교사와 단둘이 조용한 상황에서 연습해 봅니다.
④ 실제 수업 시간에 자신의 충동적인 행동을 관찰하여 그 횟수를 기록하게 합니다.

⑤ 처음에는 행동을 기록한 것 자체를 칭찬합니다. 점차 정확한 기록에 대해 보상을 줍니다.

⑥ 아동이 자신이 충동적인 행동을 한 횟수를 잘 기록하게 되면, 다음에는 충동적인 행동을 참았던 횟수도 기록하게 합니다. 이에 대해서도 보상을 줍니다.

나의 집중 알아차리기

부주의하거나 자주 멍하게 있는 아동에게는 '나는 집중이' 활동이 도움이 될 수 있습니다.[활동지 29] '나는 집중이' 활동은 마음 챙김 활동의 '점 집중 명상'에 기반한 활동으로(활동 1.4 점 집중 명상 참조), 아동이 산만해지거나 딴생각을 하게 되는 순간, 이를 알아차리고 점을 표시하는 활동입니다. 따라서 이는 기본적으로 자신의 집중한 상태와 집중하지 않는 상태를 알아차리는 주의력 훈련이라고 할 수 있습니다.

| 준비물: 디폼블록(선택), 스크래치페이퍼(선택)

진행 순서

① '나는 집중이' 활동지를 준비합니다. 아동과 함께 직접 표를 만들고, 원하는 이름을 붙여도 좋습니다. 집중하는 상태라면 '집중 순간'에 표시하고 집중하지 않는 상태면 '집중하지 않는 순간'에 체크 표시하게 합니다.

② 아동이 혼자 집중해서 수행할 수 있는 단순한 활동을 정합니다. 예를 들어 디폼블록이나 스크래치페이퍼를 활용한 미술 활동을 할 수 있습니다. 담임교사가 활동을 지도할 경우, 글자를 쓰거나 단순한 덧셈을 하는 활동을 해도 좋습니다. 아동이 흥미를 느끼기 쉬운 활동으로 시작한 후, 난도를 높이고 싶으면 아동이 다소 지루하게 여기는 활동으로 옮겨 갑니다.

- 흥미가 있는 활동에 집중하는 일은 크게 어렵지 않습니다. 그러나 흥미가 덜해도 집중을 해야 하는 상황도 있기 마련입니다. 그런 상황에서 집중이 유지되지 않으면 곤란을 겪게 될 것이므로, 아동이 흥미로운 활동에 집중을 잘 하게 된다면 난도를 올리는 것이 좋습니다.

③ 앞에서 정한 활동을 수행하게 합니다. 상담자는 아동의 활동을 지켜보다가, 불규칙적으로 '삐' 소리를 냅니다. 상황에 따라 박수소리 등으로 대체해도 좋습니다. 이때 아동은 자신이 활동에 집중하고 있었는지 여부를 활동지에 기록합니다. 아동을 관찰하여, 아동이 집중하고 있을 때에도, 그렇지 않을 때에도 소리를 내 봅니다. 이를 통해 아동이 자신의 집중 여부를 구분할 수 있습니다.

두 배로 효과 보기

■ 아동이 '나의 집중 알아차리기' 활동을 충분히 이해했다면, 이를 아동의 숙제나 수업 시간에 적용해 봅니다. 예들 들어 수업 시간에 딴 생각이 날 때마다 점을 표시하게 할 수 있습니다. 처음에는 아동이 자기관찰을 하는 것 자체만으로 칭찬하고, 이에 대한 보상을 줍니다. 그러나 아동이 해당 활동에 능숙해지면, 아동이 이전보다 더 집중했을 때만 보상을 줍니다. 예를 들어 5분에 점을 10번 찍던 아동이 어느 날 점을 5번만 찍게 되면, 이를 칭찬하고 보상합니다.

심화 기법: 나의 집중 평가하기

아동이 '구체적인 행동 관찰하기'나 '나의 집중 알아차리기'를 충분히 훈련했다면, 다음으로 '나의 집중 평가하기'를 연습해 볼 수 있습니다.

진행 순서

① 상담자(교사)가 먼저 아동의 행동과 집중도를 1~5점 척도(매우 집중함=5점, 집중함=4점, 보통=3점, 집중하지 못함=2점, 매우 집중하지 못함=1점) 혹은 1~3점 척도(집중함=3점, 보통=2점, 집중하지 못함=1점)로 평정합니다. 각 점수가 어느 정도의 집중 정도를 의미하는지 되도록 구체적이고 명확하게 정해야 합니다.

② 상담자(교사)가 먼저 아동을 평정한 결과를 예로 들어, 아동에게 평정 방법을 알려 줍니다.

③ 아동이 자신의 행동과 집중도를 평정해 보게 합니다.

④ 상담자(교사)와 아동의 평정이 일치할 경우에 점수를 줍니다.

⑤ 아동이 정확하게 평정할 수 있게 된다면, 일상생활이나 학습 시간에도 자신의 행동과 집중도를 평정하게 합니다. 이후 아동의 평정에 따라 보상을 줍니다.

평정	수행 준거
5 (매우 좋음)	전체 기간에서 모든 학급 규칙을 따름 학업에서 100% 정확도
4 (좋음)	부분적으로 규칙을 어겼으나(예: 잡담 또는 자리 이동), 나머지 기간에는 규칙을 따름 학업에서 90%의 정확도
3 (보통)	전체 시간에 모든 규칙을 준수하지는 않았으나, 위반사항이 경미함 학업에서 80%의 정확도
2 (보통 이하)	하나 이상의 규칙을 심각하게 어겼으나(예: 공격적 행동, 소란), 규칙을 지킨 시간도 있음 학업에서 60~80%의 정확도
1 (나쁨)	거의 모든 기간에 한 가지 이상의 규칙을 어기거나, 대부분의 시간에 바람직하지 않은 행동을 함 학업에서 0~60%의 정확도
0 (매우 나쁨)	모든 기간에서 한 가지 이상의 규칙을 어김 공부를 전혀 하지 않았거나, 정답을 전혀 하지 못함

출처: ADHD 학교상담, (주)학지사, 2007

'집중의 자기말'은 집중이 잘 안 될 때, 스스로 알아차리고 다시 집중할 수 있도록 하는 단어나 문장을 자신에게 말해 보는 활동입니다. 이를 통해 자신을 격려하는 방법을 익혀, 집중을 유지할 수 있습니다. 집단 프로그램에서 이 활동을 한다면, 다른 사람이 만든 자기말을 참고하여 유용한 자기말을 만들 수도, 서로에게 자기말을 선물해 주면서 사회성을 기를 수도 있습니다. '집중의 자기말' 활동은 가능하면 '자기관찰 기법' 활동 이후에 진행하는 것이 좋습니다. 그러나 아동이 자기관찰을 힘들어하거나 말하는 것을 좋아한다면, 이 활동을 먼저 하는 것도 효과적일 수 있습니다.

준비물: 디폼블록(선택), 손 인형(선택), 스크래치페이퍼(선택). 집중의 동물 목록(선택), 집중의 자기말 목록(선택)

진행 순서

① 다음과 같은 방법을 통해 집중의 자기말을 정합니다.[활동지 30]

방법 1

아동과 함께 브레인스토밍을 통해 스스로 집중할 수 있게 도와주는 말의 목록을 작성합니다(예: '집중이', '여기', '다시 집중'). 저학년의 경우, 집중을 잘할 것 같은 동물을 이야기해 본 후, 그 동물의 이름을 말할 수도 있습니다(예: '거북이', '나비'). 이때 아동이 원한다면 해당 동물을 그려 보는 것도 좋습니다.

방법 2

아동이 자기말을 생각해 내기 힘들어할 경우, 집중의 자기말 목록이나 동물 목록(그림)을 보여 주고, 그중에서 하나를 고르게 합니다.

방법 3

산만해지거나 집중이 안 될 때 자신에게 힘을 주고, 다시 집중할 수 있게 해 주는 문장을 여러 개 만들어 보게 합니다. 집중을 못하고 산만한 자신에게 하고 싶은 말을 해 보라고 해도 좋습니다. 저학년의 경우 손 인형을 활용할 수 있습니다. 예를 들어 활동적이고 산만한 '산만이' 손 인형이 계속 문제를 일으키며 돌아다니고, 집중하지 못하는 모습을 보여 줍니다. 이 '산만이'가 집중할 수 있도록 돕기 위해 친구로서 어떤 말을 해 줄 수 있을지 물어봅니다(예: '할 수 있어, 다시 한번 시도해 보자', '괜찮아, 괜찮아'). 여러 말 중에서 어떤 말이 가장 마음에 들고 힘이 되는지 이야기해 봅니다.

② 아동이 정한 집중의 자기말을 언제 어떻게 사용할지 함께 생각해 봅니다. 가장 집중이 어려운 시간이나 활동이 무엇인지 이야기 나눠 봅니다.
③ 아동과 보드게임, 디폼블록이나 스크래치페이퍼를 활용한 미술 활동, 글자 쓰기, 숫자 계산 등의 활동을 진행합니다. 산만해지거나 딴 생각이 들 때, 집중의 자기말을 소리 내어 말하게 합니다.
④ 아동이 활동에 익숙해지면 집중의 자기말을 마음속으로만 발음하게 합니다.
⑤ 혼자 공부할 때나 수업 시간에 집중이 흐트러졌을 때, 집중의 자기말을 통해 다시 집중하는 연습을 하게 합니다.
⑥ 아동이 자신이 집중의 자기말을 몇 번 했는지 기록하게 할 수도 있습니다.

두 배로 효과 보기

■ 아동이 언제 가장 힘들다고 느끼는지 물어봅니다(예: 집중이 안 될 때, 선생님께 야단맞을 때, 스스로 한심하다는 생각이 들 때). 이런 상황에서 어떤 부정적인 자기말이 떠오르는지 이야기하게 합니다. 부정적인 자기말이 떠오른 순

간, 자책하거나 이를 떠올리지 않으려 하는 것이 아니라, 부정적인 자기말을 자연스럽게 흘려보낸 후, 자신에게 힘을 주는 자기말을 하게 합니다.

활동 5.3 | 꼬리에 꼬리를 무는 이야기

워크북 44쪽

'꼬리에 꼬리를 무는 이야기'는 다른 사람의 이야기를 듣고, 해당 이야기에 이어 자신의 이야기를 추가해 나가는 활동입니다. 아동은 이 활동을 통해 상대방의 이야기에 주의를 기울이고, 이를 기억하는 연습을 할 수 있습니다. 이는 아동의 주의력, 기억력, 작업기억력, 대화 기술 향상에 도움이 됩니다.

진행 순서

① 상담자와 아동 중 누가 먼저 이야기를 시작할지 순서를 정합니다.

☺️ TIP
- 나이가 어린/많은 순서로 정하기, 주사위로 정하기, 가위바위보로 정하기 등 누가 이야기를 시작할지 결정하는 과정도 재밌는 활동으로 만들 수 있습니다.

② 시작을 맡은 사람이 먼저 이야기를 꺼냅니다(예: "학교에 가기 싫어하는 아이가 있었습니다"). 활동지에 있는 '이야기 시작 문구 예시'에서 하나를 고를 수도 있습니다.[활동지 31] 필요시 아동의 문제나 상황을 고려하여 이야기 시작 문구를 정해 두는 것도 좋습니다.

③ 다음 사람이 앞사람의 이야기를 반복해서 말한 후, 자신의 이야기를 덧붙입니다(예: "학교에 가기 싫어하는 아이가 있었는데, 놀 친구가 없었기 때문입니다").

④ 상담자와 아동 중 한 사람이 앞 이야기를 정확히 기억하지 못하게 되면 활동을 중단합니다.

⑤ 만든 이야기의 길이, 재미, 기발함 등을 평가하여 보상할 수 있습니다.

⑥ 이 활동은 집단 프로그램에서 더욱 즐겁게 진행할 수 있습니다. 이 경우 의사소통 기술 향상에도 더 큰 효과를 기대할 수 있습니다.

⑦ 필요시 만들어진 이야기와 아동의 상황을 비교하여 이야기를 나눕니다.

활동 5.4 │ 하나, 둘, 셋, 변신!

'하나, 둘, 셋, 변신!'은 간단하게 몸에 걸치거나 벗을 수 있는 물건을 이용하여 한 사람이 변신하면, 어떤 변화가 있었는지 다른 사람이 찾아보는 활동입니다. 짧은 시간 동안 생긴 변화를 알아차리기 위해 관찰력과 주의력, 기억력을 동원하는 과정에서 전반적인 집중력과 주의력이 향상될 수 있으며, 즐거운 분위기에서 관심과 호감을 나눌 수 있기 때문에 신뢰 형성에도 도움이 됩니다. 경우에 따라 본격적인 프로그램 전에 아동의 흥미를 유발하는 용도로 이 활동을 활용할 수도 있습니다.

> 준비물: 쉽게 몸에 두르거나 떼고 벗을 수 있는 물건(예: 마스크, 머리 끈, 머리핀, 모자, 목도리, 장난감 안경테 등)

진행 순서

① 아동에게 '하나, 둘, 셋, 변신!' 게임 방법을 알려 줍니다.

> "'하나, 둘, 셋, 변신!' 게임을 해 볼까요? ○○가 뒤돌아 있는 동안 선생님이 변신을 할 거예요. 그러면 선생님의 모습에서 어떤 게 변했는지 알아맞히는 게임이랍니다."

② 아동이 뒤돌아 있는 동안 상담자는 자신의 겉모습에 작은 변화를 줍니다 (예: 모자나 안경 쓰기/벗기, 소매 올리기, 바지 걷기, 액세서리 빼기, 펜 꽂기 등).

③ 변신을 끝낸 상담자가 "하나, 둘, 셋, 변신!"이라고 외치면 아동이 다시 되돌아 상담자 쪽을 향합니다.

④ 상담자의 모습에서 달라진 점을 찾을 시간을 줍니다.

⑤ 아동이 관심을 보일 시, 아동이 변신하고 상담자가 달라진 점을 알아맞히는 활동으로 바꿀 수 있습니다.

⑥ 몇 차례 활동을 진행한 후, 지금까지 상담자의 변신을 순서대로 말하게 할 수 있습니다.

⑦ 집단 상담 시, 변신하는 역할과 변신을 알아맞히는 역할을 아동이 골고루 맡을 수 있도록 조정합니다.

⑧ 정답을 맞히는 속도, 정확성 등에 따라 득점을 달리해도 좋습니다.

활동 5.5 | 어디로 갔을까

'어디로 갔을까'는 여러 개의 컵 중 하나에 물건을 숨긴 채 컵을 이리저리 옮긴 후, 어떤 컵에 물건이 숨겨져 있을지 알아맞히게 하는 게임입니다. 물건의 위치를 맞히는 사람에게는 지속적 주의력과 기억력이 필요하며, 이를 통해 작업기억력도 증진될 수 있습니다. 이 활동은 기억력과 주의력 증진 프로그램 회기에서 주요 활동으로 다룰 수도, 다른 주요 활동 전에 가벼운 몸풀기 활동으로 진행할 수도 있습니다.

❙ 준비물: 같은 모양의 컵 3개, 컵 안에 들어갈 작은 물건

진행 순서

① 아동에게 컵 3개를 보여 주며, 재미있는 게임을 해 보자고 제안합니다.

② 아동이 좋아할 만한 작은 물건을 보여 줍니다(예: 동전, 작은 피규어, 공 등)

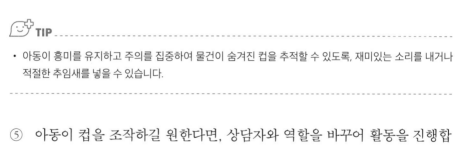

TIP

• 아동마다 호감을 보일 물건이 다를 것이므로 아동의 연령이나 흥미를 고려하여 준비하면 도움이 됩니다.

③ 아동에게 게임 방법을 알려 줍니다. 물건이 어디에 있을지 기억하는 게 중요하다고 강조합니다.

> "선생님이 이 컵 중 하나에 물건을 숨기고 컵끼리 서로 자리를 옮길 거예요. 물건이 숨겨진 컵이 어디로 이동하는지 잘 보다가, 마지막에 물건이 어디에 있는지 맞히는 게임이랍니다."

④ 컵 중 하나에 물건을 넣고 컵끼리 이리저리 위치를 바꿉니다.

TIP

• 아동이 흥미를 유지하고 주의를 집중하여 물건이 숨겨진 컵을 추적할 수 있도록, 재미있는 소리를 내거나 적절한 추임새를 넣을 수 있습니다.

⑤ 아동이 컵을 조작하길 원한다면, 상담자와 역할을 바꾸어 활동을 진행합니다.

TIP

• 역할을 나누어 활동을 진행할 때, 가능하다면 역할을 바꾸어 활동을 계속해 보세요. 이를 통해 아동의 참여 동기를 높이고 흥미를 유지시킬 수 있습니다.

⑥ 물건의 위치를 잘 맞추기 위해 아동이 사용한 전략이 있는지, 잘 맞출 수 있는 비법은 무엇일지 이야기를 나누어 봅니다.

6

부주의하고 산만한 아동의
자존감 증진하기

초등학교 4학년이 된 민수는 1학년 때까지만 해도 반에서 소문난 장난꾸러기였습니다. 민수의 장난에 종종 수업 시간이 웃음바다가 되었고, 담임교사도 민수를 귀엽게 여겼습니다. 그런데 민수가 2학년이 되어 만난 담임교사는 수업 시간에 바른 자세를 강조하며 민수를 지적하는 일이 잦았습니다. 이때부터 민수의 엉뚱한 행동으로 인해 눈살을 찌푸리는 친구들이 점차 늘어났습니다. 민수는 의기소침해졌고, 3학년이 되자 공부에도 어려움을 겪게 되었습니다. 민수는 친구도 좋아하고 공부도 잘하고 싶은데, 아무리 노력해도 친구들이 놀이에 끼워 주지 않았고, 성적도 점점 떨어짐에 따라 '나는 해도 안 되는구나'라고 생각하게 되었습니다. 이러한 경험이 반복된 결과, 4학년이 된 민수는 '열심히 해 봤자, 못했다고 엄마에게 야단만 맞을 테니, 차라리 대충 하는 게 더 낫다'라고 생각하며, 공부에도, 시험 자체에도 소홀해졌습니다. 친구들과의 관계도 갈수록 악화됨에 따라 민수는 더욱 위축되었습니다.

민수처럼 부주의하고 산만한 아동들은 초등학교 1학년 때는 활기차지만, 학년이 올라가며 위축되고 자조적인 태도를 보이곤 합니다. 또한 좀처럼 새로운 시도를 하지 않으려 하며, 반항적이고 공격적인 행동이 증가합니다. 이들은 자기중심적이고 아무 생각 없어 보이지만, 반복된 실패 경험과 주변 사람들의 부정적인 피드백으로 인해 나이가 들면서 자존감이 낮아지고, 자신에 대해 부정적인 생각을 하게 됩니다.

그러나 자존감은 아동의 정신 건강과 발달에 매우 중요하며, 아동이 삶을 긍정하고 자신을 존중하는 데 핵심적인 역할을 수행합니다. 이 장에서는 자존감이 무엇인지, 아동에게 자존감이 어떤 의미를 갖는지 구체적으로 확인하고, 부주의하고 산만한 아동의 자존감을 어떻게 높일 수 있을지 살펴보겠습니다.

- 인사이드 아웃: 내가 보는 나 vs. 남이 보는 나
- 매직 파워 상자
- 내 인생영화 속 명장면
- 매직 방패
- 나의 돌봄 우산

자존감의 정의와 중요성

"당신은 누구입니까?", "당신은 어떤 사람인가요?"라는 질문을 받아 본 적 있을 것입니다. 이런 질문을 받을 경우, 어떤 사람은 신체적 특성에, 어떤 사람은 심리적 특성에, 또 어떤 사람은 사회적 지위나 소속 집단에 집중해 자신을 설명합니다. 이러한 설명에는 필연적으로 자신에 대한 긍정적 혹은 부정적 평가가 포함되어 있으며, 이는 자아존중감(자존감), 즉 개인이 자신의 가치와 능력을 인식하고 존중하며 자신감을 갖는 것과 관련이 있습니다.

자존감의 역할

자존감이 높은 아동, 즉 자신에 대한 평가가 긍정적인 아동은 즐겁고 유쾌한 정서를 자주 경험하고, 또래 관계에서 불필요한 오해나 다툼이 적습니다. 또한 취미나 일상의 활동에 의욕적으로 임하고, 목표를 위해 더욱 노력하기 때문에 학업을 비롯한 여러 영역에서의 성취도 높습니다. 반면 자존감이 낮은 아동, 즉 자신에 대한 평가가 부정적인 아동은 일상에서 불쾌감을 많이 느끼고, 대인 관계에서 갈등을 자주 경험하며, 자신의 역량에 대한 기대나 포부 수준이 낮을 수 있습니다. 이들은 자신이 모든 일에 실패할 거라 생각하여 어떠한 시도도 하지 않으려는 경향이 있습니다. 즉 낮은 자존감으로 인해 실제적인 노력을 기울이기 어려워져 수행 수준이 낮아지고, 그 결과 자존감이 더욱 낮아지는 악순환에 빠질 수 있는 것입니다.

이처럼 자존감은 자신에 대한 평가나 인식뿐 아니라, 학업과 또래 관계, 행동에도 영향을 미칩니다. 따라서 이를 강화하고 높은 수준으로 유지하는 것은 아동의 성공적인 성장과 발달에 필수적입니다.

부주의하고 산만한 아동에게 있어 자존감의 의미

부주의하고 산만한 아동은 자신의 특성으로 인해 주변 사람들에게 부정적인 피드백을 자주 받습니다. 일반적인 아동의 경우 한두 차례 부정적인 피드백을 받으면 개선을 보입니다. 그러나 부주의하고 산만한 아동의 경우, 부정적인 피드백을 여러 번 받은 뒤에도 계속 실수하곤 합니다. 아동이 실수하지 않으려는 노력을 안 하는 게 아니라 못하는 것임에도, 이를 이해하지 못하는 주변 사람들은 화를 내게 됩니다. 그래서 부주의하고 산만한 아동은 친구들이나 학교 교사, 심지어는 부모와도 관계가 좋지 않은 경우가 많습니다. 이는 여러 측면에서 아동에게 불리하게 작용합니다. 무엇보다 주변 사람들에게 인정받지 못한다는 사실이 자존감을 떨어뜨릴 수 있고, 이들과의 관계가 나빠질수록 고민이나 속상한 일을 터놓고 의논하며 격려받을 곳이 없어지기 때문입니다. 그 결과 부주의하고 산만한 아동은 혼자 끙끙거리기만 하다가 더욱 힘든 상황에 처할 수 있습니다.

일반적인 사람들은 대개 아동기에 높은 자존감을 나타내다가, 청소년기로 접어들며 자존감 감소를 보입니다. 특히 여아의 경우 남아에 비해 청소년기에 자존감이 더 크게 감소한다고 합니다. 그러므로 아동기에 충분히 자존감을 키워 두는 것이 중요합니다.

자존감 향상 전략

자존감 연구의 대가 수전 하터(Susan Harter)를 비롯한 여러 학자들은 아동의 자존감을 향상시킬 수 있는 여러 전략을 제안하였습니다(Harter, 1990). 이는 크게 네 가지로 구분할 수 있습니다.

1. 낮은 자존감의 원인을 찾고, 아동의 강점을 발견하기
2. 정서적인 지지와 사회적 인정을 받을 수 있도록 돕기
3. 다양한 영역에서 성취를 경험하게 하기
4. 당면한 문제에 대처할 수 있도록 돕기

낮은 자존감의 원인 찾기와 아동의 자원/강점 발견하기

자존감이 낮아진 원인은 다양할 수 있지만, 먼저 부모-아동 간의 관계를 살펴볼 필요가 있습니다. 예를 들어 부모가 아동에게 애정을 적절히 표현하고, 아동의 강점을 잘 파악하고 있는지, 아동이 가정 내에서 소외되지 않고, 아동에게 자신의 강점을 충분히 발휘할 기회가 주어지는지 확인해야 합니다. 또한 부모가 아동의 문제나 어려움에 관심을 갖고 이를 모니터링하고 있는지, 아동이 도움을 요청할 때 적절히 도움을 줄 수 있는지, 정해진 규칙 안에서 아동에게 자유를 허용하는지, 그리고 분명하고 공정한 가족 규칙이 일관성 있게 지켜지고 있는지 등을 살펴봐야 합니다. 그런 다음 문제가 있다면 부모나 담임교사와 세심하게 조율하여 아동의 상황에 맞게 개입해야 합니다.

자존감 향상을 위해서는 무엇보다 아동이 자신의 자원과 강점을 확인해야 합니다. 특히 스스로 중요하게 여기는 영역에서 강점을 발견한다면 자존감이 극대화될 것입니다. 따라서 아동의 강점을 다각도로 발굴하는 한편, 아동이 자신의 자원과 강점을 가치 있게 여길 수 있도록 격려해야 합니다.

정서적 지지와 사회적 인정

다른 사람에게서 오는 인정, 칭찬, 호감 표현 등은 모두 아동의 자존감 향상에 중요한 역할을 합니다. 부모나 교사, 또래와 같이 중요한 타인들의 인정은 아동에게 눈앞의 난관을 이겨 낼 힘을 주기 때문입니다. 당연하게도, 특별히 눈에 띄는 일에 대해서만 칭찬할 수 있는 것은 아닙니다. 아동이 자신의 책임을 다했거나 약속을 지켰거나 양보했거나 주변 사람을 도와주었다면, 얼마든지 아동을 칭찬할 수 있습니다. 아동이 쉽게 처리할 수 있는 일을 부탁한 후, 아동이 이를 완수하면 아동을 칭찬하는 것도 좋은 방법입니다. 또한 특별히 무언가 잘한 것이 없어도, 아동을 있는 그대로 인정하고 아동에게 호감을 전하거나(예: "△△가 있어서 좋네", "□□는 웃는 모습이 참 보기 좋구나"), 아동의 표정이나 행동 등을 기억했다가 이를 반영해 주는 말("오늘은 미소를 자주 보이네. 무슨 좋은 일이라도 있니?", "아까 친구랑 얘기할 때 목소리가 커지던데, 그렇게 또랑또랑하게 말하는 모습은 처음 봤어")을 하는 것도 아동의 자존감 향상에 긍정적인 영향을 줍니다. 이를 통해 아동은 정서적 지지와 사회적 인정을 얻은 느낌을 받게 되고, 이런 느낌을 반복해서 경험하면 자존감이 향상됩니다.

성취 경험

자존감 향상에는 여러 요인이 영향을 미치지만, 성취는 무엇보다도 중요한 역할을 합니다. 성취 경험이 많은 아동은 자신이 목표에 따라 상황을 통제할 수 있고, 목표를 달성하면 원하는 결과를 얻을 수 있다는 신념을 발달시키게 됩니다. 따라서 아동이 학업, 운동, 취미 등 다양한 영역에서 크고 작은 성취를 경험할 수 있도록 지원해야 하며, 이를 위해서는 아동의 연령과 상황을 고려하여 적절한 난도의 과제를 제공해야 합니다. 또한 아동의 성취가 사회적 지지와 인정을 받을 수 있게 하는 것도 중요합니다.

그러나 성취는 마음만 먹는다고 단번에 이룰 수 있는 것이 아닙니다. 성취를 위해서는 꾸준한 노력과 연습이 필요하며, 때로는 주변 사람들에게 도움을 요청해야 합니다. 그러므로 아동이 이러한 점을 이해하도록 가르칩니다.

대처

아동이 문제를 회피하지 않고 이에 직면하여 대응할 경우, 즉 방어적인 태도를 버리고 솔직한 태도로 문제에 대처할 경우 아동의 자존감이 증가합니다. 자신의 문제를 파악하고 이에 대처하기 위해서는 반복된 훈련과 성취 경험이 필요합니다. 문제 해결 기술은 3부 3장에서 다루었으므로 필요하다면 이를 복습하거나, 해당 파트에서 배운 기술을 적용하면 되겠습니다.

이 장에서는 아동이 자신의 여러 측면을 살펴보게 하고, 평소 단점이라고 생각하여 숨기고 싶어 했던 모습도 시선을 달리하면 자신의 자원이 될 수 있음을 알려 주고자 활동을 구성하였습니다. 또한 아동의 삶을 돌아보며 따뜻한 돌봄이나 우호적 인간관계에 관한 기억을 찾아보고, 이러한 기억이 아동의 내면에서 새롭게 힘을 발휘할 수 있도록 돕고자 합니다. 우리 모두에게는 그런 따뜻한 기억이 있으며, 그런 기억이 많을수록 우리 내면은 더 강해집니다. 상담자들도 일련의 활동을 통해 자신의 숨겨진 강점을 찾고, 잊고 있었던 따뜻한 기억을 다시금 생생히 떠올리게 되기를 바랍니다. 그 힘으로 부주의하고 산만한 아동의 내면의 장점을 찾아서 격려하고, 색다른 관점으로 아동을 바라보기를 바랍니다.

'인사이드 아웃'은 셀카와 다른 사람이 찍어 준 자신의 사진을 가지고 상자를 꾸미는 집단 활동입니다. 이 활동을 통해 아동은 '내가 나를 바라보는 시각'과 '다른 사람이 나를 바라보는 시각'의 차이를 조금 더 객관적으로 이해하고, 궁극적으로는 자신의 강점과 자원을 깨닫게 될 것입니다.

| 준비물: PC/노트북, 다양한 크기의 상자, 미술 도구, 사진 인화기, 스마트폰, 인화지, 프로젝터

진행 순서

① 아동에게 오늘은 친구와 짝을 지어 다양한 곳을 돌아다니며 사진을 찍을 것이라고 안내합니다. 이때 돌아다닐 수 있는 곳을 정해 줘야 합니다(예: 상담실, 교실, 운동장, 옥상 등).

② 사진을 찍을 때의 규칙을 알려 줍니다.

> "오늘은 사진을 찍어 볼 거예요. 셀카도 찍고, 친구들의 사진도 찍어 봅시다. 이곳저곳을 돌아다니며 다양한 포즈로 사진을 찍어 볼까요? 자기가 생각하기에 가장 '나다운 나'를 표현해 봅시다."

③ 상담자도 부지런히 움직이며 아동들의 사진을 찍습니다. 독사진도 좋고 두세 명씩 같이 있는 장면을 찍어도 좋습니다.

④ 사진을 다 찍고 나서, 각자가 찍은 사진에 대해 이야기 나눕니다. 한 명씩 돌아가면서 자신의 스마트폰(사진기)에 저장된 사진을 보여 주며 어디에서 찍은 사진인지 설명하게 합니다. 사진에 대한 자신의 느낌을 덧붙이게 해도 좋습니다. 설명이 끝나면 다른 아동들이 사진에 대해 질문하게 합니다. 아

동들이 발표를 망설일 경우, 상담자가 먼저 촉진적인 질문과 피드백을 통해 아동들의 활발한 대화 참여를 유도합니다.

⑤ 집단원이 발표 아동의 '베스트 샷'을 골라 줍니다. 발표 아동은 '가장 나다운 사진', '가장 마음에 드는 사진', '가장 기분 나쁜 사진'을 하나씩 고릅니다.

⑥ 셀카와 친구들이 찍어준 사진 속 이미지의 유사점과 차이점을 찾아봅니다. 아동들에게는 이 작업이 어려울 수 있으므로, 처음에는 상담자가 먼저 피드백을 제공하여, 아동들이 상담자를 모델링할 수 있도록 합니다.

☺⁺TIP --

• 아동별로 자기이미지와 타인이 보는 이미지의 유사점과 차이점을 잘 정리해 둡니다. 이는 아동을 이해하는 중요한 단서가 될 수 있습니다. 또한 다른 사람들은 다 아는 자신의 장점을 모르는 아동에게 사진은 중요한 증거입니다. 외모에 대한 것뿐만 아니라 성격적인 장점에 대해서도 자신이 보는 면과 타인의 보는 면의 유사점과 차이점을 살펴보면 좋습니다.

----

⑥ 친구들이 찍어 준 사진과 셀카 중 인화할 사진을 고르게 합니다. 예쁘게 나오지 않았더라도 자신이 잘 표현된 듯한 사진을 고르도록 안내합니다.

⑦ 아동이 고른 사진을 출력합니다.

☺⁺TIP --

• ⑥번까지의 활동만으로도 한 회기가 다 채워질 수 있습니다. 이 경우 사진을 출력한 이후의 작업은 다음 회기로 이어서 진행할 수 있습니다.

----

⑧ 출력한 사진과 다양한 미술 도구를 활용하여 상자의 바깥쪽과 안쪽을 꾸미게 합니다. 이때, 상자의 바깥쪽에는 다른 사람이 찍어 준 사진을 사용하여 '다른 사람이 보는 나'를, 안쪽에는 셀카를 사용하여 '내가 보는 나'를 표현하게 합니다.

⑨ 각자 자신이 만든 상자를 소개하는 시간을 갖습니다. 친구의 소개를 들은 후, 질문하거나 자신의 느낌을 이야기하게 합니다. 이때 상담자는 다른 사

람이 보는 나와 내가 보는 나의 유사점과 차이점에 대해 아동에게 질문하면서 대화를 촉진합니다.

⑩ 모두의 발표가 끝나면 활동에 대한 소감을 나눕니다.

⑪ 모든 아동이 자신의 상자를 들고 사진을 찍습니다. 아동이 원한다면 이때 찍은 사진을 인화해 줍니다.

활동 6.2 | 매직 파워 상자

'매직 파워 상자'는 자신을 뿌듯하게 하는 물건으로 상자를 꾸미고 포장하여, 자신의 장점과 자원을 잘 기억하도록 돕는 활동입니다. 아동은 이 상자에 자신의 성취나 자랑거리 등을 모아 둔 후, 속상하거나 위축될 때, 상자를 열어 보고 힘을 얻을 수 있습니다. 성인에게는 이러한 물건이 필요하지 않을 수 있으나, 아동의 경우 아주 작은 단서를 통해 자신의 힘이나 자원, 장점 등을 상기하여 용기를 낼 수 있습니다.

준비물: 다양한 상자, 문장 완성 검사 문항, 미술 도구, 아동에게 힘을 주는 물건 2~3가지(미리 준비해 오게 합니다)

진행 순서

① 자신에게 힘을 주는 물건을 꺼내게 합니다. 집단 상담 시, 돌아가면서 자신의 물건을 소개하고, 그 물건을 가져온 이유를 설명하는 시간을 갖습니다. 이를 통해 상담에 참여한 아동들이 서로를 더 잘 알아 갈 수 있습니다.

② 오늘은 자신에 대해 생각해 보는 시간을 가질 것이라고 안내합니다. 아동이 자신에 대해 잠시 생각해 보게 합니다. 앞서 진행했던 회기 중 자신에 대해

더 잘 알게 되었거나 자신을 잘 표현했던 회기 혹은 활동이 있다면, 그때를 기억해 보자고 해도 좋습니다.

> "오늘은 자신에 대해 생각해 보는 시간을 가지려고 해요. 자신이 어떤 사람인지, 무엇을 좋아하는지, 어떤 성격을 가졌는지 잠시 생각해 볼까요?"
>
> "선생님과 상담하면서 자신에 대해 더 잘 알게 되었거나, 자신을 잘 표현했던 시간이나 활동이 있었나요?

③ 이러한 자기이해를 바탕으로 문장 완성 검사지를 작성하게 합니다. 일반적인 심리평가에서 사용하는 문장 완성 검사지 중 해당 활동과 관련된 문항을 사용해도 좋고, 필요에 따라 적절한 문항을 만들어 사용할 수도 있습니다.

문장 완성 검사 문항의 예

- 내가 좋아하는 나의 성격은 _____.
- 다른 사람들은 내가 _____ 해서 좋다고 한다.
- 나는 내가 좋다. 왜냐하면 _____.
- 나는 _____ 을 잘한다.
- 친구들은 내가 _____ 을 잘한다고 한다.

☺️ **TIP**

- 아동이 자신의 장점이나 자원과 관련해서 다른 문항을 만들고 싶어 한다면, 직접 문항을 추가하게 해도 좋습니다.

④ 문장 완성 검사지를 오려 상자의 각 면에 붙인 후, 여러 미술 도구를 사용하여 상자를 꾸미게 합니다.

⑤ 아동이 준비해 온 물건들(예: 태권도 품띠, 상장, 친구나 부모님께 받은 편지, 어린 시절의 사진, 기억에 남는 칭찬을 적은 카드 등)을 상자에 넣습니다.

⑥ 집단 상담 시 집단의 구성원들에게 선물할 무언가를 만드는 시간을 가져도 좋습니다. 예를 들어 용기나 칭찬의 말을 적어 줄 수도 있고, 선물을 받는 아동이 자신의 장점을 이어 가는 데 필요하다고 생각되는 것을 만들어 주거나 그려 줄 수도 있습니다. 선물을 줄 때는 자신이 왜 그런 선물을 주는지 설명하게 합니다. 아동들이 서로 선물을 주고받은 것을 확인한 후, 선물을 받은 기분이 어떤지 물어봅니다.

TIP
• 상담자도 개별 아동에게 마음을 담아 선물합니다.

⑦ 각자 자신의 상자에 이름을 붙이게 합니다. 그런 다음 어떤 이름을 붙였는지, 왜 그런 이름을 붙였는지 이야기하게 합니다.

⑧ 활동에 대한 소감을 나누고 회기를 마무리합니다.

두 배로 효과 보기

■ 아동이 일상에서 지치고 위축될 때 매직 파워 상자를 열어 보게 합니다. 어떤 상황에 열어 보면 좋을지 상담 시간에 이야기해도 좋습니다. 아동이 동의한다면, 회기 후 상자를 집으로 가져가, 그 안에 자신에게 힘이 되는 단어나 문장을 추가로 적어 넣게 할 수도 있습니다. 이 경우 다음 회기 때 활용 경험을 나눠 봅니다.

활동 6.3 | 내 인생영화 속 명장면

우리 모두는 다른 사람으로부터 사랑과 진정 어린 격려를 받은 기억과, 오랫동안 기억에 남을 만한 도움을 받았던 기억을 갖고 있습니다. 이런 장면들은 마치한 장의 사진이나, 길지는 않더라도 분명한 영향을 주는 동영상처럼 기억 속에남아 있습니다. 이 활동을 통해 아동은 이러한 동영상을 머릿속에서 재생하여자신을 격려하고, 당면한 과제로 인해 속상하고 짜증나는 마음을 진정시키는연습을 하는 한편, 그때 누군가가 자신에게 베푼 도움과 배려를 생각하여, 다른사람들을 배려하고, 이해하고, 도울 준비를 할 것입니다.

┃ 준비물: A4 용지(선택), 가위(선택), 잡지/신문(선택), 풀(선택), 필기도구(선택)

진행 순서

① 삶은 영화에 비유할 수 있다고 이야기하며 회기를 시작합니다. 이러한 '인생영화'에는 언제 봐도 힘이 나고 기분 좋아지는 장면이 있는 반면, 생각만해도 힘이 빠지고 슬퍼지는 장면도 있다는 사실을 설명합니다. 만약 그런장면을 꼽는다면 어떤 장면을 고르게 될지 잠시 생각해 보자고 제안합니다.

> "우리가 살아오면서 누군가가 나를 도와줬거나 사랑해 줬거나 배려해준 기억이 있을까요? 생각만 해도 기분이 좋아지는 기억일 거예요. 또는 무언가를 성취해서 칭찬과 인정을 받았던 때를 기억해도 기분이 좋아지겠지요. 우리는 이제부터 이런 기억을 '내 인생영화 속 명장면'이라고 부를 거예요. 우리 각자의 영화에서 명장면이라고 부를 만한 장면들을 떠올려 볼까요? 눈을 감고 생각해도 좋아요."

② 아동이 활동 진행을 이해하지 못하거나 활동에 몰입하지 못한다면, 상담자가 예를 들어주는 것도 도움이 됩니다. 다만 이 경우 아동이 상담자가 예를 들어 준 방향으로만 생각하게 될 수 있으므로, 가능하면 아동이 자신의 인생영화 명장면을 자발적으로 떠올리게 합니다. 또한 '우리 모두의 명장면은 다 다를 수 있다'라거나 '명장면의 절대적인 기준은 없고, 어떤 장면이라도 본인의 기준에만 맞으면 명장면이 될 수 있다'라고 말해 주는 것도 좋습니다.

> "선생님은 재수해서 대학에 입학했고, 대학원도 한 번에 합격하지 못했어요. 그때 같이 공부했던 친구가 먼저 대학원에 합격했어요. 그 친구를 부러워하는 마음과 축하하는 마음이 같이 있었는데, 그때 그 친구가 선생님한테 이렇게 말해 줬어요. '□□야, 너도 열심히 노력했으니 이제는 네 차례가 아닐까?'라고요."

> "그 말이 참 고마웠고, 그 친구의 말처럼 얼마 후 선생님도 대학원에 합격했어요. 그 이후로 일이 잘 안 풀릴 때, 아니 더디게 풀릴 때, 때로는 영원히 풀리지 않을 것 같을 때, 선생님은 스스로에게 '이제야말로 내 차례가 아닐까?'라고 말합니다. 1997년 초여름의 어느 날이 선생님의 인생영화 속 명장면 중 하나랍니다."

③ 각자의 인생영화 속 명장면에 대해 이야기 나눕니다. 이는 아동을 이해하는 데 중요한 단서가 될 수 있으므로, 잘 기억해야 합니다. 필요하다면 기록해

두는 것도 좋습니다.

④ 냄새, 소리, 촉감, 맛, 기분 등 인생영화 속 명장면과 관련된 감각이 있는지 물어봅니다. 이런 단서들이 떠오르면 해당 장면과 관련된 기억이 더 많이 인출될 수 있고, 기억 자체도 더 생생해지므로, 아동이 좋은 영향을 받을 수 있습니다. 또한 이러한 시도를 통해 아동은 자신의 감각에 집중하여 이를 더 잘 이해할 수 있습니다.

⑤ 아동이 자신의 인생영화 속 명장면을 묘사할 때, 상담자는 아동의 기억을 구체화할 수 있는 질문을 하거나 해당 명장면에 대한 자신의 느낌이나 생각을 말해 줍니다.

> "○○ 얘기를 들으니 선생님 마음이 아프네요. 그때 어떤 생각이나 기분이 들었나요?"
>
> "그 장면에서 또 기억나는 게 있나요? 무슨 소리가 들렸거나 어떤 냄새가 났을 수도 있고….'

TIP

- 아동이 한 말을 작은 카드에 정리해도 좋습니다. 앞으로도 인생영화 명장면이 생기면, 이렇게 카드에 명장면을 묘사해서 모아 둘 수 있다고 알려 주세요.

⑥ 집단 상담에서 이 활동을 진행할 경우, 친구들의 이야기를 다 듣고도 자신에게는 명장면이 없거나 기억나지 않는다는 아동이 있을 수 있습니다. 이 경우 이전 상담 회기 때 아동이 경험한 친사회적 장면을 말해 줌으로써 명장면을 구성하도록 도와줄 수 있습니다. 이를 위해 평소 활동에서 아동의 행동을 잘 관찰하여 기억하거나 기록해 둘 필요가 있습니다.

• 아동이 방어적 태도를 보이지 않는데도, 자신에게는 이런 명장면이 하나도 없다고 말할 수 있습니다. 이는 매우 안타까운 일이며, 세심하게 접근해야 할 중요한 단서입니다. 이 경우 다른 에피소드나 상담 회기 내에서의 아동의 반응을 종합하고, 필요하다면 아동을 잘 아는 성인(부모 또는 교사)을 만나 아동의 상황을 파악하여 적절한 도움을 제공해야 합니다.

⑦ 인생영화 속 명장면을 나눈 소감을 물어봅니다.

TIP

• 이 활동의 목표는 자신의 인생영화 속 명장면을 떠올려 봄으로써 기분이 좋아지고, 자신이 사랑받는, 중요한 사람이라 생각하게 되는 등 긍정적인 감정을 느껴, 궁극적으로 자신감을 얻는(empowering) 경험을 하는 것입니다.

⑧ 자신의 인생영화 속 명장면을 언제 떠올리면 좋을지 질문합니다. 아동이 잘 대답하지 못한다면, 부정적인 느낌이나 생각이 들어 힘들었던 적이 있는지 조심스레 물어봅니다.

> "이런 명장면을 언제 떠올리는 게 좋을까요?"
>
> "속상하고, 우울했던 적이 있나요? 자신이 초라하고 모자라서, 아무도 자신을 사랑해 주지 않는다고 생각하면서 괴로웠던 적이 있을까요?"

⑨ 아동의 경험을 듣고, 또 언제 그런 느낌이나 생각이 들 수 있을지 이야기 나눕니다. 그런 상황에서의 촉발 요인(trigger, precipitating factor)을 찾을 수 있다면 큰 도움이 될 것입니다. 아동이 부정적인 기억과 감정을 떠올렸을 것이므로 우선 이에 대해 충분히 공감해 주고, 앞으로 나쁜 기억이 떠올려 힘들어지면 오늘 생각한 명장면을 이용해 맞서자고 제안합니다. 필요시 다음 회기에서 이 주제를 보다 집중적으로 다룰 수 있습니다(활동 6.4 매직 방패 참조).

⑩ 이제 다른 누군가의 인생영화 속 명장면을 위해 내가 할 수 있는 일이 있을
   지 찾아보자고 제안합니다. 다른 사람의 인생영화에서는 그 사람이 주인공
   이지만, 우리 모두는 그 주인공을 도와주는 역할로 기억에 남는 캐릭터가
   될 수 있음을 알려 줍니다.

☺⁺ TIP

- 집단 상담 시, 이 부분에서 아동들의 호응이 좋다면, 이를 다음 회기의 주된 활동으로 다룰 수 있습니다. 예
  를 들어 아동이 도와줄 대상을 정하고, 구체적으로 어떤 상황에서, 어떻게 도와줄 수 있을지 계획하는 것입
  니다. 누군가를 도와주는 방법은 다양합니다. 말로 격려하거나 위로할 수도 있고, 행동해서 도움을 줄 수도
  있습니다. 도움을 주는 여러 방법을 생각하여 발표하게 하세요. 발표하는 친구들의 계획을 듣고, 자신의 도
  움행동 레퍼토리를 추가하게 할 수 있습니다. 가능하다면 과제를 내주어, 이 계획을 실행해 보게 한다면 좋
  을 것입니다.

⑪ ⑦번이나 ⑧번 과정까지 한 회기에 다룰 필요는 없습니다. 오히려 이 모든
   과정을 다룰 수 있을 만큼 시간이 있다는 것은 이전의 활동 과정을 충분히
   다루지 않았다는 증거일 수 있습니다.

☺⁺ TIP

- 저학년의 경우 활동지에 인생영화 속 명장면을 그려 넣거나 내용을 간단히 적게 한 후 활동을 진행한다면,
  더 쉽게 활동에 몰입할 수 있을 것입니다. 아동이 그림 그리기를 심하게 싫어할 경우, 잡지책이나 신문을 준
  비해서 콜라주를 제안할 수 있습니다.

활동 6.4 | 매직 방패

이 활동은 자신만의 매직 방패를 만들어 봄으로써, 내면의 힘과 자원을 새롭게
발견하고, 지키고 싶은 사람과 물건, 일 등을 확인하는 활동입니다. 아동은 방패
를 사용해야 할 때를 떠올리는 과정에서 자신이 걱정하거나 두려워하는 것 등

에 대해 이야기하는 한편, 자신의 내적 힘과 자원을 개발하고 연마하기 위해 무엇을 할 수 있을지 생각하게 될 것입니다. 이 활동을 통해 아동은 다양한 상황에서 위축되거나 좌절하지 않고, 힘을 내어 다시 도전할 용기를 모으는 연습을 할 수 있습니다.

> 준비물: 가위, 검은 색지, 글루건, 다양한 미술 도구, 두꺼운 종이/하드보드지, 셀로판지, 조금 특별한 꾸미기 도구(반짝이, 예쁜 테이프 등), 테이프, 투명 시트지, 풀, 즉석카메라(선택)

진행 순서

① 방패가 무엇인지 아는지 묻고, 방패의 기능에 대해 질문합니다. '방패' 하면 떠오르는 것에 대해 잠시 이야기 나누어도 좋습니다. 그런 다음 자신만의 방패를 만든다면 어떤 방패를 만들고 싶은지 자유롭게 말하게 합니다. 다음과 같은 질문이 아동의 이야기를 이끌어 내는 데 도움이 될 것입니다.

> "무엇이든 막을 수 있는 특별한 방패를 가질 수 있다면, 그 방패로 어떤 것을 막고 싶은가요? 특별한 방패를 언제 사용하면 좋을까요?"

② 방패를 만들기 위해 마련해 둔 재료를 아동에게 소개한 후, 아동이 만들고 싶은 방패를 구상하여 스케치하게 합니다. 이때 방패의 성격을 잘 나타낼 수 있는 재료를 선택할 수 있도록 도와줍니다.

③ 구상한 방패를 만들게 합니다.

TIP

• 아동이 원한다면 방패를 만들고 나서 허리띠, 팔찌, 투구, 창 등을 추가로 만들게 할 수 있습니다. 다만, 그 이유를 들어보고 매직 방패와 취지가 같을 경우에만 허용해 주세요.

④ 아동이 방패를 제작하는 과정을 잘 지켜보면서, 아동이 특히 공을 들이거나

어려워하는 부분이 있는지 눈여겨봅니다. 이전에 아동이 스케치한 것과 비교하면서 아동의 방패를 살펴보고, 방패가 주는 느낌도 포착합니다.

⑤ 방패 제작이 끝나면, 아동이 만든 방패를 소개하는 시간을 갖습니다. 아동의 설명을 듣고 상담자가 궁금한 점에 대해 질문하고 상담자의 느낌, 아동이 방패 만드는 과정에서 관찰한 점 등에 대해 피드백합니다.

⑥ 집단 상담에서 이 활동을 진행할 경우, 참여 아동들이 돌아가면서 자신의 방패에 대해 설명하게 합니다. 설명을 들은 아동들은 친구의 방패에 대해 피드백하고 궁금한 점을 질문하게 합니다.

⑦ 발표가 끝난 후 각자의 방패에 이름을 붙이는 시간을 갖습니다.

⑧ 각자 자신의 방패를 사용하는 장면 하나를 떠올려 보게 합니다. 다음과 같은 질문을 통해 아동의 구체적인 상상을 도와줄 수 있습니다.

"어떤 장소를 떠올렸는지 구체적으로 말해 줄 수 있나요? 낮인지 밤인지, 어떤 계절인지 알 수 있나요?"

"무엇이 보이나요? 들리는 소리가 있나요? 혹시 무슨 냄새가 나지는 않나요?"

"무엇을 하고 있나요? 혼자인가요, 누군가와 함께 있나요?"

"만약 지금 방패를 사용한다면 어떻게 될까요?"

⑨ 아동이 구체적인 상황을 설정했다면, 상황에 맞는 포즈를 취하게 하고, 이를 사진 찍어 둡니다. 만약 즉석카메라가 있어 바로 사진을 줄 수 있다면, 아동의 흥미를 유발하기 좋을 것입니다. 즉석카메라가 없을 경우, 다음 시간까지 사진을 출력해서 나눠 줍니다. 출력이 여의치 않다면 영상 또는 파일로 전송해 줘도 좋습니다.

⑩ 오늘 활동에 대한 소감을 나누고 회기를 마무리합니다.

두 배로 효과 보기

■ 힘든 상황에서 방패를 활용해 보게 한 후, 다음 회기 때 이 경험에 대해 이야기 나눕니다. 방패가 어떤 점에서 도움이 되었고, 어떤 점에서 도움이 안 되었는지, 방패를 사용하며 어려움이 있지는 않았는지 물어봅니다.

활동 6.5 | 나의 돌봄 우산

'나의 돌봄 우산'은 '돌봄'에 대한 이미지를 모아 나만의 우산을 꾸며 봄으로써, 누군가 또는 무엇인가를 돌보는 역량을 키우는 활동입니다. 이 활동에서 아동은 돌봄에 대해 어떤 경험을 해 왔는지, 지금 필요한 돌봄이 있는지 이야기 나눕니다. 이 과정에서 아동은 주변을 돌보는 데 필요한 자원이 있으며, 이를 위해서는 무엇보다 자신을 먼저 돌봐야 한다는 사실을 자연스럽게 깨달을 것입니다. 자신의 필요를 알고, 다른 사람에게 도움을 요청하여 이를 충족해 나가는 과정에서, 아동은 다른 사람을 돌보는 부분에서도 한층 더 성장하게 될 것입니다.

> 준비물: 가위, 글루건, 꾸미기 도구, 다양한 미술 도구, 다양한 사진/잡지/신문, 돌봄과 관련한 사진, 투명 비닐우산, 투명 시트지, 테이프, 풀, 물감(선택), 물총(선택), 우비(선택)

진행 순서

① 오늘은 돌봄을 주제로 우산을 꾸밀 것이라고 말한 후, 돌봄이 무엇인지 물어봅니다.

② 돌봄의 사전적 의미를 알려 주고, 아동에게 누군가가 자신을 돌봐 준 경험을 이야기해 달라고 합니다. 아동의 이야기를 들으며 적절하게 질문하고 피드백합니다.

> "돌봄이 무슨 말인지 알고 있나요? 돌봄은 누군가에게 관심을 갖고 그 사람을 보살피는 것을 의미해요. 지금까지 받았던 돌봄 중에서 가장 따뜻했던 것은 어떤 것인가요? 또 다른 사람을 돌봐 준 적도 있나요?"

③ 돌봄과 관련한 사진을 보여 줍니다(예: 엄마 개 품에 아기 강아지들이 옹기종기 모여 있는 사진, 몸집이 큰 아동이 작은 아동의 손을 잡고 걸어가는 사진, 할머니가 화단의 식물에 물을 주는 사진 등).

④ 아동이 마음에 들어 하는 사진이 있다면, 그 사진을 놓고 계속 돌봄에 대한 이야기를 이어 나갑니다. 이때 다음과 같은 질문을 참고해도 좋습니다.

> "주변 사람들 중에 누가 다른 사람을 잘 돌보는 것 같나요?"
>
> "돌보고 싶은 사람이나 무언가가 있나요? 그 사람을/그것을 돌보기 위해서는 어떤 것이 필요할까요?"
>
> "어떤 종류의 돌봄을 받고 싶은가요? 어떻게 하면 그런 돌봄을 받을 수 있을까요?"
>
> "지금 누군가를/무엇인가를 잘 돌볼 수 있나요? 돌볼 수 없다면, 그 이유는 무엇인가요?"

⑤ 비닐우산을 주면서 이 우산은 '돌봄 우산'이며 이 우산을 펴면 돌봄을 떠올릴 수 있도록 여러 그림이나 사진으로 꾸밀 것이라고 설명합니다.

⑥ 미리 준비한 잡지나 신문 속 사진을 이용해도 좋고, 아동의 스마트폰에 저장되어 있는 이미지를 출력해도 좋습니다. 아동이 원한다면, 직접 돌봄과 관련한 그림을 그리게 할 수 있습니다.

⑦ 우산에 붙일 이미지를 모두 선정했다면, 이를 우산 안쪽에 밖을 향하도록 붙입니다. 이때는 테이프나 투명 시트지, 글루건을 사용해야 하므로, 안전

하게 활동을 진행할 수 있도록 아동을 도와줘야 합니다.

⑧ 자신의 돌봄 우산에 대해 설명하고, 돌봄 우산에 이름을 붙이는 시간을 갖습니다.

⑨ 여건이 된다면 야외로 나가서 돌봄 우산에 물총을 쏘고 이를 막는 놀이를 합니다. 물총에서 나가는 물은 아동이 막아 내야 하는 다양한 어려움이나 문제에 비유할 수 있습니다. 옷이 젖으면 곤란해질 수 있으므로, 우비를 준비해 둡니다.

TIP
- 물총에 물감을 넣어 쏘게 할 경우, 더욱 즐겁게 활동을 진행할 수 있습니다. 이때는 아동이 우산을 향해서만 물총을 쏘게 지도해 주세요. 부주의하고 산만한 아동들은 움직이는 활동을 좋아하기 때문에, 이 경우 훨씬 적극적으로 활동에 참여할 것입니다. 집단 상담에서 이 활동을 진행할 시, 분위기가 지나치게 과열되지 않도록 잘 조절해야 합니다.

⑩ 돌봄 우산을 들고 있는 모습을 사진 찍습니다. 가능하다면 바로 출력해서 아동에게 주고, 그렇지 않다면 다음 회기에 사진을 전달합니다. 이후 아동의 사진을 잘 정리해 둡니다.

⑪ 오늘 활동에 대한 소감을 나누고 회기를 마무리합니다.

두 배로 효과 보기

■ 상담자 역시 자신이 돌봄을 받았거나 다른 사람을 돌보았던 경험(예: 기억, 느낌, 소감 등)을 솔직하게 이야기한다면, 아동과 더 깊은 신뢰를 쌓을 수 있을 것입니다. 현재 자신을 어떻게 돌보고 있으며, 이를 위해 어떤 노력을 하고 있는지 아동과 이야기 나눠 봅니다. 이를 통해 돌봄과 관련한 상담자 자신의 경험을 돌아보고, 아동과 함께 자기돌봄을 실천합니다. 힘든 상황이 되면 믿을 만한 타인에게 돌봄을 요청하거나 스스로를 돌볼 수 있도록 연습해 봅니다.

7 프로그램 예시 및 공통 활동

상담자나 상담교사가 아동과 프로그램을 진행할 때, 첫 회기에는 상담 프로그램 구성과 규칙을 전달해야 합니다. 따라서 각 회기 진행과 상담 프로그램을 구조화해 둔다면, 아동과 보호자 모두에게 상담 프로그램에 대한 명확한 상을 전달하고, 전체 프로그램을 효율적으로 진행할 수 있을 것입니다.

일반적으로 첫 회기를 제외한 각 회기는 지난 회기 내용을 복기하고, 연습 과제가 있었다면 이를 확인하며, 각 회기의 주요 활동을 진행하는 순서로 구성합니다. 필요시 다음 회기까지 연습해 볼 과제를 설명하고, 연습 과제 수행 시 예상되는 어려움이나 기타 필요 사항을 정리하여 아동의 과제 수행을 돕는 과정을 추가할 수 있습니다.

ADHD 상담 프로그램의 경우, ADHD에는 여러 유형이 있으며, 아동별로 문제의 유형과 심각도도 다양하다는 사실을 명심해야 합니다. 따라서 ADHD 아동과 상담을 진행할 때는 아동의 주요 ADHD 증상에 따라 회기별 활동과 전체 프로그램을 구성하는 것이 매우 중요합니다.

이 장에서는 우선 개별 회기가 어떻게 구성되는지 구체적으로 확인한 뒤, 이 책에서 소개한 활동을 통해 ADHD 아동의 다양한 문제에 초점을 맞춘 상담 프로그램을 구성하는 예시를 살펴보겠습니다. 상담자는 이 장에 소개된 프로그램 예시를 그대로 사용할 수도, 아동의 특성이나 반응에 따라 특정 활동을 반복·심화하여 프로그램을 구성할 수도 있습니다.

마지막으로, 이 책의 일부 활동과 지침은 학교 장면에서 일하는 상담(교)사를 염두에 두고 작성되었습니다. 학교 밖 상담 현장에 있는 상담자들도 사용할 수 있지만, 그 적용 범위나 적절성은 학교현장과 다를 수 있으니, 이를 고려하여 적용할 것을 권합니다.

- 자기소개
- 지금까지 ○○○ 기자였습니다
- 집단 규칙과 신나는 계산기
- 목표가 보이는 유리병
- 나만의 안내지도
- 마무리 정리와 파티

프로그램 회기 운영

프로그램의 각 회기는 (1) 지난 회기 요약, (2) 주의력과 이완 연습, (3) (연습 과제가 있었다면) 연습 과제 점검, (4) 본활동, (5) 본회기 요약, (6) (필요시) 연습 과제 부여 순서로 진행하는 것이 좋습니다. 이처럼 체계적으로 구조화된 회기는 아동이 프로그램 진행을 예측할 수 있게 해 주어, 참여 아동에게 안정감과 통제감을 제공합니다.

지난 회기 요약

지난 회기에 다룬 내용을 요약합니다. 이는 프로그램 시작 전에 아동이 느끼는 어색함을 줄이고, 아동이 본프로그램에 참여할 준비를 할 수 있도록 돕는 동시에, 지난 시간에 다룬 내용과 이번 시간에 다룰 내용을 연결하는 역할을 합니다.

주의력과 이완 연습

매 회기 본활동에 앞서, 주의력을 향상시킬 수 있는 게임이나 이완 훈련을 하는 것을 추천합니다. 이 책에서 소개한 주의력 및 이완 관련 활동을 활용할 수 있습니다. 이러한 예비 활동은 아동이 본활동에 더욱 흥미를 갖게 하여, 프로그램 내용에 집중할 수 있게 도울 것입니다. 이를 통해 아동은 일상생활에서 활용 가능한 집중 및 이완 기술을 습득하고 연습할 수 있습니다.

연습 과제 점검

지난 회기에 아동에게 연습 과제를 부여했다면, 이를 잊지 않고 확인해야 합니다. 이때 완수되지 않은 부분이 있다면 그 원인을 검토해야 합니다. 주의력이 부족한 아동의 경우, 연습 과제가 아동에게 너무 어렵지는 않았는지, 아동이 쉽게 이해할 수 있는 형태로 제시되었는지 아동과 함께 고민해 보는 것이 중요합니다. 또한 연습 과제의 필요성과 중요성을 아동에게 충분히 설명하여, 아동이 적극적으로 연습 과제를 수행할 수 있도록 도와야 합니다. 아동이 연습 과제를 전혀 수행하지 않거나 일부분만 수행할 경우, 이를 저항으로 받아들이기보다는 회기 내에서 해결해야 할 과제로 생각하는 것이 바람직합니다. 이때는 연습 과제를 하기에 어떤 점이 어려웠는지 아동과 충분히 대화하는 것이 좋습니다. 이러한 과정을 통해 오히려 아동과의 관계가 더욱 깊어지고 아동의 참여 동기가 높아질 수 있습니다. 이는 회기 내에서 다룬 활동이 아동의 일상생활로 연결되는 데 일조하여, 프로그램의 효과를 극대화할 것입니다.

본활동

이 책에는 마음 챙김, 감정 인식, 문제 해결력, 또래 관계 기술, 주의력 및 기억력, 자존감을 증진하는 활동이 제시되어 있습니다. 상담자는 여러 활동을 조합하여 아동에게 적합한 프로그램을 만들 수 있습니다. 정해진 순서나 법칙이 있는 건 아니므로, 각 활동의 설명을 읽어 보고 아동의 특성이나 환경적 조건에 맞게 활용하길 바랍니다. 이 책에 제시된 활동들은 목표별로 분류되어 있습니다. 그러나 같은 분류 안에서도 활동의 난이도가 다를 수 있으므로 이를 고려하여 활용하길 바랍니다.

앞에서 언급한 바와 같이 하나의 활동을 한 가지 목표로만 사용할 수 있는 것은 아니므로, 목표를 넘나들면서 개별 아동과 상황에 맞게 사용하는 것이 좋습니다. 아동의 특성이나 상태에 따라 하나의 활동만으로 한 회기가 채워질 수도 있고, 관련된 여러 가지 활동을 한 회기에서 다뤄야 할 수도 있습니다. 또한 아동의 동기나 이해 수준을 고려할 때 아동에게 중요한 활동이지만, 아동이 충분히 이해거나 소화하지 못했다고 판단할 경우, 한 활동에 조금씩 변형을 주어 여러 회기에 걸쳐 반복해도 좋습니다.

본회기 요약

회기를 마칠 때, 아동이 배운 기술과 활동 내용을 잘 기억할 수 있도록, 함께 회기 내용을 요약해 볼 수 있습니다. 그 후 아동에게 오늘 활동에서 무엇을 배웠는지 묻고, 이에 대한 대답을 듣습니다. 만약 아동이 활동 내용을 잘못 이해한 부분이 있다면 바로잡아 주고, 아동이 잘 이해한 경우, 아동을 칭찬합니다.

연습 과제 부여

필요한 경우 아동에게 연습 과제를 부여할 수 있습니다. 연습 과제는 프로그램에서 배운 기술을 일상생활에서 적용해 볼 수 있는 기회를 제공하므로, 아동에게 큰 도움이 될 수 있습니다. 아동에게 연습 과제를 내줄 때는 일방적으로 통보하기보다, 아동이 관련 활동을 잘 이해했는지, 연습 과제의 필요성에 공감하는지 반드시 확인해야 합니다.

연습 과제는 상담자-아동 간 라포가 형성되어 아동이 상담에 적극적으로 참여할 때, 그 효과가 극대화됩니다. 또한 과제를 내줄 때는 아동이 혼자서도 충분히 성공할 수 있는 수준인지 고려해야 합니다.

프로그램 구성 예시

이 절에는 일반 프로그램, 주의력 증진 프로그램, 사회성 훈련 프로그램, 감정 코칭 프로그램 등 부주의하고 산만한 아동을 위한 여러 인지행동치료 프로그램의 예시를 제시하였습니다. 상담자는 이 프로그램을 그대로 사용할 수도, 활동 구성을 변형하여 사용할 수도 있으며, 필요에 따라 완전히 새로운 프로그램을 구성할 수도 있습니다.

일반 프로그램

부주의하고 산만한 아동을 위한 인지행동치료 프로그램의 회기별 활동은 일반적으로 다음과 같이 구성할 수 있습니다.

일반 프로그램 예시

회기	내용	활용할 수 있는 활동
첫 회기	자기소개 및 프로그램 규칙 정하기	7.1 자기소개 7.2 지금까지 ○○○ 기자였습니다 7.3 집단 규칙과 신나는 계산기
중간 회기	각 프로그램 목적에 맞는 활동으로 구성	
마지막 회기 전전 회기	자신을 이해하고 자신의 장점 찾기	6.1 인사이드 아웃 6.2 매직 파워 상자
마지막 회기 직전 회기	프로그램 종료 후 예상되는 어려움에 적절히 대처할 수 있도록 준비·계획하기	7.5 나만의 안내지도
마지막 회기	프로그램 마무리 및 소감 나누기	7.6 마무리 정리와 파티

프로그램 목적과 관계없이 필요한 경우 언제든 활용할 수 있는 활동은 아래와 같습니다.

다양한 프로그램에서 활용할 수 있는 활동

활동	설명
7.4 목표가 보이는 유리병	초반 회기에서 프로그램 목표 및 보상을 정하기 위해 활용
5.3 꼬리에 꼬리를 무는 이야기 5.5 어디로 갔을까? 5.4 하나, 둘, 셋, 변신! 1.4 점 집중 명상	주의 환기 및 흥미 유발을 위해 활용
1.5 다양한 호흡놀이 1.3 숫자 세며 숨쉬기	주의 환기 및 이완 훈련을 위해 활용

주의력 증진 프로그램

충동적인 행동이 심한 아동의 경우, 목표와 보상에 집중해서 상담을 진행하는 것이 좋습니다. 예를 들어 자신의 행동을 조절하고 통제하는 기술을 연습하여 이를 실생활에 적용하는 것을 목표로 프로그램을 진행할 수 있습니다. 또한 부주의하고 학습에 집중하는 데 어려움이 있는 아동의 경우, 주의 집중 기술을 연습하여, 평소 공부할 때 적용할 수 있도록 지도할 수 있습니다. 충동적인 행동이 심하거나 부주의하고 학습에 집중하는 데 어려움이 있는 아동들을 위한 주의력 증진 프로그램은 일반적으로 다음과 같이 구성할 수 있습니다.

주의력 증진 프로그램 예시

회기	내용	활용할 수 있는 활동
1회기	자기소개 및 프로그램 규칙 정하기	7.1 자기소개 7.2 지금까지 ○○○ 기자였습니다 7.3 집단 규칙과 신나는 계산기
2회기	목표와 보상 정하기	7.4 목표가 보이는 유리병
3회기	집중하는 상태와 집중하지 않는 상태 구분하고 알아차리기	1.4 점 집중 명상
4회기	자신의 집중 상태를 알아차리고 평가하기	5.1 자기관찰 기법
5회기	집중이 안 될 때 집중할 수 있도록 도와주는 '자기말' 만들기	5.2 집중의 자기말
6회기	집중이 안 될 때 활용할 수 있는 마음 챙김 명상 연습하기	1.3 숫자 세며 숨쉬기 1.5 다양한 호흡놀이
7회기	지금까지 배운 주의 집중 기법과 마음 챙김 명상 좀 더 연습하여 수업 시간 및 일상에 적용하기	
8회기	자신을 이해하고 자신의 장점 찾기	6.2 매직 파워 상자 6.1 인사이드 아웃
9회기	프로그램 종료 후 예상되는 어려움에 적절히 대처할 수 있도록 준비·계획하기	7.5 나만의 안내지도
10회기	프로그램 마무리 및 소감 나누기	7.6 마무리 정리와 파티

사회성 훈련 프로그램

부주의하고 산만한 아동은 자신의 감정을 인식하지 못하고 충동적으로 대처하는 경우가 많습니다. 따라서 강렬한 감정이 발생할 때, 자신의 감정을 인식하여 적절히 대처할 수 있도록 지도하는 것이 좋습니다. 아동이 소극적이거나 불안 증상이 심한 경우, 다음과 같이 친구 관계에서 자신의 감정을 인식하고 용기를 내어 자신이 원하는 바를 주장·표현해 볼 수 있는 활동 위주로 프로그램을 구성할 수 있습니다.

사회성 훈련 프로그램 예시

회기	내용	활용할 수 있는 활동
1회기	자기소개 및 프로그램 규칙 정하기	7.1 자기소개 7.2 지금까지 ○○○ 기자였습니다 7.3 집단 규칙과 신나는 계산기
2회기	감정을 인식하고 적절하게 표현하기	2.5 다섯 가지 내 마음 2.6 마음 기상 캐스터 2.7 기분 빙고 게임 2.8 기분 이름표
3회기	감정 인식과 신체 감각의 관계 알아보기	2.1 내 마음-몸 읽기
4회기	사회적 상황과 감정의 관계 살펴보기	2.2 기분 방아쇠 2.3 기. 분. 탐. 정.
5회기	효과적인 의사소통 기법 연습하기	4.2 샌드위치 기법 1 4.3 샌드위치 기법 2
6회기	친사회적 행동 및 또래 관계 증진하기	4.1 특별한 놀이 6.3 내 인생영화 속 명장면
7회기	지금까지 배운 기법을 좀 더 연습하여 수업 시간 및 일상에 적용하기	
8회기	자신을 이해하고 자신의 장점 찾기	6.1 인사이드 아웃 6.2 매직 파워 상자
9회기	프로그램 종료 후 예상되는 어려움에 적절히 대처할 수 있도록 준비·계획하기	7.5 나만의 안내지도
10회기	프로그램 마무리 및 소감 나누기	7.6 마무리 정리와 파티

감정 코칭 프로그램

감정 조절을 어려워하고, 스트레스 상황에서 복통이나 두통 등 신체적 고통을 호소하는 아동에게는 감정 코칭 프로그램을 적용할 수 있습니다. 이 경우 감정 해소 회기를 여러 번 집중적으로 진행하는 것도 좋습니다. 다양한 감정 중 특히 분노 조절에 어려움을 겪는 아동의 경우, 분노를 촉발하는 요인을 파악하고, 감정을 인식·조절하는 기술을 여러 번 연습하게 하여, 이를 일상에서 적용해 보도록 지도할 수 있습니다. 감정 조절에 어려움이 있는 아동을 위한 감정 코칭 프로그램의 예시는 다음과 같습니다.

감정코칭 프로그램 예시

회기	내용	활용할 수 있는 활동
1회기	자기소개 및 프로그램 규칙 정하기	7.1 자기소개 7.2 지금까지 ○○ 기자였습니다 7.3 집단 규칙과 신나는 계산기
2회기	감정 인식 연습하기 I	2.6 마음 기상 캐스터 2.7 기분 빙고 게임
3회기	감정 인식 연습하기 II	2.1 내 마음-몸 읽기 2.5 다섯 가지 내 마음 2.8 기분 이름표 2.9 내 기분은 무슨 색깔일까
4회기	기분 수량화하기	2.4 내 기분은 몇도일까
5회기	감정-생각-행동의 관계 이해하기	2.3 기. 분. 탐. 정.
6회기	촉발 요인 파악 및 사회적 상황에서 감정 이해하기	2.2 기분 방아쇠
7회기	감정 해소 기술 연습하기	1.1 스노볼 관찰하기 1.2 반짝마음 병 만들기 1.3 숫자 세며 숨쉬기 1.5 다양한 호흡놀이
8회기	자신을 이해하고 자신의 장점 찾기	6.1 인사이드 아웃 6.2 매직 파워 상자
9회기	프로그램 종료 후 예상되는 어려움에 적절히 대처할 수 있도록 준비·계획하기	7.5 나만의 안내지도
10회기	프로그램 마무리 및 소감 나누기	7.6 마무리 정리와 파티

이 활동은 집단 프로그램 첫 회기에서 자기소개를 통해 서로를 알아가는 활동입니다.

| 준비물: A4 용지, 필기도구, 뽑기 상자(선택), 이름표/이름을 적어 붙일 수 있는 스티커(선택)

진행 순서

① 집단 프로그램에 대한 설명을 합니다. 이때 프로그램의 목적 및 프로그램 운영 시간도 안내합니다.

> "우리는 앞으로 재미있고 의미 있는 활동을 하면서 주의를 집중하는 방법과, 친구를 사귀고 우정을 키워 나가는 방법 등을 배우고 연습할 거예요. 오늘부터 일주일에 한 번씩, 총 00번에 걸쳐 서로 만나게 될 텐데, 함께 즐거운 시간을 만들어 가면 좋겠네요."

② 아동들이 서로의 이름과 얼굴을 익힐 수 있도록 자기소개를 하자고 제안합니다.

③ 종이에 이름, 나이, 학교, 학년, 취미, 특기, 좋아하는 것, 싫어하는 것 등을 적게 합니다.

④ 아동들이 부끄러워하거나 자기소개를 어떻게 할지 모를 수 있습니다. 이 경우 상담자가 먼저 자기소개를 합니다.

⑤ 자기소개 순서를 정합니다. 예를 들어 자기소개를 마친 상담자가 뽑기 상자에서 이름이 적힌 종이를 뽑으면, 뽑힌 아동이 자기소개를 하고, 해당 아동이 다음 사람의 이름을 뽑는 방식으로 진행할 수 있습니다.

⑥ 다른 친구가 자기를 소개한 내용을 기억하는지 확인하기 위해 퀴즈를 냅니다. 원활한 진행을 위해 다른 친구가 소개한 정보를 적어 가며 들을 수 있도록 미리 안내합니다. 퀴즈의 정답을 맞히는 아동을 칭찬하고, 아동에게 스티커나 미리 정해 둔 보상을 주어 참여 동기를 높일 수 있습니다.

두 배로 효과 보기

- 공을 주고받으며 자기소개를 하는 게임으로 진행할 수 있습니다.
- '집단 규칙 정하기' 활동과 연계하여 진행할 수 있습니다(활동 7.3 참조).

활동 7.2 | 지금까지 ○○○ 기자였습니다　　워크북 45쪽

이 활동은 아동이 기자가 되어 친구를 인터뷰하게 하여, 아동의 자기개방을 촉진하는 활동입니다. 친구의 말을 경청하고, 친구에 대해 더 알아볼 수 있게 함으로써 친구와 친밀감을 쌓도록 도와줄 수 있습니다. 이 활동은 집단 상담에서 사용하기 좋습니다.

| 준비물: 이름표/이름표 목걸이, 필기도구

진행 순서

① 오늘은 자신의 짝을 조사하여 소개하는 기자가 될 것이라고 안내합니다.
② 각자 자신의 기자 이름표 목걸이를 만들어 봅니다.
③ 아동들을 둘씩 짝지어 줍니다. 개인 상담의 경우, 상담자와 아동이 짝이 되어 활동을 수행합니다.[활동지 32]
④ 누가 먼저 기자가 될지 가위바위보를 하여 정하게 합니다.

⑤ 활동지의 질문을 바탕으로 자신의 짝을 인터뷰하여 기자단 활동지를 작성하게 합니다. 이때, 기자가 된 듯 실감나게 질문해야 한다고 알려 줍니다. 첫 번째 인터뷰가 끝나면 역할을 바꿔 한 번 더 인터뷰를 진행하게 합니다.

⑥ 인터뷰 내용을 바탕으로 다른 사람들에게 짝을 소개하는 시간을 갖습니다.

TIP
- 가장 재밌는 사연이나 내용을 취재해 온 아동에게 '오늘의 기자 상'을 줄 수 있습니다.

활동 7.3 ## 집단 규칙과 신나는 계산기   워크북 46~48쪽

이 활동은 집단 내에서 지켜야 할 규칙을 정하고, 보상 제도를 설명하고, 참여 계약서를 작성하는 일반적인 집단 구조화 활동입니다. 이를 통해 아동이 집단 규칙과 보상 제도를 숙지하고, 프로그램 참여에 동기 부여될 수 있습니다. 이 활동은 프로그램의 첫 회기에 적합합니다.

| 준비물: 집단 규칙판, 필기도구

집단 규칙 정하기

아동과 함께 집단 규칙을 만들어 봅니다.

진행 순서

① 여러 사람이 함께 활동하는 곳에는 언제나 규칙이 있다는 사실과 집단 규칙의 필요성을 설명한 후, 이 집단에서도 규칙을 만들자고 제안합니다.

② 아동과 함께 규칙을 생각해 봅니다. 이때 가능한 한 구체적이고 긍정적인 행동으로 규칙을 정합니다.

집단 규칙의 예

- 발표하거나 할 말이 있을 땐 손들고 하기
- 다른 사람의 말 경청하기
- 선생님의 지시에 잘 따르기
- 바른 자세 혹은 집중 자세하기
- 배운 것을 학교에서 꼭 활용해 보기
- 지각하지 않기
- 다른 아이들이 말할 때 놀리거나 비난하지 않기
- 적극적으로 참여하기

③ 정해진 규칙을 집단 규칙판에 기록합니다. 회기 중에는 아동의 의견을 듣고 즉석에서 규칙을 적되, 기본적인 규칙은 회기 전에 미리 정해 적어 둬야 합니다.

보상 제도 설명

아동이 어떻게 하면 보상을 받을 수 있을지 설명하여 프로그램 참여에 대한 동기를 부여합니다.

진행 순서

① 매 시간 주어지는 활동에 열심히 참여하고 집단 규칙을 잘 지킨 사람에게는 신나는 계산기에 스티커를 붙여 줄 것이라고 설명합니다.[활동지 33]
② 신나는 계산기 활동지에 앞에서 정한 규칙을 적어 넣습니다.

③ 회기마다 규칙의 준수 정도를 ○, △, × 중 하나로 표시합니다. 아동은 '나' 칸에, 상담자는 '선생님' 칸에 표시하고, 이를 비교합니다.

④ 어떤 경우 스티커를 받을지 세부 규칙을 세워도 좋습니다(예: 아동과 상담자 모두 ○표시를 했을 때, 둘 중 한 명이라도 ○ 표시를 했을 때 등). 스티커는 아동과 상담자가 ○, △, ×를 표시한 곳 위에 붙여 줍니다.

⑤ 신나는 계산기에 일정 수의 스티커를 모으면 프로그램 마지막 시간에 미리 약속한 선물을 받을 수 있다는 것을 알려 줍니다. 스티커 개수에 따라 다양한 보상을 정해 둡니다.

TIP

• 보상은 집단에 참여하는 아동과 상의하여 정하는 것이 좋습니다.
• 참여 아동의 부모와 협의가 된다면, 부모가 직접 아동이 받고 싶어 하는 선물을 마련할 수도 있습니다.

⑥ 필요시 집단 내에서 개인별 특별 보상 규칙을 정할 수 있습니다. 예를 들어 프로그램 중 자주 돌아다니는 아동의 경우 일정 시간 동안 자기 자리에 앉아 있거나 바른 자세를 취했을 때 스티커를 받을 수 있고, 자기표현을 어려워하는 아동의 경우 질문에 큰소리로 대답하거나 발표를 할 때 스티커를 받을 수 있습니다.

참여 계약서 작성

아동이 프로그램 회기에 성실히 참여하겠다고 스스로 약속하게 함으로써, 아동의 참여 의욕을 높이고 프로그램의 효과를 극대화할 수 있습니다.

진행 순서

① 아동에게 참여 계약서를 작성해 보자고 제안합니다.[활동지 34]

② 활동지 양식을 그대로 사용해도 좋으나, 특별한 계약 내용이 있을 시 이를

추가하거나 계약 내용을 수정합니다.

③ 부모가 직접 보상을 마련해 주기로 합의가 되어 있다면, 해당 내용을 계약서에 넣을 수도 있습니다.

활동 7.4 | 목표가 보이는 유리병

연습 과제를 하거나 규칙을 지킬 때마다 유리병(또는 작은 페트병)에 작은 물건들을 넣게 하고, 유리병이 어느 정도 차면 미리 정한 보상을 주는 활동입니다. 이를 통해 아동은 연습 과제에 대한 동기를 얻고, 성취감을 경험할 수 있습니다. 또한 목표 달성 여부에 따른 보상이 시각적으로 확인되기 때문에 저학년에게 특히 효과가 좋을 수 있으며, 규칙이나 약속을 지키는 데, 혹은 과제를 하는 데 또래보다 높은 수준의 동기 부여가 필요한 아동들은 이 활동을 통해 큰 도움을 받을 수 있습니다.

> 준비물: 깨끗한 유리병/페트병, 마스킹 테이프/포스트잇, 바둑알/잘라 놓은 수수깡/작은 돌, 필기도구

진행 순서

① 목표가 보이는 유리병에 대한 설명을 합니다.

> "이 병은 우리가 원하는 것을 얻기까지 얼마나 남았는지 보여 주는 병이에요. 우리는 목표를 세 단계로 나누고, 각각의 단계에 표시해 둘 거예요. 그리고 과제를 잘 해 오거나 규칙을 잘 지킬 때마다 바둑알을 병에 넣을 거랍니다. 목표를 달성할 때마다 받고 싶은 선물을 적어 두면, 병 속의 바둑알들이 모여 우리에게 선물을 줄 거예요."

"자, 그럼 지금부터 받고 싶은 선물을 세 가지 생각해서 적어 볼까요? 과자 선물, 보드게임하기, 함께 산책하기. 또 뭐가 있을까요? 원하는 것을 생각해 봅시다. 단, 여러분의 부모님(또는 선생님)이 줄 수 없는 것이면 안 되니까 상의는 해야겠지요?"

② 세 가지 보상을 결정하여 마스킹 테이프에 적은 다음, 병의 겉면에 적절한 높이 차이를 두고 붙입니다(1단계 보상은 아랫부분에, 2단계 보상은 중간 부분에, 3단계 보상은 윗부분에 붙입니다).

목표가 보이는 유리병 예시

③ 아동이 과제를 시작할 때와 마칠 때마다 바둑알을 하나씩 넣습니다. 과제가 특별히 어렵거나, 아동이 평소보다 열심히 과제에 임했다면 보너스를 줄 수 있습니다.

④ 바둑알이 각각의 보상 선에 닿을 때마다 보상을 제공합니다.

활동 7.5 | 나만의 안내지도   워크북 49쪽

프로그램 종료 후 예상되는 어려움에 대해 이야기 나누고, 그런 상황에서 어떻

게 대처할 수 있을지 대책을 세워 보는 활동입니다. 아동은 이 활동을 통해 자연스럽게 지금까지 배우고 익힌 내용을 정리하고, 자신에게 여전히 도전적인 상황이 무엇인지 파악하는 한편, 그런 상황에서 자신이 효과적으로 사용할 수 있는 기술을 선택하여 연습할 수 있습니다.

진행 순서

① 상담이 끝난 후 상담 시간에 배운 기술이 필요할 때가 언제일지 예상해 봅니다(예: 마음이 불편할 때, 화가 날 때, 친구와 다퉜을 때, 수업 시간에 집중이 안 될 때 등). 아동의 상황에 맞게 질문하여 아동의 사고를 이끌어 줍니다.[활동지 35]

② 그럴 때 프로그램을 통해 배운 기술 중 어떤 기술을 사용하면 좋을지 이야기해 봅니다.

③ 해당 기술을 어떻게 적용할 수 있을지 상상하여 구체적인 시나리오를 작성하게 합니다.

④ 시나리오에 따라 아동과 상담자가 역할극을 만들어 시연해도 좋습니다. 이후 서로 역할을 바꿔 한 번 더 진행합니다.

⑤ 역할극을 하고 난 후 소감을 물어봅니다.

⑥ 상담 종결에 맞춰 아동에게 더 강조해야 할 내용이 무엇인지 파악하여, 이에 대해 아동과 이야기 나눕니다.

활동 7.6 | 마무리 정리와 파티

지금까지 배우고 익힌 내용을 복습하여, 프로그램이 끝난 후에도 아동이 일상생활에 이를 적용할 수 있도록 합니다. 프로그램 기간 동안 아동이 보인 변화나 새롭게 발견한 아동의 장점을 강조하여, 아동의 성취를 인정하고 격려하는 활동입니다.

| 준비물: 상장, 수료증

진행 순서

① 상담 시간에 배우고 익힌 내용 중 가장 기억에 남는 내용이 무엇인지 물어
봅니다.

② 지금까지 작성한 활동지를 살펴보며 아동의 행동을 돌아봅니다.

③ 중요한 부분을 강조하며 배운 내용을 정리·복습합니다.

④ 상담 시간에 배운 기술이 언제 필요할지 예상해 보고, 이를 어떻게 사용할
수 있을지 이야기 나눠 봅니다.

TIP
• 이러한 내용을 담은 재발 방지 회기를 별도로 진행할 수 있습니다.

⑤ 아동에게 상장과 수료증을 수여하며, 그동안의 노력에 대해 칭찬하고 아동
을 격려합니다.

⑥ 아동이 생각하기에 자신이 어떤 면에서 성장했는지, 어떤 점에 있어 칭찬받
을 만한지 말하게 합니다. 아울러 이러한 변화를 위해 어떤 노력이나 도움
이 있었는지 물어봅니다.

TIP
• 아동의 특성이나 고유 상황에 따라 특별한 상 이름을 붙인다면 더욱 의미 있는 상이 될 것입니다(예: 대단한
발전상, 적극상, 성실상, 표현상, 인내상)

⑦ 프로그램이 종료된 후에도 계속해서 상담에서 배운 활동과 기술을 연습해
야 함을 강조합니다.

참고문헌

국립특수교육원 (2009). 특수교육학 용어사전. 하우.

미국소아과학회 (2021). ADHD에 대한 가장 완전한 지침서 (대한소아청소년과학회 발달위원회 역). 범문에듀케이션. 원서출판 (2019).

임팩트풀 (2021, May 6). 마음챙김을 위한 호흡명상 소개와 연습 [영상]. 유튜브. https://www.youtube.com/watchv=xKYpbzJS7GM

조수철, 신민섭 (2006). 소아정신병리의 진단과 평가. 학지사.

황매향 (2016). 초등교사를 위한 행동수정 길잡이. 학이시습.

허윤석, 안동현, 최준호, 강지윤, 김윤영, 오경자 (2003). 아동용 문제 행동 선별검사의 개발. 신경정신의학, 42(6), 724-735.

American Psychiatric Association [APA]. (2015). 정신질환의 진단 및 통계편람 (5판) (권준수 역). 학지사. (원서출판 2013).

Barkley, R. A. (2018). *Attention-deficit hyperactivity disorder: A handbook for diagnosis and treatment, fourth edition*, The Guilford Press.

Centers for Disease Control and Prevention [CDC]. (2019). *Essentials for Parenting Toddlers and Preschoolers*. Retrieved March 22, 2023, from https://www.cdc.gov/parents/essentials/directions/quicktips.html

Burdick, D. (2014). *Minfulness skills for kids & Teens: A workbook for clinicians & clients with 154 tools, techniques, activities & worksheets*. PESI Publishing & Media.

DuPaul, G. J., & Stoner, G. (2007). ADHD 학교상담 (김동일 역). 학지사. (원서출판 2003).

D'Zurilla, T. J., & Nezu, A. (2007). *Problem-solving therapy: A positive approach to clinical intervention* (3rd ed.). Springer Publishing.

Goleman, D. (1995). *Emotional intelligence*. Bantam Books.

Gross, J. J. (1998). Antecedent-and response-focused emotion regulation: divergent consequences for experience, expression, and physiology. *Journal of Personality and Social Psychology, 74*(1), 224-237.

Harter, S. (1990). Self and identity development. In S. S. Feldman & G. R. Elliot (Eds), *At the threshold : The development adolescent*. Harvard University Press.

Kabat-Zinn J. (2003). Mindfulness-based interventions in context: Past, present, and future. *Clinical Psychology: Science and Practice, 10*, 144-156.

Kabat-Zinn, M. & Kabat-Zinn, J. (2021). 카밧진 박사의 부모 마음공부: 지혜로운 자녀로 키우는 현명한 부모의 내면 수업 (조인숙, 강형석, 이재석 역). 마음친구. (원서출판 2014).

Lewis, M., & Rosenbaum, M. A, (1975). *Friendship and peer relations*. NY: Willy.

Mayer, J. D., DiPaolo, M., & Salovey, P. (1990). Perceiving affective content in ambiguous visual stimuli: A component of emotional intelligence. *Journal of Personality Assessment, 54*(3-4), 772-781.

Nadeau, K. G. & Dixon, E. B. (2007). 얘들아! 천천히 행동하고 주의집중하는 것을 배워 보자: ADHD 극복하기 (양명희, 황명숙 역). 학지사. 원서출판 (2004).

Nezu, A., & D'Zurilla, T. J. (1989). Social problem solving and negative affective conditions. In P. C. Kendall & D. Watson (Eds), *Anxiety and depression: Distinctive and overlapping features* (pp. 285-315). Academic Press.

The OT Toolbox. (2021, March 3). *Self-monitoring strategies for kids.* Retrieved from https://https://www.theottoolbox.com/self-monitoring-strategies-for-kids/

저자 소개

강지현

동덕여자대학교 아동학전공 교수

철학박사(임상심리전공), 임상심리전문가, 상담심리사 1급

전) 연세대학교 인간행동연구소 내 연세심리건강센터 상담원

전) 서울대학교 대학생활문화원 상담원

"마음이 통하는 사람들과 의미 있는 일을 했습니다. 이 책이 닿는 곳마다 새로운 기대가 샘솟길 바랍니다."

도레미

서울대학교병원 의생명연구원 연구원

의학박사, 임상심리전문가

전) 서울대학교병원 소아정신과 임상심리전문가

전) 강서 Wee센터 임상심리전문가

"함께 빛나면서 서로를 비출 수 있게 해 주셔서 감사드립니다. 우리 아이들이 건강하고 행복하고 의미 있는 삶을 사는 데 이 책이 도움이 되기를 바랍니다."

어유경

서울상담심리대학원대학교 교수

철학박사(임상심리전공), 임상심리전문가, 정신건강임상심리사 2급

전) 연세대학교 인간행동연구소 내 연세심리건강센터 상담원

전) 연세대학교 연세의료원 임상심리사

"ADHD 아동들과의 만남에서 느꼈던 안타까움이 대견함으로 바뀌는 데 이 책이 활용되기를 소망합니다. 우리는 모두 반짝이는 별과 같은 존재이기 때문입니다."